近代日本精神史の位相

キリスト教をめぐる思索と経験

村松　晋

聖学院大学研究叢書 9

聖学院大学
出版会

はしがき

はじめに本書のタイトル『近代日本精神史の位相――キリスト教をめぐる思索と経験』について、一言しておきたい。私の専攻領域は「近代」「日本」「思想史」であり、具体的には、近現代日本の〈思想家〉と目される存在と向き合ってきた。その意味では「思想史」を冠した方が、「妥当」かつ「穏当」とも言える。にもかかわらず、あえて「精神史」を称するのは故ないことではない。最初の著作『三谷隆正の研究――信仰・国家・歴史』(刀水書房、二〇〇一年。筑波大学博士論文)以来、私の関心は一貫して、対象とする思想家の「論理」とともに、その論理を通底する世界にこそ注がれてきた。別の角度から言うならば、思想家をしてそのような営みをなさしめた、精神の原器とも言うべきものに眼を向けてきた。その実りとしての本書に「精神史」を冠するゆえんである。

第一部「新渡戸・内村門下への一視角」には、前田多門と松田智雄に関する論考を収めた。両名とも、たとえば植民政策学の矢内原忠雄、政治哲学の南原繁、あるいは西欧経済史の大塚久雄らに比べれば、論じられることは少ない。しかし私見では、前田は新渡戸稲造の、松田は内村鑑三の、それぞれ最も本質的な部分を受け継いだ一人と見なすことができる。なかんずく後者の意義は、坂口安吾「堕落論」の世界と響きあう南原の〈精神〉と併せ読むことで、より光彩を発揮すると思われる。いずれも、新渡戸・内村の思想的磁場にて醸された実存の実りとして、今なお批判的に検討する価値があると考え、巻頭に置いた。

第二部「キリスト教受容の諸相」には、四編の論考を配置した。かく言えば、「キリスト教」とは何か、それを「受容」するとはどういうことかがまず議論となり得るが、ここでは措いて、近代日本で〈キリスト教〉あるいは〈神〉=〈絶対者〉はいかに問われ、また、それに基づきいかなる言動が紡がれたか、その具体相を浮き彫りにすることを主眼とした。それは如上の「議論」の必要性を無視することではない。むしろその前提として、「近代日本のキリスト教」を問い質し得る、具体的で幅広い〈場〉の構築こそが求められると考えることによる。本編にて、「キリスト者平和運動」に深くかかわった井上良雄、そして波多野精一のごとき著名な宗教哲学者から地方の一小学校教師まで、さらには、一般に「キリスト者」とは目されない思想家・氷上英廣をも論じたのはそのためである。

第三部「『近代の超克』とカトリシズム」は、近代日本を代表するカトリック思想家・吉満義彦を論じた三編から構成される。詳細は本編に譲るが、論点を凝縮して言えば、吉満において〈カトリシズム〉とは、いわば「ものの見方・考え方」を根源から転回させる〈原理〉としてあった。その主張を促したのは時代への危機感であり、また、〈危機〉の淵源をなすと見なされた「ものの見方・考え方」への批判であった。したがってその試みは、日本をいわゆる「カトリック国」にすることを目論んだ「宣伝」などでなく、同時代の「京都学派」の哲学者が取り組んだように、神観を刷新することで〈神〉—〈人間〉—〈世界〉の再構築を試みる遠大な構想に基づいていた。その提言の「有効性」に関しては、無論、議論があり得るものの、しかし、吉満が対峙した問題圏から原理的には抜け出ていない、この〈現代〉という時代にあって、その問題提起の重要性は見失われてはならないと考える。その意味でこの三編は、「3・11」以降の私自身の関心が、最も反映された論考と言えるかもしれない。

最後に本書の副題に付言しておけば、それは今後の構想にかかわるものである。たとえば戦前における丸山眞男の徂徠学研究は、周知のとおり、スコラ哲学の崩壊過程を近世儒教の自己分解に投影しつつ展開していくが、その際、デカルトに至るヨーロッパ精神史を跡づける丸山の眼が執拗に追ったのは、神観の転回ならびにそれがもたらす〈人間〉と〈世界〉への視座更新の様だった。別の角度から言うならば、徂徠学における「聖人」の登場と「聖人」による「その度ごとの作為」の唱道に、「近代的思惟」の萌芽を見出す丸山が、如上の〈政治的人格〉の淵源として措定したのは、スコラ哲学の内部崩壊をもたらした、超絶神観の登場だった。その意味で昭和十年代日本の思想史は、丸山から「京都学派」、カトリック思想家に至るまで、あげてキリスト教を意識しつつ〈神〉を〈問題〉にしたその航跡とも見なし得る。しかも如上の傾向は、当該期間のみならず、一筋の〈水脈〉として見出せるのではないか。この見通しのもと、近現代日本の思想史を、〈神〉＝〈絶対者〉をめぐって展開された、思索と経験の総体として描きだすことが次なる課題である。

目次

【凡例】

① 使用した資料が全集等に収められている場合、かなづかい、送り仮名、ルビ等は収録どおりに引用した。ただし漢字の旧字体は新字体に統一した。

② 資料の引用にあたり、一部を省略した場合は「……」で表した。

③ 資料の中に、現代では不適切とされる表現が見られるが、歴史的なテキストとして、そのまま引用した。

④ 全集等の刊本に収録された雑誌論文の注記は、記載すべき書名が二つとなるため、その章で最初に言及する場合、論文タイトル、掲載雑誌（初出雑誌）、全集等の順で記し、全集等を（　）に入れた。二度目以降は、原則として、論文タイトル、全集等の該当頁のみ記した。

第一部　新渡戸・内村門下への一視角

第一章　前田多門——新公民道の提唱

1　問題の所在

明治末期、「sociality」の重要性を説く新渡戸稲造に親炙した前田多門（明治十七年～昭和三十七年）は、[1]昭和天皇の「人間宣言」にかかわった点でも著名であるが、[2]何より、戦後最初の文部大臣をつとめ、南原繁とともども「戦後教育改革」の「端緒」を創った存在として取り上げられることの多い人物である。それだけに前田に関する先行研究も、敗戦直後、特に文部行政の場で展開された言動に焦点をあて、いわゆる「教育史」の文脈から考察した論考が中心となっている。[3]

しかし後述するように、前田は就任から五カ月にして、大臣辞職を余儀なくされている。その半年足らずの限られた営みを、前田の意図の全面的な反映と見なすのは難しいと言わざるを得ない。[4]しかも前田は文部行政だけに傾注したわけでなく、活動の場は内外を問わず多岐に渡っており、したがって遺された論考も、「教育」の分野に属するものはむしろ少ないのが現状である。[5]それだけに前田の思想的営為を理解するにあたっては、限られた時期の限られた言説のみを「資料」とすることなく、生涯を一貫する課題意識をまず捉え、その地平からの問い直しを試みる、根源的な視点が求められる。
以上のような課題意識に則って、ここでは前田の思想の基底流となるものを、その特質とともに見究めることにより、戦後最初の文部大臣である前田が目指した世界を問い直し得る、思想的な場の構築を目標とする。したがっていわゆる「公民教育構想」や「対日占領教育政策」等、戦後の「教育政策」ならびにその歴史的展開過程の解析を直接の目的とするものではない。また本章の意図が、前田を貫く問題意識を浮き彫りにする点にあるだけに、個々の言葉が語られたメディア等への目配りは、あえて「捨象」していることも付言しておきたい。

2 「シヴィックス」形成への志――「知り合つて居る同志」から「知らぬ他人」へ

結論を先取りして言えば、前田の生涯を一貫した課題意識とは、日本における「シヴィックス（シヴィクス、Civics）」の定着に尽きている。ここではまず、昭和二十六年一月「新公民道の提唱」における次の叙述に注目したい。

終戦直後私が文部大臣の職に在つた時、初めて進駐軍が来て、教育係りの軍人が私の許に見えた。先方の第一の質問は、日本の教育科目で一体何が一番欠けているかというのであつたが、それに対して私はCivicsにあると答えた。シヴィックスという英語に対しては適当な日本語もないのであるが、先ず公民科とか公民道と言うべきものであろうか。この教育が欠けているから、たやすく全体主義、軍国主義に引きずり廻されたのであると答えた。私は今でも確にそう信じている。日本の政治は今までは上から治めるのであって、下から公民が持ち寄ってお互いの生活を作り上げていくシヴィックスなる技術を知らなかった。(6)

「新公民道の提唱」は、「終戦直後」「文部大臣の職に在」りながら就任五カ月で「公職追放」となった前田が、昭和二十五年十月「追放解除」となった後、初めてものした論考である。満を持して放たれた「復帰」後の「第一声」であるだけに、そこには前田の「未発の構想」が、より直截に説かれていると見なし得る。その画期となる論文で前田が力説したことが、日本における「シヴィックス」の必要性であり、かつその内実を、「上から治める」「日本の政治」に対比させ、「下から公民が持ち寄ってお互いの生活を作り上げていく」「技術」と形容する点が注目される。

このように「シヴィックス」は、みずから生きる社会の秩序を形成し得る〈政治的主体〉と言い得るが、その必要性の強調は、「追放解除」の直後にのみ見られたものでなく、同趣旨の内容は、たとえば昭和二十八年の「民主主義は先ず心から」でも、「民主主義はその行動の形態に於て、共同の生活を、各人が共同して行うことである。共同生活の処理、即ち政治は各人の責任である」(7)との表現で展開されている。「政治」は「共同生活の処理」であるだけに、「各人」が「責任」を持ち「共同して行う」べきとの指摘には、〈政治〉を「他人事」としない、秩序形成的な主体＝「シヴィックス」への期待が託されている。昭和三十年「わたくしのそぼくな幻滅感」では、「シヴィックス」を「民主的な意味で各人が手をつないで共同の生活を行政する姿」(8)と述べ、それを「打ち建てなければならぬ」(9)と呼びかけている。最晩年、昭和三十六年の論考「政治と民主主義」にても、「シヴィックス」の本質を、「われわれが共同生活体の責任者として共同生活体を盛り上げていく」(10)ことと敷衍しつつ、その意義を問いかけている。

なお前田が「シヴィックス」の要請される場所として、「日本」を超えて「世界」をも射程に入れている点を指摘しておきたい。たとえば先の「新公民道の提唱」結論部において、前田が「ひとり国内のシヴィックスに止まらず、国際間の平和も、矢張り同一の公民道精神によつて支持せらるべきである」[11]と述べる事実は、その開かれた視座を照射するものである。

以上、敗戦後の前田は、民主的な社会を担い得る、秩序形成的な主体を「シヴィックス」となし、その必要性を強調していたが、それは戦後「民主化」や「平和主義」の風潮に棹差すかたちで説かれたものでなく、戦前から一貫する主張でもある点に注意を促したい。たとえば昭和五年、前田はその著書『地方自治の話』において、戦後「シヴィックス」の呼称で問いかけた、「民主的な意味で各人が手をつないで共同の生活を行政する姿」を、「自治」の一語にことよせて次のように述べている。

自治は読んで字の如く自ら治める謂であるが、それはたゞ自分の事は自分がする、人に迷惑をかけぬ、或は人に依頼をせぬといふ事だけではない。それでは意味を尽さぬのである。……人は孤立して存在することは出来ない。生活には必ず社会といふ背景を必要とする。故に自分が自分を治めることは無論として、その自分の連つて居る社会、自分も一員である共同生活体に対して之を治める、即ち共同の事柄を処理して行く責任を負ふ、かういふ意味が必ず自治のうちに含まれて居ねばならぬのである。……故に、団体生活の公共事務といふことを離れて自治は到底両立しないのであつて、たゞ自助とか、自由とかいふのとは意味が違ふのである。[12]

ここでは「自治」の主体たるべき規範的人間像につき、「たゞ自分の事は自分がする、人に迷惑をかけぬ、或は人に依頼をせぬといふ事だけではない」と説くことで、秩序形成的な主体への転換が呼びかけられている。人間の生活は「社会といふ背景」があって初めて成り立つということ、だからこそ「その自分の連つて居る社会、自分も一員である共同生活体に対して之を治める、即ち共同の事柄を処理して行く責任」があるということ、こうした自覚の要請は、いずれも戦後、前田が「シヴィックス」として表現した理念、すなわち「民主的な意味で各人が手をつないで共同の生活を行政する姿」や「共同生活体の責任者として共同生活体を盛り上げていく」ことの力説に通ずるものである。また昭和十年『一票の力』でも、前田は「公事に対する関心」という表現を用いることにより、戦後は「シヴィックス」に込めた世界を次のように述べている。

もつと大切なのは、国民の公事に対する熱意関心である。……「公事に対する関心」には、上下の関係の外に、横への繋りがあるのを忘れてはならない。それは国民として、市民として、お互ひの公共生活を共同処理しやうとする一面である。これが欠けるなら、市町村の自治などは全然成り立たなくなる。(13)

「上下の関係」に対する「熱意関心」が強調されていた時代、前田は「横への繋り」＝〈社会性〉を重視し、その認識が「お互ひの公共生活を共同処理しやうとする」自覚へと結実すべきことを説いている。ここで述べられた内容も、冒頭に引用した「シヴィックス」の定義、すなわち「下から公民が持ち寄つてお互いの生活を作り上げていく」姿勢と同様であることは論を俟たない。

さらに前田は「世界大」に拡大せられた「シヴィックス」への問いかけをも、既に戦前から行っている点を看過すべきでない。たとえば昭和十一年『公民の書』において、前田は『一票の力』と同様に、「縦の関係に重点を置いた観念」[14]に対し「互に横に手を繋ぎ合」[15]う「横の平等人同志の協力」[16]への覚醒をこそ「公民の道」[17]と称するが、「世界の日本」[18]と題した最終章で、「国際正義の実現のため各人は協力を吝むべきではない。それはこの世に生を享けた吾々人類の、心懸くべき大きな公民道であると信ずる」[19]と述べ、さらに最終節の表題を「世界平和の建設の為に」[20]となし、「国際正義と世界平和に対して、より多く建設的な貢献をなす心懸けを養ひたい」[21]と説いている。併せて、前田が第一次世界大戦後、ＩＬＯ（国際労働機関）の日本政府代表をつとめ、また太平洋戦争直前の対日感情が悪化した時期、アメリカの日本文化会館館長を引き受けたことは、恩師・新渡戸稲造にも比肩すべく、「世界大」に拡大せられた「シヴィックス」を、みずから体現しようとする志の表れと見ることができる。

このように、前田は「シヴィックス」の必要性につき、戦前・戦後を通して力説しているが、如上の事実が示唆するとおり、それは「敗戦経験」への「反省」にのみ由来するものでなく、より根源的には、「近代」を経験した日本社会の、いわば〈構造転換〉への自覚にこそ根ざした主張である点を看取する必要がある。具体的には前出「共同生活の処理、即ち政治」との明言が表すように、前田は現代の「日常生活」を、〈政治〉とのかかわりなしには成立し得ないものとなし、その必要性こそが「シヴィックス」を必然化すると見るのである。

その根拠として前田は二つの理由をあげている。一つは明治以降の「近代化」政策を経るなかで、日本社会は「向ふ三軒両隣」的な関係性には原理的に終止符を打ち、代わって、前田言うところの「知らぬ他人」からなる関係性がもたらされたとの認識である。この点に関しては、先にも引いた『地方自治の話』において、前田が次のように述べるのが注目される。

昔から伝統の自治は向ふ三軒両隣の自治である。……この連帯責任から発達した部落の自治は、既に既に明治維新の新政に、将た更に明治二十二年の町村制実施の際に、破壊せられたといふて宜ろしいのである。……故に、自治観念としてのいはゆる「隣保相佑」は今日においては、現実端的に知り合つて居る同志の団結といふ意味ではなくして、たとへそれが「知らぬ他人」であつても、一定地域内に社会生活を営むで居る必然の関係上、互に相倚り相助けねば、暮らして行けぬ連帯生活、昔のやうに領主の刑罰連帯の笞が団結を余儀なくさせた代りに、経済の理法、社会の約束が、団結か然らずんば破滅といふ運命を示すために余儀なくさるゝ連帯生活になつたのである。(22)

いわゆる「自然村」から「行政村」への移行がはらむ問題性が、「近代化」に伴って現象した「社会の約束」として捉えられている。ここでの前田の卓見は、そのように新しく出現した「社会の約束」が、「いはゆる『隣保相佑』」の概念に転換を要請することを指摘した点にある。すなわち、「いはゆる『隣保相佑』」は、「隣保」が「知り合つて居る同志」なればこそ機能し得るものだけに、「知らぬ他人」からなる関係性に、従来の「相佑」概念を依然として期待するのは難しい。その意味で「明治二十二年の町村制実施」に象徴される「明治維新の新政」は、「いはゆる『隣保相佑』」をも「破壊」したというべきであり、したがって、今や新しく立ち現れてきた関係性に相応しい「新しき、又広き意味における隣保相佑(23)」が構想されなければならない。

「隣保相佑」概念の更新は、さらに「経済の理法」によっても促されると前田は見る。この点に関しては、前田が前掲『公民の書』において、次のように述べているのが示唆に富む。

吾々が一日の生存を完うするためにも、それは吾々の周囲に連る、知れる、また知らざる、見える、また見えざる無数の人々と持ちつ持たれつして居るのである。……身に纏う古綿布一つにしてからが、原料たる棉花は或は印度に、或は北米に、海外未知の人々の労作を煩はした所産に外ならない。況んやこれを紡ぎ織るために要した幾多のわが同胞の労務を念へば、尚更の事である。(24)

短い一節ではあるが、ここでは「身に纏う古綿布一つにしてからが」、「海外未知の人々」との関係性、すなわち世界大に拡大された「知らぬ他人」からなる〈生産関係〉なくしては手にし得なくなった、新しい「経済の理法」が解き明かされている。別の角度から言うならば、如上の「経済の理法」に縛られた「吾々」の「日常生活」は、いかに「相倚り相助け」あおうとも、今や「身に纏う古綿布一つにしてからが」、その「生活圏」のみでは賄い得る段階にはないという現実が指摘されている。

かくして「向ふ三軒両隣」を前提とした「いはゆる『隣保相佑』」概念の限界が明らかとなった時代において、「吾々」の「一日の生存」を「完う」させる「新しき、又広き意味における隣保相佑」は、従来の「いはゆる『隣保相佑』」以外の〈場〉にこそ求められるべきは必然となる。(25)この認識の上に立ち、前田は〈政治〉を要請する。この点、先の『地方自治の話』の中で、前田が現代の「日常生活」と〈政治〉との「関係」につき、次のように述べるのが示唆的である。

地方自治制といふものは政治のうちでも極めて大切な地位を占むべきものと思ふが、まだ世間からさほど重視されて居らぬのである。その癖自治制の取扱ふ仕事は一番吾人の日常生活に縁の近いもの、一日荒廃され、ば身に迫つて困却を痛切に感ずるものが多い。
先般も東京市に電車の罷業が起りかけたが、一日市内交通機関が止まれば、眼に見えて市民は困るのであり、塵芥や不浄物の掃除、水道の供給、下水の始末、瓦斯問題、道路、伝染病院、それよりも尚ほ大切な学校の施設といひ、それぞれ日常生活に直接関係することを取扱ふのが自治体の仕事であるが、米の飯は毎日食ふために左程美味いとも思はぬ如く、この吾人に最も近い政治に対して割合に世人は無関心である。(26)

ここでは「自治体の仕事」が「日常生活に直接関係すること」とされ、同時にそれが「吾人に最も近い政治」すなわち「極めて大切な地位を占むべき」「政治」と形容されている。この形容は、「一日荒廃されゝば身に迫つて困却を痛切に感ずる」との一節が照射するように、今や「交通機関」や「学校」は無論のこと、「水」の「供給」「始末」から「瓦斯問題」というエネルギー関連に至るまで、いわゆる「ライフライン」を含む「日常生活」そのものが、かつてのように「いはゆる『隣保相佑』」によって賄い得るものでなく、あくまで〈政治〉と「直接関係すること」によってのみ営まれ得るという、前田の理解を示すものである。

事実、前田がたとえる「水道」に関して言えば、「水道」を敷設し「水」を「供給」することそれ自体、〈政治〉のかかわりならびにその決定なくしてあり得ないことであり、また同じく「瓦斯問題」等に至っては、「地方自治制」や「原料」の調達に先立って、「海外未知の人々」との関係構築およびその調整等、「自治体の仕事」を超えた〈政治〉をも必至とすることは論を俟たない。

ただ、このように「吾々」の「日常生活」上、〈政治〉の比重が高まるということは、前田において、「吾々」が「自治体」をはじめとする機関や個々の「為政者」を、いわば「お上」として「畏れかしこむ」べきなどとする主張にはつながらない。後に「公民」という語についても言及するが、ここでは先の『地方自治の話』が次のように締めくくられている点に注目したい。いわく「道路、橋梁の施設を初め、公園、下水の類から、更に病院、学校、各種の社会事業、図書館、墓地の類」[27]は「行政的事業」[28]によって「施設」[29]「経営」[30]されるべきであり、また「電車、電燈、瓦斯、水道の如き」[31]「住民の生活に必需のもの」[32]も、「公企業」[33]として「自治体」の「経営に移した方が良い」[34]、このように「自治体の特色は、支配権をもつて住民を威圧するにあらず、奉仕をもつて共同生活に後見するにあるのであ」[35]って「新しき、又広き意味における隣保相佑の意義は、こゝに到つて完成を見るものと思ふ」[36]と。

この「結語」が表すように、前田において「自治体」をはじめとする機関ならびにその「行政的事業」とは、「吾々」「住民の生活に必需のもの」を担うべき、「新しき、又広き意味における隣保相佑」として、いわば「住民の生活」に「従属的」な位置付けを与えられたものである。換言すれば、主体はあくまで「吾々」の「日常生活」、その「当事者」たる「シヴィックス」であり、その逆ではないとの確信である。この点、前田が昭和六年「地方議会と婦人」という一文で、「人が善い道を歩み善い水を飲み善い教育を受けるために、サーヴィスを尽すことが、それが政治である」[37]と述べていることは、〈政治〉に対する前田の視座を、最も象徴的に表すものと言うことができる。

かくして明治以降の「経済の理法、社会の約束」が、「吾々」の「日常生活」と〈政治〉の関係を著しく深めた現在、「吾々」は「一日の生存を完うするためにも」、〈政治〉に「無関心」となることなく、逆に〈政治〉の当事者たらざるを得なくなるのは必至である。戦前・戦後を貫流する前田の主張の礎は、実にこうした自覚にこそ存する。すなわち前田が「民主的な意味で各人が手をつないで共同の生活を行政する姿」や「われわれが共同生活体の責任者として共同生活体を盛り上げていく」ことを「シヴィックス」なる〈政治的主体〉の本質として強調し、さらにその内実を、「海外未知の人々」と「互に相倚り相助け」あい「相佑」し得る関係性の構築まで含めて説いていることは、「民主化」ならびに「平和主義」という敗戦後の課題への単純な「呼応」などでなく、むしろ明治以降の「経済の理法、社会の約束」が必然化した「吾々」の「日常生活」の、まさに〈構造転換〉をふまえた言説であることをあらためて強調しておきたい。

3 「民衆」と「シヴィックス」——〈政治〉の「主人」は誰か

以上のような内実を持つ「シヴィックス」の担い手として前田が期待を寄せるのは、一握りの「エリート」ではない。前田は如上の「シヴィックス」観の必然として、いわば「万人」を「シヴィックス」の担い手と捉えている。既述のとおり、「シヴィックス」は〈政治〉と「吾々」の「日常生活」が密接となった状況下、「吾々」が「一日の生存を完うするためにも」要請される姿勢であるだけに、一部の「エリート」が担えば済むものでなく、「日常生活」を送る「吾々」すべてに、すなわち「万人」に求められる自覚とされるのは、前田において必至である。

この点、示唆に富むのが「女性参政権」をめぐる前田の主張である。前田は「婦人へ公民権を賦与することは、少しも飛び離れた議論では無い(38)」、また「たゞ投票をする計りに止まらない。更に進んで市町村会の議員その人に、婦人が成るべく多くなつて頂きたい(39)」と述べ、特に女性が「市町村への行政(40)」に進出すべきことを力説する。その理由に関していわく、「自治体の仕事は謂はゞ御台所仕事で、市町村の行政が直接影響を及ぼす所は主として家庭消費の元締たる主婦にあるといへる(41)」、したがって「吾々」の「日常生活」で、男性以上にその「手を煩は(42)」し

「利害や苦労を共にして居る」[43]のは女性である以上、「共同生活体を盛り上げていく」上で「何時までも婦人を無権利者たらしめて置く道理は無い」[44]と[45]。

こうした見方が表すとおり、前田において「シヴィックス」の担い手は、一部の「エリート」に限定されず、無論のこと男女を問わず、「日常生活」を送る「万人」を対象とすべきものと位置づけられている。晩年の「公明選挙運動」[46]が表すとおり、前田が「シヴィックス」を説く場合、狭義の「学校教育」の域を超え、より広範な対象に問いかけ続けていたことも、その一証左と言ってよい。

前田のそうした想定は、「理念」からの単純な「演繹」にとどまるものでなく、同時代への目配りに裏付けられてもいたことを看取する必要がある。たとえば、前田は男子普選実施後の「無産党」の「躍進」[47]、なかんずく日中戦争直前期における、社会大衆党の興隆[48]に、河合栄治郎らと同様、「新有権者」の政治的な「見識」を読み解くことにより、日本における広範な「シヴィックス」成立の可能性を見出している[49]。前田がこの時期までの「新有権者」の選択に、「民主的な意味で各人が手をつないで共同の生活を行政する姿」や「共同生活体の責任者として共同生活体を盛り上げていく」自覚の屹立を見出して、「シヴィックス」による社会形成を確信していたことは、敗戦直後、前田が『公民の書』を再刊した折に、「今日の新時代は何も或人人が考へて居るやうに凡て百八十度方向転換と言ふ訳でなく、十何年前までに戻つて更にそれから再出発さへすれば、やがて健全な民主主義完成を将来に帰することが出来る」[50]と述べる事実が証するものである。

ちなみにこうした期待の必然とも称すべく、前田は高い「民衆」評価を結実させている点も見過ごせない。「民衆」は特に「定義」がないものの、いずれも〈政治〉との関連で述べられているだけに、それは〈政治〉の主体かつその「サーヴィス」の目的なるべき「万人」と称し得る。換言すれば、「シヴィックス」にまで招かれてあるに説いている。

「万人」こそ前田における「民衆」である。そうした存在への信頼を、前田はたとえば『公民の書』で、次のよう

民衆は一見迂愚軽躁と見えるかも知れない。然し長い眼で見れば、その判断はおのづから帰趨する所があつて、決して忽がせになし得ないものがある。アブラハム・リンカーンの言に「一部の人間を長い間欺くことは出来る、全部の者を短い間欺くことは到底出来ない」といふのがある。さすがは俊傑、うまい事を言つたものだと思ふ。民衆の判断はこれである。これを除外して正しい政治は出来ない。して見ると、民衆の一般の投票によつて選出される代議士が、常に民衆の声を代表して国政に参加する重要性がはつきりする。仮令世の中がどんなに変つても、この仕組みは決して変はるべきものではない。(51)

同様のまなざしは、他にも論考「立憲政治か独裁政治か」における「究極の監督者は民衆の声に帰す。知識は専門家に、然し智恵は民衆に属すべき理である」(52)との一節、また『一票の力』の中の「どんな善政の姿を取つても、それが民衆の意思と連絡のない時は、長きに亘つて正しい政治は行はれるものではない」(53)との表現に認められる。その評価は、〈政治〉を選ばれた「エリート」のわざとすることなく、「シヴィックス」には「万人」が招かれてあると見る点で、いわゆる「大衆蔑視」や「エリート主義」の対極をなす前田の原理的なスタンスを表すものと見なし得る。

しかし一方、前田に対する如上の「評価」に対しては、そのキータームとなる「公民」の語をめぐり、国家および教育との関連からして一つの「疑義」が寄せられることが予想される。というのも『公民の書』という書名が表

すとおり、戦前の前田は、戦後、「シヴィックス」の一語に込めた世界を示すにあたり、「公民」という語をしばしば使用している。しかし同時代の文脈で、「公民」ならびに「公民教育」なる言葉とは、第一次世界大戦以降に深刻化した、「大日本帝国」の「危機」への対応として登場した経緯を持っている。[54] すなわちそれは、「国家の論理」に忠実な新しき「国民」を広範に創出し、来る普選を「安全」に機能させるべく、「噴出」する「危機」を〈大衆〉にまで「馴化」するという政治的使命を帯びていた。そうである以上、「万人」を「シヴィックス」にまで招かれた者となし、「公民」たる責務を説く前田のまなざしも、結局は「国家の論理」を自発的に担い、国家に「奉仕」する主体の形成を意図したものとの指摘が成り立つかもしれない。

この点に関しては、たとえば「人が善い道を歩み善い水を飲み善い教育を受けるために、サーヴィスを尽すことが、それが政治である」とする前田のまなざしそれ自体、如上の「疑義」への「回答」になっているとも言い得るが、ここでは特に昭和三年に記された「市政改善の一歩として予算決算等の積極的公開を望む」という文章中、次の一節に注意を促したい。

今日の市制に於て、市会は市政の主人である。然し彼等が主人たるは市民の委任あるが為めの御蔭であつて、自分自身固有の力に依てゞは無い。市民こそは真の主人である事言ふ迄もないのである。市民の監視、市民の了解、市民の承認、市民の協力後援、是が凡百の問題に働いて玆に初めて自治政治の成功がある。[55]

短い引用ではあるものの、前田の視座は明白である。ここで言われる「市民」とは、「東京市民」というほどの意味ながら、「為政者」のため「市民」があるのでなく、「市民」のために「為政者」があるという、前田における

「原則」が問いかけられている。

前田はこの論考にとどまらず、また市政・国政のレベルを問わず、「政治」を「市民」によって「監視」[56]さるべきものとなし、したがって「為政者」はその「過去帳」[57]の公開を、なかんずく予算の使途に関する徹底した「情報公開」を、「市民」の前に行う必要があることも繰り返し説いている。[58]いずれも〈政治〉において「市民こそは真の主人である事言ふ迄もないのである」との確信が根底に据えられていることは自明である。

また前田は別の論考中、ニューヨーク市で「毎年市庁が予算を編成すると、これを市会に提案する以前、二週間の期間を以て予算の展覧会を市庁内の一室で開[59]いていることに説き及び、そのありように触れている。ここで興味深いのは、前田がこの「予算の展覧会」を評し、「予算に関する民衆の註文聴き取り」[60]と形容していることである。「市政」を「註文聴き取り」とする表現、それも「エリート」や「為政者」でなく「民衆の註文聴き取り」となす見方には、「人が善い道を歩み善い水を飲み善い教育を受けるために、サーヴィスを尽すことが、それが政治である」と断言し、また『地方自治の話』を「自治体の特色は、支配権をもつて住民を威圧するにあらず、奉仕をもつて共同生活に後見するに在るのである」と結んだ目線に裏打ちされた一語「市制に於て……市民こそは真の主人である事言ふ迄もないのである」との確信が凝結している。

こうした見方をふまえると、前田の論理は同じ「公民」の一語を使っていても、「大日本帝国」に忠実な「よき臣民」を創り直すという「国家の論理」とは、思想の原理レベルにおいて、まさに正反対のベクトルを持つものであることは贅言を要しない。むしろ戦後の前田が「シヴィックス」という語をあえて訳さずに使っていること、ことに「新公民道の提唱」という画期となる論文で、そのタイトルに「公民道」という言葉を選び、しかも「新」の一字を書き加えている事実には、前田の「提唱」しようとする「公民道」なるものが、当時「復活」を取りざたされていた「古《いにしえ》」の科目、すなわち「修身科」と異なるのは無論、(61)戦前の「公民教育」ならびにそこで企図された「公民」像とも違ったものであるという強い思いが込められていると称し得る。それだけに前田において、「万人」が〈政治〉の主体そして目的たるべく、「シヴィックス」への覚醒が呼びかけられるのは、国家への「動員」に棹差すゆえでなく、ただひとえに「万人」が「日常生活」の「当事者」であるからにほかならないことをあらためて確認しておきたい。

4 「地方自治制」の再発見——時代の中の「シヴィックス」

さらに前田は、「シヴィックス」の理念と担い手のみならず、それを具現化すべき場の問題も説いている。この点、前田が重んじるのは「自治制」の現場すなわち「市町村の行政」である。それは主として二つの根拠に基づくものである。その第一は、〈政治〉に対する前田の原理的視座である。「人が善い水を飲み善い教育を受けるために、サーヴィスを尽すことが、それが政治である」と明言する前田にとって、「水道、下水、電気、汚物の世話等」「謂はゞ御台所仕事」を扱う「市町村の行政」こそ、その目的も担い手も「シヴィックス」を主体とすべき、その意味で「シヴィックス」に「最も近い政治」であることは論を俟たない。したがって、前田が「シヴィックス」を実現すべき場所として、第一に「地方自治制」を重んじるのは必然とも言える。

もう一点、「地方自治制」への前田の視座は、〈統制国家〉の段階に踏み入った、同時代への洞察にも裏打ちされている点に注意を促したい。すなわち前田は、「シヴィックス」を取り巻く状況の閉塞化を必然視するなかで、「地方自治制」という場の意味を、いわば戦略的に再発見するに至っているのである。「シヴィックス」の疎外状況につき、たとえば昭和十年、「公民教育と政治道徳」という論考中、「政治の対象は益々複雑となつて、専門的知識を必要とする程度が増加した[62]」ために、「政治は少数識者により多く適し、一般大衆に適さなくなつた[63]」と述べる前田は、「内閣審議会や内閣調査局ができたのは決して偶発現象ではない[64]」と時代の推移を総括し、また前掲「立憲政治か独裁政治か」にても、〈統制国家〉を要請したものを、〈総力戦〉たる第一次世界大戦にまで遡及して、次のように説いている。

世界大戦後、各国の政治を通じて起つた新現象は、執行機関の権限が、議決機関のそれよりも増大した事である。戦争中、その遂行に必要な統制作用を強固ならしめるためには、何としてもオリガーキーが必要であつた。少数執行者が万事を統制し、国民はその外郭にあつて声援支持するに留まる、この形態が是非とも取られねばならなかつた。戦後になつてもその惰性は残存したのみか、戦後相踵ぐ経済的変調異変は、グラハム・ワラス〔Graham Wallas　引用者注〕の寸鉄語の示す如く「政治が経済に譲歩して政治の要諦を、十九世紀古典的な人権自由擁護中心から経済統制中心へと導入した結果、専門知識に立脚した少数為政家に政権を委譲する傾向が強まつた事は、疑うべくも無い[65]。

ここで「世界大戦後」も依然、「執行機関の権限が、議決機関のそれよりも増大した事」が、「戦後相踵ぐ経済的変調異変」にこそ帰せられているように、前田は〈統制国家〉の登場と進展を、究極的には「経済の理法」が促した、時代の「必然」と位置づけている。この自覚があるだけに、前田は右引用部に続け、「執行部の権限が百パーセントになつて、国民の発言を基礎とする議決部の権限が零に帰するドイツ、イタリーの例が、すべての国々の追随して行くべき途なのであらうか」(66)と、「シヴィックス」の疎外を不可避と見、時代の行方を憂えている。

この「憂慮」と関連し、注意すべきは前田が「シヴィックス」を説く際に、それを「充実感」や「よろこび」という、生活の本質的な問題とかかわらせて問いかけている点である。たとえば『公民の書』でいわく、「自分達が協力して公共事務を作り上げれば、それは結局自分達のお互ひに享有する楽土が現出するのであつて、公共生活は重苦しい厄介なものでなく、各人が寄り合つて楽しい生活を共にするためのものであることを、銘記すべきである」(67)、したがって「人は公民となつて始めて人生の尊貴を味ふことが出来る」(68)と。その表現が示唆するとおり、前田において「シヴィックス」としての生き方は、「虚しさ」や「無意味感」とは対極の、「人生の尊貴」と不可分視されているだけに、「シヴィックス」がその力を発揮し得る場を狭められるということは、人間の本質的なよろこびが奪われる事態としても問題視されざるを得なかった。

かくして前田は時代の中で「シヴィックス」の働きの場を確保すべく、主として二つの主張を展開する。それはまず第一に、「専門知識に立脚した少数為政家に政権を委譲する傾向が強まつた事」の問題点を問い質し、かつ「国民の発言を基礎とする議決部」の意義を繰り返し強調することであり、第二に「シヴィックス」たるべき人々に、「国政」ではなく「市政」「町村政」、すなわち「地方自治制」への着目を促すことにほかならない。ここでは第二点に関連し、前田が『公民の書』において、「国政」と「地方自治」では「民衆的権限」に「差」があるとなし、「地方自治」への視座転換を提唱する点に注意を促したい。

議会が貴衆両院で法律案を可決したからとて、すぐそれで法律としての国家意思は発生しない。必ず御裁可を俟つて効力が完成するのである。然るに地方自治の場合では、市会の議決、町村会の議決はその議決の瞬間にその自治体の意思として完全に成立する。その内には無論国家の監督上の許可認可を要するものがあらう。さやうな事項はそれ〴〵許可認可がない内は実行は出来ぬもの丶（例へば起債）然し地方自治体の意思そのものは、議決の瞬間に立派に成立したのであつて、敢て監督官庁の行為を俟つまでもない。範囲は小さく、力に限りがあるにしても、民衆的権限は国政以上に充実して居ると言へるのである。(69)

既に見たように、前田は〈統制国家〉の進展を不可避としただけに、少なくとも国政レベルでは、「シヴィックス」の「発言を基礎とする議決部」の形骸化は避けられないと考えていた。しかし右引用部が明らかにするとおり、前田は国政レベルの「議決」が「御裁可を俟つて効力が完成する」のに対し、「市会の議決、町村会の議決はその議決の瞬間にその自治体の意思として完全に成立する」という両者の原理的な「差」に、「シヴィックス」の「活路」を見出そうとする。すなわち「範囲は小さく、力に限りがあるにしても」「地方自治の場合では」、「民衆的権限は国政以上に充実して居る」と説くことで、前田は「地方自治制」という場の意味を、「民主的な意味で各人が手をつないで共同の生活を行政する姿勢」を具現化する所としてのみならず、「国民の発言を基礎とする議決部の権限が零に帰」しつつある状況下、時代の危機と対峙し得る有効な現場として再定義するに至っているのである。そのまなざしは、「都市」対「農村」との枠組みに立ち、後者の「復興」を目指す類の関心とは異なっており、(70)かつ、「民衆」主体の構想に貫かれている点で、たとえば「官僚支配は部落・町内会の末端にまで浸透するにいたり、既成政党の勢力地盤に対する官憲的統制の増大が見られるようになった」(71)と評されるがごとき「選挙粛清運動」の目論見と、思想的に対極をなす提言であることを、ここでも看取する必要がある。

しかしながら前田の期待と裏腹に、現実の「地方自治制」なるものは、著しく「シヴィックス」と乖離して、逆に国家への「サーヴィス」を宿命づけられていただけに、前田の視座は何よりも、現実の「地方自治制」批判として現れている。たとえば前田は『地方自治の話』の中で、「自治体の事務所」[72]の呼称に着目し、「英語でいふTown Hall」[73]や「フランス語のl'Hotel de Ville」[74]が、「町若くは村の、公会堂とか建物とかの意味」[75]を併せ持つことに注意している。すなわち「役場」と呼ばれる日本の「自治体の事務所」と対照的に、「西洋では」[76]「自治体の事務所」が「住民に親しみ深いもの」[77]になっているとなし、この理由に関していわく、「役場」と呼ばれる日本の「自治体の事務所」は、「国家の委任事務」[78]をきわめて多く課せられており、住民にとっては「自分達の共通の事務所といふよりは、寧ろ国家の行政庁たる町村庁の役場に、国家的権力服従の関係において出頭する意味が多分である」[79]と。

この指摘が表すとおり、「明治二十二年の町村制実施」とは、「町村」をして国民国家の礎石たらしめんとする意図に貫かれたものであり、住民を「国家的権力服従の関係」のもとに拘束することで、「国家の論理」を自発的に担い得る主体の形成を企てたものと称し得る。それは「国家」への「服従の関係」を強いられた「自治体」が、「国家」にこそ「サーヴィス」すべく封じ込められた現場であり、したがって、前田が理想視する「市町村の行政」、すなわち「シヴィックス」本位の「地方自治制」のあり方と、その目的も担い手も、正反対に位置する世界にほかならない。

それだけに前田は、「地方自治制」の将来を、「国家的権力服従の関係」の強化ではなくて、逆に、「自治体」が国家から可能な限り「自律＝自立」することで、「シヴィックス」がその力を発揮し得る方向にこそ見出していく。たとえば『地方自治の話』において「都市計画法」[80]の存在を「或意味においては自治を頭から否認するやうな特別法」[81]と厳しく批判し、現状を「準禁治産者扱」[82]と酷評する前田は、さらに進んで一定の「警察権」[83]すら、「自治体に委付」(84)することを主張している。「財源」の問題、またそのように「自律＝自立」した場合の「自治体」同士の関係等、詰めるべき論点はあるものの、しかしいずれの言及も、前田が「市町村の行政」を、国家から「シヴィックス」の側に取り戻そうとする提言として意義深いのみならず、「シヴィックス」がその力を発揮すべき場所として、前田がいかに「自治制」を重視し、その実態を凝視していたかを証しする象徴的な評言として、注目に値する。

5 〈他者〉へのまなざし ——「わが父の家には住家《すみか》多し」

以上の考察によって、前田を貫く課題意識とその特質は、ほぼ究明し得たと思われるが、最後にその「シヴィックス」論と〈宗教〉の関係につき特記しておきたい。既に見たように、前田が「公職追放」「復帰」後の「第一声」たる「新公民道の提唱」で強調したことは「シヴィックス」の必要性であるが、もう一つ、前田はこの画期となる論文で、「シヴィックス」の成立における〈宗教〉の意義を力説している点が注目される。

公民道は単に人々を横の関係に結び付けるばかりでなく、若干、縦の関係に人の心を繋いで、天を仰ぎ神明と語り、胸奥深く秘むる内心の光に徹して、見ざるに畏るるの心義を拓くのでなければ、完全を期し難いのである。

かような公民道は、如何にして国民の心に植え付けられるであろうか。私は宗教を離れてその実現の不可能

なことを念うのである。(85)

ここで前田は特定の「宗教」を語ってはいない。しかし「天を仰ぎ神明と語り」および「見ざるに畏れる」との表現に表れた、「対・人格的」な形容が示唆するとおり、「人々を横の関係に結び付け」「民主的な意味で各人が手をつないで共同の生活を行政する」ことを旨とする「シヴィックス」の「自律＝自立」について、前田が超越的な人格神との内面的な関係性を重視していることは明らかと言える。

一般に、何らかの規範を説いて、その主体的な遂行を期待する場合には、近代日本の「修身」科を持ち出すまでもなく、教え込むべき価値を担保し、かつ、人々を「承服」させるべく、何らかの「宗教的絶対者」が強調されるのが常となっている。右の前田の提言も、「シヴィックス」という規範の〈内面化＝主体化〉およびその自律的遂行を「宗教」に期待した、「典型」的な主張に見えもする。しかし以下に詳らかにするとおり、前田ならびにその周辺の言葉を仔細に読み解くと、「シヴィックス」の成立につき「宗教を離れてその実現の不可能なことを念う」とまで述べるそのまなざしは、〈宗教〉に基づく道徳的な「被縛意識」成立への期待以上に、むしろ「シヴィックス」を志す精神が直面を余儀なくされる、より実存的な世界にこそ根ざしていると考えられる。その消息を問う上で、ここでは前田の長女で精神科医としても知られる神谷美恵子(86)の、次の言葉に着目することから始めたい。

父は一見円満で温厚な人物に見えたかも知れないが、ほんとうは孤独な性質で他人のなかになかなか溶け込めず、人前に出ることをいつも億劫がっていた。神経質、敏感である上、いつも自分をみつめており、その自分に対して嘘のいえない人であったから、自己の内外の矛盾にすぐ気づき、生まじめに苦しまずにはいられな

い性であった。非常に内気で気が弱いところがあったから、政治家にはなれなかったのであろう。(87)

この描写は、「シヴィックス」と〈宗教〉を語る前田その人の実存に肉迫する上で、きわめて興味深い内容を含んでいる。それは、「民主的な意味で各人が手をつないで共同の生活を行政する」姿勢の必要性を、「海外未知の人々」との関係性まで射程に入れて力説した前田その人が、平素の主張と裏腹に、「知らぬ他人」と「手をつないで」いくことに、「よろこび」を見出しにくい人であったという実像にほかならない。こうした内なる「陰影」それ自体、前田における〈宗教〉の位置を措定するものと言い得るが、神谷はさらに、自他関係をめぐっての前田の構えを問うなかで、次のごとくに示唆的な言葉も遺している。いわく「父は自分にも他人にも厳しく清濁あわせ呑むといった工合には行かなかった(88)」、「殊に偽善者は大嫌いでその臭みには敏感でした(89)」と。

「神経質、敏感であるうえ、いつも自分をみつめて」いた前田が、自他の「違い」を鋭く感受せざるを得ない人であったことは予想がつくが、この評言は、前田が生来、自他の「違い」を認めた上で、「知らぬ他人」と「手をつないで」いこうとする「社会性」よりも、みずからと「意味」や「価値」を共有できない存在を、むしろ「認め難い」気質のほうを強く持っていたことを語りかけている。

しかし前田のこうした傾向は、彼自身、「シヴィックス」たろうとする上で、二つの重大な問題を突きつけたと思われる。その一つは、〈他者〉肯定の困難性にほかならない。既に前田が諭したとおり、明治以降の「経済の理法、社会の約束」が、「いはゆる『隣保相佑』」を「破壊」したことにより、「知らぬ他人」からなる関係性が必然化した状況下、「意味」なり「価値」なりを共有できない存在を認め得ないならば、そもそも「シヴィックス」＝「各人が手をつないで共同の生活を行政する」ための「横の関係」意識それ自体が成り立たない。それだけに「シヴィックス」の実践上、「異質」な存在を諾う視座は必須であるが、前田がその生来の傾向にとらわれている限り、みずから「シヴィックス」たり得ることは原理的に難しいと言わざるを得ない。前田は「シヴィックス」の提唱者であるだけに、この間の消息を、密かに実感させられていたことと思われる。

さらに如上の傾向は、前田に内なる「苦悶」をもたらしていたこともまた確実と見なし得る。というのも「いつも自分をみつめており、その自分に対して嘘のいえない人であった」前田にとって、如上の己の「現実」に、「居直る」ことなど到底不可能であったと思われるからである。むしろ前田はみずからの現実を、「シヴィックス」提唱者にあるまじき「矛盾」と捉え、その「克服」を志し、「生まじめに苦しまずにはいられな」かったのではないだろうか。

〈他者〉との関係をめぐってのこれら二つの問題は、前田個人の「苦しみ」にとどまらず、およそ「シヴィックス」という規範を目指す精神が、解決を迫られる最深の課題と言い得るが、ここで注目したいのは、前田の場合、それぞれの〈回答〉を、〈超越〉の価値世界との対峙の中で発見するに至っていることである。この点、同じく神谷の手になる次の一文が示唆に富む。

父は自分にも他人にも厳しく清濁あわせ呑むといった工合には行かなかった。それを［新渡戸稲造　引用者注］先生は正して下さったようです。沢山の人、いろいろな人、その人々はそれぞれの道を行くのだ。理想に到達するにも種々の道があるのだ。そのような考え方、心の持ちかたを先生は教えて下さったようです。聖書ヨハネ伝十四章の「わが父の家には住家（すみか）多し」という句が父は殊に好きで、この句に初めて接した時、自分は本当に救われたと言い、一生涯の間、屢々この句を口にしておりました。それは自分に対しても他

人に対しても、ともすれば狭く堅苦しく捕われがちな心、この心を広く開放してくれる「よすが」となったようです。(90)

この回想はまず第一に、前田が自己と「異質」な「沢山の人、いろいろな人」を肯定するための超越的かつ確実な根拠を、新渡戸を通じて示された「わが父の家には住家多し」という聖句が開示する世界、すなわち〈宗教〉の領域に見出したことを指し示している。(91) しかし前田の内面を忖度しつつ、神谷の言葉を注意深く読むならば、この回想は、前田が「わが父の家には住家多し」という聖句の中に、何よりもまず、破れ多きこの己の「住家」をこそ発見していたことを照射するものである。この点、前田が「『わが父の家には住家多し』という句」「に初めて接した時、自分は本当に救われたと言い、一生涯の間、屢々この句を口にしておりました」とする神谷の評言は、如上の読みを証拠立てる言葉として注目に値する。

そしてこれら二つの〈発見〉は、前田において、互いに無関係なものでなく、後者は前者における〈他者〉肯定の礎となっている点を、特に看取しなければならない。その内在的な消息を「代弁」すれば、おそらく以下のようになるだろう。すなわち、この惨憺たる自分にさえも「住家」が備えられている以上、「わが父」は己以外の「沢山の人、いろいろな人」にも、それぞれに「住家」を備えている。したがって、自分と「意味」なり「価値」なりを共有できないかもしれない「沢山の人、いろいろな人」を、「わが父」を差し置いてこの自分が否定すること、退けることなど断じて許されない、と。

このように前田にとっての〈宗教〉は、規範を命ずる厳格な根拠にとどまるものでなく、まして人間を「馴化」「支配」するための「手段」などでは断じてなく、むしろ「シヴィックス」をはじめとする規範に躓かざるを得ない、この「弱き己」を含む、「沢山の人、いろいろな人」からなる関係性を、根底から支えてくれる究極の根拠としても捉えられていたことが明らかである。前田が「シヴィックス」の成立につき、「宗教を離れてその実現の不可能なことを念う」とまで述べるとき、そこで想定された〈宗教〉は、かくして「弱き己」の「住家」を備えてくれる、「わが父＝神」との人格的な関係の総体であることを理解する必要がある。そして、そのような自身の実存に裏打ちされた〈他者〉肯定を基盤となす前田の「シヴィックス」論こそは、新渡戸の思想、なかんずくその「sociality」の哲学を、精神の深みにおいて継承・発展させたものであり、さらには近代日本思想史とキリスト教との内在的な交錯を象徴する一例としても、固有の光彩を発揮するものであることを、最後に強調しておきたい。(92)

6　おわりに

以上、本章では前田を「新渡戸・内村門下」の類まれな思想家として注目し、生涯を貫く課題意識を究明してきた。今後は戦後の前田の諸活動を、その「シヴィックス」論をふまえて位置づけ直すこと、および前田の思想の形成過程を解析することが残されている。(93)その試みは「戦後教育改革」における南原の事績をはじめ、「新渡戸・内村門下」の働きを問い直す上で資するところがあるのみならず、後藤新平や神谷美恵子など、前田の交流圏内にあった人々を思想史的に考察するための手立てともなると考えられる。本章での達成を一つの起点とすることで、さらに考察を深めていきたい。(94)

［註］

（1）明治末期に第一高等学校校長として赴任した新渡戸稲造が力説したことの一つである「socilaity」と、その時代における求心力、ならびに新渡戸と前田の関係については、松井慎一郎「新渡戸・内村門下の社会派官僚について」（『日本史研究』四九五号、日本史研究会、二〇〇三年十一月）、同『河合栄治郎――戦闘的自由主義者の真実』（中央公論新社、二〇〇九年、五〇―五八頁）を参照。

（2）敗戦直後の昭和天皇を取り巻く情勢およびその「人間宣言」をめぐっては、河西秀哉『「象徴天皇」の戦後史』（講談社、二〇一〇年）を参照。

（3）前田多門に関する先行研究として、「教育史」の文脈では黒澤英典『戦後教育の源流を求めて――前田多門の教育理念』（内外出版、昭和五十七年）、同『戦後教育の源流』（学文社、一九九四年）、貝塚茂樹「占領期における『公民教育構想』に関する一考察――前田多門の『公民教育論』の検討を中心として」（『道徳と教育』第二七三号、日本道徳教育学会、一九九一年三月）、上原直人「戦後直後の『公民教育』に関する一考察――前田多門の公民教育論を中心に」（『生涯学習・社会教育学研究』第二六号、東京大学大学院教育学研究科、二〇〇一年十二月）、山田規雄「前田多門の公民教育思想――敗戦直後の公民教育構想にかかわる一考察」（『慶應義塾大学大学院社会学研究科紀要』六七号、慶應義塾大学大学院社会学研究科、二〇〇九年七月）が代表的である。また前田の思想、特にその「自治」構想に着目した論考として高木鉦作「自治という言葉」（『自治の原点』、自治体学会、一九八九年）、小原隆治「後藤新平の自治思想」（御厨貴編『時代の先覚者　後藤新平』、藤原書店、二〇〇四年）がある。

（4）「公職追放」後の前田について、長女の神谷美恵子は晩年の手紙の中で「追放されてからの五年間、父として何一つ自分の『理念』を実行に移すことが許されず、この五年間の父の姿を思い出すだけでも私はいまだ残念でなりません」（昭和四十九年九月十五日黒澤英典宛書簡［前掲『戦後教育の源流を求めて』、二二八頁］）と述べている。この回想からも前田本人が、文部大臣在職中の五カ月間の営みに、その「理念」を余すところなく「実行に移」し得たとは到底自負していなかったことが明らかである。なお前田の「公職追放」の「理由」に関しては、参考になる一文として、神谷美恵子「亡父前田多門を語る」（『愛生』一六巻九号、長島愛生園慰安会、一九六二年十月［『神谷美恵子著作集　5』、みすず書房、一九八一年、七五―七六頁〕）をあげておく。
(5)　前田の経歴と著作については堀切善次郎編『前田多門　その文・その人』（東京市政調査会、昭和三十八年）を参照。前田に関する本稿の伝記的記述も負うところが多い。
(6)　前田「新公民道の提唱」（『ニューエイジ』三巻一号、毎日新聞社、昭和二十六年一月、三頁）。この「シヴィックス」の定義に関連して言えば、南原繁は富山県射水郡長時代の「農業公民学校」構想を回顧して、「公民」に込めた思いを次のように述べている。

私のつもりとしては「市民」なんだが、市民というと都市、語幹として市だけになるように感ずるものだから「公民」としたのです。これは私の訳としては「シチズン」ですよ。そういう意味の、市とか町村とかを離れた人間としての教養をもった一個の市民。……そういう人をつくる学校というのが理想でした（丸山真男・福田歓一編『聞き書　南原繁回顧録』、東京大学出版会、一九八九年、六四頁）

表現は異なるが、前田が「シヴィックス」に寄せた思いと響きあうものがある。こうした視座の形成過程は、時代の中で内在的に解析される必要がある。後掲註93も参照のこと。なお富山県射水郡立「農業公民学校」については山口周三『南原繁の生涯　信仰・思想・生涯』（教文館、二〇一二年、八九―九六頁）を参照のこと。
(7)　前田「民主主義は先ず心から」、『警察時報』八巻一一号、警察時報社、昭和二十八年十一月、一八頁。
(8)　同「わたくしのそぼくな幻滅感」、『文部時報』九三六号、ぎょうせい、昭和三十年七月、五五頁。
(9)　同。
(10)　同「政治と民主主義」昭和三十六年十月二十四日、広島市毎日会館における講演、前掲『前田多門　その文・その人』、一〇一頁。
(11)　前掲「新公民道の提唱」、前掲『ニューエイジ』三巻一号、六頁。
(12)　前田『地方自治の話』（朝日新聞社、昭和五年、一―四頁）。なお引用部冒頭の「自治」への視座は、一時、前田の「上司」であった後藤新平の「自治」論と比べるとき、興味深い論点を胚胎しているように思われる（「自治」をめぐる両者の差異に関しては、前掲小原隆治論文を参照のこと）。また、前田が大学時代、一木喜徳郎に「行政法」を学んでいることも興味深い（堀切善次郎「一高東大から官界を共に歩みて」〔前掲『前田多門　その文・その人』、一一四頁〕。一木の思想に関しては、稲永祐介「大正期青年団における公徳心の修養 —— 一木喜徳郎の自治構想を中心に」〔『近代日本研究』二二巻、慶応義塾福沢研究センター、二〇〇六年三月〕を参照のこと）。なお近年、後藤再考の機運が高まっているかに見受けられるが、前田の言説は、後藤が到達し得なかった射程と深い精神性を併せ持つように思われる。より詳細な検討を加えたい。

(13) 前田『一票の力』（選挙粛正同盟会、昭和十年、三三、三五頁）。本稿ではいわゆる「選挙粛清運動」と前田のかかわりを直接の分析対象としていない。しかしその「運動」と前田における、本質的な差異に関しては、本稿全体なかんずく三節後半と四節で解明・指摘した。なお「選挙粛清運動」に関する最近の研究を整理したものとして、櫻井良樹「選挙粛清運動と東京市における町内会」（同『帝都東京の近代政治史 —— 市政運営と地域自治』第八章、日本経済評論社、二〇〇三年）、また官田光史「選挙粛清運動の再検討 —— 政友会を中心に」（『九州史学』一三九号、九州史学研究会、二〇〇四年六月）を参照。

(14) 前田『公民の書』、選挙粛正中央連盟、昭和十一年、一〇頁。

(15) 同、一一頁。

(16) 同。

(17) 同、九頁。

(18) 同、八六頁。

(19) 同、八九―九〇頁。

(20) 同、九九頁。

(21) 同、一〇〇頁。

(22) 前掲『地方自治の話』、一九四―一九五頁。

(23) 同、二八〇頁。

(24) 前掲『公民の書』、二―三頁。

(25)「新しき、又広き意味における隣保相佑」を担う場として、〈政治〉の役割に期待した前田は、大正七年夏、「欧米戦時行政視察」（前掲『前田多門　その文・その人』、二八頁）に出向いた折、イギリスでは「ロイド・ジョージの社会政策以来」「職業紹介」の事業と「失業保険とが結び付けられて、世界中で、最も発達を遂げてゐたので」「主力をこの事業視察に注ぎ」（いずれも同、二九頁）、その成果を『失業防止行政ニ関スル復命書』（大正八年）にまとめ、如上の業務を「社会事業の片手間仕事」（同、二九頁）としてでなく、「産業国策として実行するの急務なる旨」（同）力説した。この「視察」の際、前田が「突然書簡を送って約束日時を貰い、シドニー・ウェッブ氏夫妻を訪ふて、色々と教へを受けたが、これなど、今に忘れぬ善き想出の一つである」（同）と語っているのも、その視座のありかをうかがわせるものとして、併せて興味深い。

この点に関連し、さらに付言しておけば、前田は新潟県知事時代（昭和十八年—二十年）、「周産期医療の重要性を認識して……県立乳児院を立てている」（江尻美穂子『神谷美恵子　人と思想』清水書院、一九九五年、五六—五七頁）。また「国民健康保険制度成立」の立役者でもあることはもっと知られてよい。川西実三「前田さんの憶い出」（『前田多門　その文・その人』）にその事情が述べられている。ちなみにその川西は三谷隆正の義弟であり、南原、前田同様、「新渡戸・内村門下」である。彼ら日露戦争前後に青年期を迎えた「新渡戸・内村門下」生に共通する立志のありように関しては、拙著『三谷隆正の研究——信仰・国家・歴史』（刀水書房、二〇〇一年、特に一章二、三節）および同じく拙稿「三谷隆正——信仰と学問」（南原繁研究会編『宗教は不必要か　南原繁の信仰と思想』、to be出版、二〇〇七年）を参照のこと。

(26)前掲『地方自治の話』、一四頁。

(27)同、二六二頁。

(28)同。

(29)同、二六三頁。

(30)同。

(31)同。

(32)同、二六四頁。

(33)同、二六三頁。
(34)同、二六四頁。
(35)同、二七九頁。
(36)同、二八〇頁。
(37)前田「地方議会と婦人」、『都市問題』一二巻二号、東京市政調査会、昭和六年二月、一〇八頁。
(38)前掲『地方自治の話』、九六頁。
(39)前掲「地方議会と婦人」、前掲『都市問題』一二巻二号、一〇五頁。
(40)前掲『地方自治の話』、九六頁。
(41)同。
(42)同。
(43)同。
(44)同。
(45)前田は東京市助役時代、全国に先駆けて女性を「方面委員」に採用した。山高しげり「追慕の記」(前掲『前田多門　その文・その人』)を参照のこと。なお政治や教育と女性のかかわりにつき、前田の考え方には内村鑑三より新渡戸稲造の影響が色濃いように思われる。この点、前田「教育家としての新渡戸稲造」(『教育』三巻四号、岩波書店、昭和十年四月)を参照のこと。
(46)「公明選挙運動」と前田の関係については嘉治隆一「一貫した公民教育への情熱」(前掲『前田多門　その文・その人』)を参照。ところで前田にいわゆる「教育論」がないことに、やや批判的な指摘(前掲上原論文、一五頁)もあるが、しかし前田において「シヴィックス」は「学齢期」にある人だけを対象とするものでなく、人が人と共に生きようとする限り、不断に求められる普遍的な理念として把握されていたことは明らかである。したがって、前田が「教育界」に固執せず、一冊の「教育論」も遺さなかったのは、「シヴィックス」は「万人」に求められるものであるだけに、その必要性「提唱」にあたっては、狭義の「教育界」にこだわる必要性はないとの自覚に基くものではなかったか。無論、そうした自覚は、「啓蒙」的な訴えかけさえすれば、いかなる存在も耳を傾け、いずれ眼を啓いてくれるという、前田のいささか「ナイーブ」ともいえる「民衆」への「信頼」に基く「見込み」であることも否定できない。

(47) 前田「東京市会議員選挙の展望」(『都市問題』八巻四号、昭和四年四月)。前田の「無産党」に対する関心については、前掲高木論文(特に三〇―三一頁)を参照。

(48) 前田「東京市会選挙と革新勢力の進出」、『都市問題』二四巻四号、昭和十二年四月。

(49) 日中戦争直前期における社会大衆党の躍進と、そこに期待を寄せた河合栄治郎や戸坂潤らに関しては、坂野潤治『昭和史の決定的瞬間』(筑摩書房、二〇〇四年)、同『日本憲政史』(東京大学出版会、二〇〇八年、特に七章以下)を参照。坂野氏は前著で日中戦争勃発前の戸坂潤の言葉「自由主義ないしデモクラシーが今日の日本国民の政治常識である」(一九三頁)を引き、「後世の常識と歴史の真実」(二〇九頁)を問い質しているが、この見解に学ぶなら、敗戦直後の前田が、「今日の新時代は何も或人人が考へて居るやうに凡て百八十度方向転換と言ふ訳でなく、十何年前までに戻つて更にそれから再出発さへすれば、やがて健全な民主主義完成を将来に帰することが出来る」(後掲註50参照)と述べる思いは理解できるものである。しかし前田のこの見解は、敗戦の受け止め方をめぐる「老大家と若い歴史家との間の問題意識のちがい」(「座談会　日本の運命――興廃の岐路」〔『世界』昭和二十五年三月〕における丸山眞男の発言〔『丸山眞男座談』第二巻、岩波書店、一九九八年、二三八頁〕)を指摘する視座により、思想的に問い直される余地があることも論を俟たない。

(50) 前田『公民の書(再刊版)』「序言」、社会教育協会、昭和二十一年、一―二頁。

(51) 前掲『公民の書』、四二―四三頁。

(52) 前田「立憲政治か独裁政治か」、『帝国教育』六八〇号、帝国教育会、昭和十年九月、三四頁。

(53) 前掲『一票の力』、二七頁。

(54) 戦前の「公民教育」に関しては、近年の研究よりも、堀尾輝久『天皇制国家と教育――近代日本教育思想史』(青木書店、一九八七年)から示唆を受けた。特にその五、六章には、同じく〈古典〉と称すべき松下圭一『現代政治の条件(増補版)』(中央公論社、一九六九年)共々、むしろ本章全体の構想を練る上で負うところが大きい。

(55) 前田「市政改善の一歩として予算決算等の積極的公開を望む」、『都市問題』七巻三号、昭和三年九月、三頁。

(56)「市民」による「政治」の「監視」を促した論考として註55の論考のほか、「東京市政改善策に就て」(『都市問題』七巻五号、昭和三年十一月)、前掲「東京市会議員選挙の展望」、『地方自治の話』、『一票の力』、「立憲政治か独裁政治か」等々、戦前の文献から既に枚挙に暇がない。
(57)前掲『一票の力』、一八頁。
(58)「市民」への「情報公開」の強調も註56の文献同様、枚挙に暇がない。
(59)前田「都市生活と公民教育」、『公民教育』二巻一〇号、帝国国民教育協会、昭和七年十月、一六頁。
(60)同。
(61)「修身科」に対する前田の見解は前掲「新公民道の提唱」を参照(前掲『ニューエイジ』、四頁)。
(62)前田「公民教育と政治道徳」、『教育』三巻一〇号、昭和十年十月、六頁。
(63)同。
(64)同。
(65)前掲「立憲政治か独裁政治か」、前掲『帝国教育』六八〇号、二六―二七頁。
(66)同、二七頁―二八頁。
(67)前掲『公民の書』、一五頁。
(68)同、一〇頁。
(69)同、五五頁。これに対し、前田が期待を寄せる「市政」「町村政」の世界こそ、言うところの「シヴィックス」の成立を妨げ、抑圧する現場だとして、その主張の有効性を疑問視する声もあり得よう。しかし、註49の諸文献ほか、雨宮昭一氏の研究「既成勢力の自己革新とグライヒシャルトゥング――農村・都市社会における総力戦体制と中間層」(雨宮『総力戦体制と地域自治　既成勢力の自己革新と市町村の政治』、青木書店、一九九九年。初出は山之内靖他編『総力戦と現代化』、柏書房、一九九五年)等が明示しているように、一九三七年の日中戦争勃発以降、〈総力戦〉体制が急速に推進される以前には、一九二〇年代の経験をふまえ、地域コミュニティーに自主的に参加し、その運営に責任を持とうとする人々が拡大されつつあった。前田の議論は、まさにそうした時代の息吹、「民衆」の「シヴィックス」への可能性を目睹する中で紡ぎ出された言説であることを看取する必要がある。

(70)「自治」をめぐる前田の主張は、「向こう三軒両隣」的な「知り合つて居る同志」の関係性を前提とすることなく、むしろそうした関係性から析出されてきた「知らぬ他人」からなる関係の構築を志す点で、「農村」的な〈場〉を想定した議論と異なるのは無論、人間の「共同本能」に基いた「非政治的」な関係性を期待する「自治」論とも対照的なものであることに注意しておきたい。この点、前田の発想の原点として、郡長時代の「町村巡視」における見聞(前掲『前田多門　その文その人』、一七、一九頁)に加え、東京という「都市」での見聞と経験、それも東京市助役として「震災前の東京」を働きの場となし、その後、東京市政調査会において、「震災後の東京」さらに復興後の「一変した東京」の両方で仕事をした経験が大きいのではないだろうか。前田のかかわった時期の「東京」に関しては、前掲『帝都東京の近代政治史——市政運営と地域自治』、また源川真希『東京市政——首都の近現代史』(日本経済評論社、二〇〇七年)を参照。

(71)橋川文三「革新官僚」、『現代日本思想体系10　権力の思想』、筑摩書房、一九六五年、二五四頁。

(72)前掲『地方自治の話』、二八頁。

(73)同。

(74)同。

(75)同。

(76)同。

(77)同。

(78)同。

(79)同。

(80)同、二四頁。

(81)同。

(82)同。

(83)同、二三頁。

(84)同。

(85) 前掲「新公民道の提唱」（前掲『ニューエイジ』三巻一号、四頁）。ちなみにGHQの民間情報局（CIE）顧問として前田が推挙したのは、当時、東大で宗教学を講ずる助教授・岸本英夫であった。またこの推挙の後押しをした一人が南原繁であった。その間の消息ならびに敗戦後の宗教・文化行政の詳細に関しては岸本英夫「嵐の中の神社神道」（『戦後宗教回想録』、新宗教調査室、昭和三十八年）を参照。

(86) 前田多門・神谷美恵子父子は、かなり内面的・精神的なことを語りあい得る関係にあった（太田雄三『喪失からの出発』、岩波書店、二〇〇一年、二九―三〇頁）。それだけに、神谷による前田評は、こと前田の実存的な側面を鑑みる上できわめて重要な「資料」と考えられる。

(87) 神谷美恵子「父の人間像」、前掲『前田多門　その文・その人』、二六六頁。

(88) 前掲「亡父前田多門を語る」、前掲『神谷美恵子著作集5』、七二頁。

(89) 同、七七頁。

(90) 同、七二頁。

(91) 前田とクエーカーのかかわりに関し、神谷いわく「母〔前田の妻・房子　引用者注〕に死別してから……加わった」が、その「理由の一つは、……東洋の宗教に対して理解と寛容、及び敬意を有しているから、と言って」いたと（同、七六頁）。この回想は、「自分にも他人にも厳しく清濁あわせ呑むといった工合には行かなかった前田」にとって、〈宗教〉によって与えられるものが、「異質」な存在に対する「理解と寛容、及び敬意」であったこと、すなわち〈宗教〉をとおしての〈他者〉肯定であったことを示している点で、本節での読解を裏打ちする逸話のように思われる。

(92) 前田はたとえば「自由放任の民主主義時代は過去のものとなった」（前掲「民主主義は先ず心から」〔前掲『警察時報』八巻一一号、二六頁〕）と時代の必然を認めつつ、しかし、「民主主義」の「倫理的根底は『人格の尊重』という一事に尽きる」（同、一七頁）、「だから多数決だからとて、所謂多数党横暴で、少数者の立場をじゅうり《ママ》んするのは、民主主義でも何でもない」（同）と述べることにより、「少数者」という、「多数」にとって「異質」な存在を護っていくことの重要性を力説している。戦後におけるこうした強調にも、「わが父の家には住家多し」という一句との邂逅によって啓かれた〈他者〉肯定への強きまなざしが息づいているように思われる。

(93) この点、前田の利根郡長時代（明治四十三年～四十五年）の諸経験は考察に値する。たとえばこの時期、前田は当時としては先駆的な『郡報』を創刊し、在職中、毎号、原稿を寄せた。また新治村長をつとめた木桧仙太郎と交流したが、木桧こそは、かつて、当地のキリスト教会形成の中心となった一人であった。教会といえば、在職中、前田は甘楽教会と縁の深い金澤家の娘・房子と結婚し、沼田教会の礼拝に夫婦で出席した。また、その沼田教会では当然ながら星野家の人々との交わりがあったはずである（以上、宮澤邦一郎『日本近代化の精神世界』〔雄山閣、一九八八年〕、沼田市史編さん委員会編『沼田市史　通史編３　近現代』〔沼田市、平成十四年〕を参照）。これらの経験の総体は、以後、前田の発想や課題意識の基盤となったに相違ない。考察の結果をもとに、別稿にて論じたい。

(94) 本章では、前田が天皇・皇室に向けた視座に触れなかった。別稿を要する課題であるが、「シヴィックス」の提唱には、天皇の「人間宣言」にかかわった前田の祈念が託されてもいたことを強調しておきたい。「再び、われわれは天皇を神にしてはならない、という祈りをこめて」と付言された回想「『人間宣言』のうちそと」にていわく、「人間宣言」草案を起草した際、前田が最も「重点を置いて居る箇所は、『公民生活ニ於テ団結シ、相倚リ相扶ケ、寛容相許スノ気風ヲ作興シ』云々であるが、要は各人がお互いに平等の位置にありつつ、築き上げて行く公共生活であった」（「人間宣言のうちそと」『文藝春秋』四〇巻三号、文藝春秋社、昭和三十七年三月号、〔前掲『前田多門　その文・その人』、七九頁〕）と。すなわち天皇神格化を否定する「人間宣言」は、「人民がひとりひとりの力を合わせて、盛り上げた公共生活、そう言うものが欠けて居るところに、民主政治が育たなかった原因があった」（同、八〇頁）との反省に促されている点で、それは「シヴィックス」提唱と軌を一にする試みでもあった。

前田をはじめ、「新渡戸・内村門下」のキリスト者は、その多くが終生、天皇を敬愛し続けた。そのことをもって、あたかも彼らが、「天皇制」という語に集約されるところの抑圧的かつ排外的な価値体系と社会構造をも黙認したかのようにみなすのは早計と言わなければならない。しかし彼らが「天皇」「祖国」「日本」といった言葉に託した意味世界を検証することは、依然、「課題」として残されていると言わざるを得ない。その考察は、「日本」をめぐる無条件な称揚が目立つ時代状況において、その混迷を拓き得る、ひとつの視座を呈するものになると思われる。この点、たとえば千葉眞「十五年戦争期の無教会――非戦論と天皇制問題を中心に」（富坂キリスト教センター編『十五年戦争期の天皇制とキリスト教』、新教出版社、二〇〇七年）、赤江達也『「紙上の教会」と日本近代――無教会キリスト教の歴史社会学』（岩波書店、二〇一三年。なお本書に関しては眞壁仁氏による書評「エクレシアなき『紙上の教会』と〈精神〉のゆくえ」〔『福音と世界』六八巻一一号、新教出版社、二〇一三年十一月号〕を特に併読されたい）等の問題提起をふまえ、議論を深める必要がある。

第二章　南原繁と坂口安吾——「堕落論」が問いかける世界

1　問題の所在

南原繁（明治二十二年～昭和四十九年）と坂口安吾（明治三十九年～昭和三十年）というテーマは、一見、見やすい「接点」のある組み合わせではない。(1) 自己形成の過程にしても、日露戦争後、「大日本帝国」の完成期に青年時代を迎えた南原に比し、安吾はその若き日に芥川龍之介の自殺をシンボリックに受け止めた世代に属する点で対照的である。また、各々の社会的な足跡も伝えられるエピソードの類に関しても、南原と安吾はかけ離れた印象を受ける。

しかし彼らが遺した敗戦直後の言説をひもとくと、その主張に交差する点を見出せる。最も象徴的な交錯は、南原も安吾も、天皇を絶対視することで保たれる自己認識に根源的な異を唱え、独り起つことの必要性およびそれを促す〈精神の器〉を提示した点である。別の角度から言うならば、両者はともに、みずからの実存的基盤に徹底することにより、〈天皇制〉の胚胎する問題を精神の深みから問い質し得た存在と称し得る。ここでは如上の視点に立脚することにより、坂口安吾「堕落論」が問いかける世界を中心に、まず安吾の〈精神〉のありようを考察し、その上で南原との交錯および分岐を明らかにしていきたい。〈無教会〉を生きた南原と「堕ちよ」と説いた安吾は、〈天皇制〉への構えならびに敗戦認識において、いかに切り結び、いかなる差異を示すか。その解析を通じ、〈無教会〉を称した「内村門下」の信仰の特質をも問い直したい。

2　「モラル」をめぐって――「文学のふるさと」からの問い

「安吾と天皇制」という場合、第一に想起されるのは「堕落論」であるが、その射程を読み解くにあたっては、安吾が人間の実存の条件を鮮烈に問い質した作品の一つである「文学のふるさと」との対峙が求められてくる。というのも安吾の〈天皇制〉理解は政治的な次元を超えて、精神の深部から捉えられたものであり、批判の射程は実存的な深みにこそ及んでいるからである。

安吾はこの注目すべき作品の冒頭で、「赤頭巾」の原作に触れている。「原作」とあえて言うのは、現行のストーリーが「子供向け」に改作されたものであるからにほかならない。改作後の「赤頭巾」は、狼に襲われはするものの助けられ、悪い狼も退治されるという「めでたし、めでたし」の〈ものがたり〉[2]のうちに収められている。すなわち「愛くるしくて、心が優しくて、すべて美徳ばかりで悪さというものが何もない可憐な少女」[3]は、ゆえにこそ助かるのだ、否、助からねばならないという、「誰も反対しない」であろう「善意」と「教訓」に彩られたストーリーへと書き換えられている。

安吾は、このように安定的で、大方が安心できる意味世界、その人が身につけてきた視座や期待を脅かさない

〈ものがたり〉を「モラル」[4]と称するが、ここで注意したいのは、安吾がそこにいわゆる「道徳」的な意味あいを込めていない点である。「モラル」が含意するのは読み手の「安心」を支える意味の安定それ自体、換言すれば、みずからをそこに委ねて省みない、「自明」の視座や価値観をこそ安吾は「モラル」と呼んでいる。それは「赤頭巾」に続けて示される例、すなわち芥川龍之介が貧農作家の酷薄な〈真実〉に与えられた衝撃にことよせて、「芥川が突き放されたものは、やっぱり、モラルを超えたものでありますまい。子を殺す話がモラルを超えているという意味ではありません。その話には全然重点を置く必要がないのです。女の話でも、童話でも、なにを持って来ても構わぬでしょう[5]」と説く一文での用例からも明らかである。

そのことを確認した上で、再び「赤頭巾」の原作をひもとくと、そこでは読者が無意識のうちに期待している「善意」のストーリー、すなわち安吾言うところの「モラル」は無残にも裏切られていることが注目される。「愛くるしくて、心が優しくて、すべて美徳ばかりで悪さというものが何もない可憐な少女」は、悪い狼に瞬時に食べられて、話は急に断ち切られてしまう。こちらに二言目を許さない、慄然たる形で結末を迎えているのである。

この最後から眼をそむけるために、「赤頭巾」は「善意」の〈ものがたり〉へと改作されたわけであるが、安吾はそこに与しない。いわく「私達はいきなりそこで突き放されて、何か約束が違ったような感じで戸惑いしながら、然し、思わず目を打たれて、プツンとちょん切られた空しい余白に、非常に静かな、しかも透明な、ひとつの切ない『ふるさと』を見ないでしょうか[6]」と。すなわち安吾は安心できる〈ものがたり〉を否定して、「赤頭巾」の原作が突きつける慄然たるリアリティをこそ〈ふるさと〉の本質とするのである。

安吾のこうした視線には、その熾烈な存在理解がかかわっている。いわく「それならば、生存の孤独とか、我々のふるさとというものは、このようにむごたらしく、救いのないものでありましょうか。私は、いかにも、そのように、むごたらしく、救いのないものだと思います」(7)と。このくだりが示唆するように、安吾において人間は、「赤頭巾」の原作が問いかける世界と不可分な存在と理解されている。別の角度から言うならば、「赤頭巾」が大方の期待を覆し、突然、無残な死に投げ込まれてしまったという結末は、それがいかに「むごたらしく、救いのないもの」であろうとも、ほかならぬ私たち一人一人の足下に潜む、抜き差しならぬ〈真実〉を表すものと見なされている。

こうした人間の〈真実〉に、私たちがたった独りで、しかも裸形で対峙させられる現場、それをこそ安吾は〈ふるさと〉と称するのだが、そうした〈場所〉を安吾が特に、「文学のふるさと」と呼ぶのはなぜなのか。この点に関しては、末尾近くの以下のくだりが見逃せない。いわく「このふるさとの意識・自覚のないところに文学があろうとは思われない。文学のモラルも、その社会性も、このふるさとの上に生育したものでなければ、私は決して信用しない」(8)と。論点を先取りして言うならば、安吾は「生存の孤独とか、我々のふるさとというもの」がいかに「むごたらしく、救いのないもの」であれ、それを直視し、粘り強く向き合い続けること、そうした営みをとおしてのみ、語の真の意味でリアルな言葉、リアルな〈文学〉を生み出すことができると考えている。別の角度から言うならば、改作された「赤頭巾」を貫流する「モラル」、すなわち「めでたし、めでたし」の〈ものがたり〉は、人間の対峙すべき〈ふるさと〉を覆い隠し、そこから目をそらさせてしまうとして、それを否定的に見なしている。かくして安吾の説く「文学のふるさと」には、安吾の〈文学者〉としての、否、〈ふるさと〉を見すえた独りの人間としての〈志〉が込められていることを、まず指摘しておきたい。

3 〈天皇制〉からの〈堕落〉――「真実の大地」へ

以上の視座をふまえた上で、あらためて「堕落論」と対峙してみると、安吾の〈天皇制〉批判は如上の「モラル」批判、〈ものがたり〉批判と同様の構図を持っていることに気づかされる。すなわち、「天皇制が存続し、かかる歴史的カラクリが日本の観念にからみ残って作用する限り、日本に人間の、人性の正しい開花はのぞむことができない」(9)「我々はかかる封建遺性のカラクリにみちた『健全なる道義』から転落し、裸となって真実の大地へ降り立たなければならない。われわれは『健全なる道義』から転落し、裸となって真実の大地へ降り立たねばならない」(10)。これらの主張が示唆するように、「堕落論」の「標的」は政治制度としてのいわゆる「天皇制」にとどまるものではない。

安吾が真に見すえるのは、「我々」が「裸となって真実の大地へ降り立」つことや「真実の人間へ復帰」することを妨げる「カラクリ」としての〈天皇制〉である。すなわち「文学のふるさと」の表現を用いるならば、「愛くるしくて、心が優しくて、すべて美徳ばかりで悪さというものが何もない可憐な少女」は、ゆえにこそ救われるのだというごとき、誰も反対し得ない「モラル」としての〈天皇制〉にほかならない。別の角度から言うならば、「我々」が〈天皇制〉にせよ、「健全なる道義」にせよ、身につけてきた視座や期待を脅かさない〈ものがたり〉をこそ「ふるさと」となし、そこに己を委ねて「安心」し切っている限り、「赤頭巾」の原作が開示するごとき〈ふるさと〉を直視することはできず、したがって、「裸となって真実の大地へ降り立」つことも「真実の人間へ復帰」することもできない、すなわち「人間の、人性の正しい開花はのぞむことができない」、そう考えるがゆえに、安吾は〈天皇制〉をはじめとする「モラル」を批判したということである。

さらに、右引用部にうかがえる安吾のまなざしは、〈ふるさと〉と向き合うためのみならず、「我々」が文化や習慣を異にする人と新しい関係を取り結んでいく上で、重要な論点を喚起することにも注意を促したい。というのも〈天皇制〉にせよ、「健全なる道義」にせよ、「我々」がそれまで自分の身につけてきた「モラル」に寄りかかり、そこから自他を意味づけようと固執する限り、その「モラル」からはみ出る相手の「異質さ」は、実はそこにこそ相手の〈唯一性〉の核があるにもかかわらず、自分にとっては「理解不能」で「無意味」なもの、したがって「無視」ないし「否定」してもいいものとして処理されてしまうからにほかならない[11]。

しかし言うまでもないことながら、相手が「異質」に感じられるのは、ほかならぬ「私」のほうが、自分本位の意味の安定に閉じこもるあまり、相手に対し、己を開いていないからこそ生じる出来事とも称し得る。否、何より相手を自分にとって「無意味」で「無縁」なものへと反転させるまなざしは、原理的には他者の消去、存在の抹殺であり、きわめて危険な心のありようであることを看取すべきである。相手の「異質さ」への如上の意識のありようは、〈天皇制〉の問題を精神の深みから問い直すにあたり、安吾「堕落論」からの問いかけとして、厳粛に受け止め直す必要があるように思われる。

それでは、「我々」もまた安吾が見すえたような〈ふるさと〉を凝視し、さらに相手の〈他者性〉を真正面から受け止めるような深いコミュニケーションへと進むためにはどうしたらよいか。安吾は言う、「我々は『健全なる道義』から堕落することによって、真実の人間へ復帰しなければならない」と。ここで〈堕落〉が「裸となって真実の大地へ降り立」つことや「真実の人間へ復帰」することと関連づけられている事実が示唆するように、安吾の意図は自暴自棄な態度をすすめることでもなければ、「権威」や「制度」にやみくもに楯突くことを煽るものでもない。〈堕落〉、それは〈天皇制〉をはじめ、およそ〈ふるさと〉を覆い隠す「モラル」、言い換えればその人が身につけてきた安定的な〈ものがたり〉に固執して、自他の現実を一方的に意味づけるのではなくて、己の依拠する「モラル」をこそ根源的に問い直すこと、時にそれを断念する決断にほかならない。別の角度から言うならば、「愛くるしくて、心が優しくて、すべて美徳ばかりで悪さというものが何もない可憐な少女」は、ゆえにこそ救われるはずだというごとき、みずからの安心の根源、意味の安定と化した「モラル」を捨て去ることである。「我々」は日ごと時ごと、そうした〈堕落〉への決断をなすことにより、安吾が「文学のふるさと」で示した、本来、覆い隠されようもない人間の実存の条件と向き合い続けるとともに、一方、相手に対して己を開き、その「異質さ」を真正面から受け止めるような応答を反復していくことが求められている。安吾による〈天皇制〉批判の射程、すなわち「堕落論」の射程は、実にここにこそ潜むと考えられる。

4　南原と天皇――〈信仰のふるさと〉からの一試論

安吾の如上の構えをふまえた上で南原の言説を読み直してみると、一見、対照的な両者において通底する世界を見出せる。その手がかりこそ、南原の示した天皇への視座にほかならない。周知のとおり南原は、内村鑑三や矢内原忠雄らと同様、天皇や皇室への敬愛の念を持ち続けた。しかし特記に値することとして、彼らは天皇をめぐる〈ものがたり〉に絡めとられることなく、一個独立の人間として、そうした権威を相対化する視座をも携えていた。安吾に倣って言うならば、彼らは天皇という存在が醸しだす一つの「モラル」に親しみを持ちながらも、時にそこから〈堕落〉することができた[12]。

それは彼らがキリスト者ゆえ、神との〈垂直〉的な関係性に立ち、以て「この世」との関係性を相対化できたからと「説明」されもする[13]。形式的には「誤り」でないものの、天皇・皇室をめぐっての南原のごときあり方は、近代日本のキリスト者にはまれだけに説得的でない[14]。この点、問題を解く糸口を、あくまで南原の信仰に求めるならば[15]、問うべきは南原が神をどのようなものとして受け止めたか、安吾流に言うならば、彼の〈信仰のふるさと〉を見究めることが枢要となってくる。

というのも神という存在を、結局は自分を「救ってくれる」存在と勝手に前提し、文字通りの「ふるさと」にしてしまうか、あるいは神を、人間には不可知な一面を持つ〈絶対他者〉として、〈畏れ〉をもって対峙し続けるかにより、同じ「キリスト者」とはいえ、その〈信仰〉の実質、神との〈関係〉の実質は全く違ったものになるからである[16]。無論、信仰を持つ人の現実は、存在の深奥なる〈安心〉と不可分とも言える。しかしその挙句、神に「慣れきって」しまい、その〈意志〉を先取りして自分本位の〈ものがたり〉を創り上げ、それをみずからの「信仰のふるさと」にしてしまうなら、改作された「赤頭巾」が読者をして「文学のふるさと」との対峙を避けさせたように、そこでは〈絶対他者〉たる神との人格的関係が厳密には成立しないため、人の側には神の前なる責任意識は起ち上がりようがない。かくして「キリスト者」を自称しながらも、「この世」との関係性から〈自由〉なり得るどころか、逆に、「この世」との関係性にこそ絡めとられていくことは、実に容易に起こり得る。別の角度から言うならば、信仰ゆえに「この世」との関係性を相対化し得るという、著しい〈出来事〉が成り立つ〈時〉こそは、神があくまで〈絶対他者〉として堅持され、その〈垂直〉的な関係性に覚醒させられる〈時〉のみだということである。

　ここにおいて、天皇をめぐる「モラル」に絡めとられることなく、時にそこから〈堕落〉し得たキリスト者・南原における〈信仰のふるさと〉を問う必要が出てくるが、結論を先取りして言えば、南原は神という存在を、まず〈畏れる〉というかたちでしか応接し得ない〈絶対他者〉として、その魂の肉皮に刻み込まれる経験を持ったことは確実と言える。[17]別の角度から言うならば、南原における〈信仰のふるさと〉は、人間の主観に解消される、いわば「自分次第」の「神」でなく、主観を超越した荘厳なる〈客観〉、絶対的な〈他者〉としての神であったと称し得る。如上の読みは、たとえばナチスを擬似的な宗教として、その主張が人間の欲望自然主義的な希求と切れていない点を批判した論考や、田辺元の「絶対者」観を「国家」の神格化という側面から問い質した一文、[18]または倉田百三『出家とその弟子』の内容につき、内村が「愛と同時に『正義』――峻厳な神の義を強調」[19]した点を特記する回顧等からうかがえるものの、ここではあえて「カトリシズムとプロテスタンティズム」の結語部分で、南原が次のように述べている点に注意を促したい。いわく「精神と人格との宗教を奇蹟と徴しとの宗教に化することを思い止まらなければならぬ。……『見えざる教会』はそれ自体実在し、しかも彼岸において開始せられるのでなく、すでに『事実』として此岸に存在するとの信仰は、あくまでキリスト教の核心でなければならぬ。われわれはどこまでも見えざるものを見えざるものとし、精神を精神とし、イデアルのものをイデアルのものとして把握し、確信する力を喪失してはならない[20]〔傍点原文〕」と。

　こうした主張は、あまりに「内面主義、精神主義、心情主義のキリスト教」だとして、そこに「無教会主義者」南原の「問題点」を指摘する論考も見受けられる。[21]「尤も」な見解ながら、しかし、神の〈他者性〉という観点から見直すとき、別の評価が成り立つことも看過すべきでない。というのも右記言説は、南原において信仰というものが、徹頭徹尾、「彼岸」から〈与えられる〉もの、その意味で徹底的に〈現在〉的な〈出来事〉にほかならず、したがって、「見えるもの」として整合的に固定化したり先取りしたりすることが許されないものとして理解されていたということ[22]、別の角度から言うならば、南原において信仰や神との関係は、決して「名づけうるもの」として「此岸」なる人間の用意した予定調和の〈かたち＝ものがたり〉に押し込め得るものでなく、神はあくまで〈人間を超えるもの〉、すなわち不可知な〈他者〉としての一面を持つ存在であるという厳粛な〈畏れ〉が抱かれ続けていたことを照射するものでもあるからである。

その意味で、南原が「見えざるものを見えざるものとして」いくことに固執した事実は、単に「見える」教会や「祭儀」等、〈かたち〉への「無関心」やその信仰の「観念性」を示すものとして処理されるべきでなく、南原の〈信仰のふるさと〉の粛然たる〈他者性〉、すなわちキリスト者・南原においては、字義通りの「ふるさと」と化した「神」でなく、逆に、人間のこしらえた虫のいい〈ものがたり〉を「赤頭巾」の原作さながらに切断し、こちらに二言めを許さず、ただ〈信実〉な応接を迫る圧倒的な〈他者〉たる神が堅持され続けたことを証しするものとして位置づけ直す必要があると考える。

如上の見方に恃むとき、南原が天皇をめぐる「モラル」に親しみを抱きながらも時にそこから〈堕落〉し得た理由を、信仰の側面から説明することが可能となってくる。たとえば敗戦直後、南原が昭和天皇に戦争の道義的責任を問いかけたことは、権力によっても蔑することは許されない〈神の義〉への覚醒という意味で、南原における〈絶対他者〉としての神理解の表出と位置づけることができる。別の角度から言うならば、南原は〈絶対他者〉たる神の前に置かれた存在として〈人間〉を視ることにより、天皇を「神」でなく一人の人間として問い、その結果、天皇をめぐる〈ものがたり〉に覆われてきた責任の所在を、〈天皇制〉の帳《とばり》を貫いて突くことを得たということである。また「新日本文化の創造」において、「人間を超えた超主観的な絶対精神――『神の発見』[23]」、すなわち個人の内面や気分に解消されない〈絶対他者〉との対峙こそが、「人間」を「一個独立の人間」たらしめるとの強調も、南原における〈信仰のふるさと〉が、改作された「赤頭巾」のごとく人を「安心」させる〈ものがたり〉と化してはおらず、己独り人格的な〈絶対他者〉の前に立たしめられ、以て責任的な応答を迫られる、迫真的な現場であったことの表れと解釈できる。

このように見てくると、〈無教会〉を生きた南原と「堕落」を説いた安吾は、それぞれかけ離れた地点で思索していたにもかかわらず、互いに深く交差する〈精神〉を生きていたように思われてならない。荒削りな部分もあるが、キリスト者と〈天皇制〉を考える一試論として、さらには〈無教会〉を問う際の一視角として、特に問題提起する次第である。

5　おわりに――敗戦認識の位相

以上、南原と安吾への接近視角として、〈堕落〉および〈天皇制〉をめぐる問題群と内在的に向き合ってきたが、最後にもう一つの論点として両者の敗戦認識に関し触れておく。結論を先取りして言えば、安吾は敗戦後、戦争は絶対に行うべきではないとする見解を強調するようになっていく(24)。一例として昭和二十七年の「もう軍備はいらない」という一文にていわく「戦争というものも勝っても割が合わないものだ(25)」「人を征服することによって自分たちの生活が多少でも豊かになるような国はもともとよッぽど文化文明の生活程度が低かっただけの話(26)」だと。

さらに「平和憲法」についてはこう述べている。「世界中がキツネ憑きであってみれば日本だけキツネを落すということも容易でないのはやむを得ない。けれども、ともかく憲法によって軍備も戦争も捨てたというのは日本だけだということ、そしてその憲法が人から与えられ強いられたものであるという面子に拘泥さえしなければどの国よりも先にキツネを落す機会にめぐまれているのも日本だけだということは確かであろう。[27]」そして最後をこう締めくくる。「戦争とは人を殺すだけのことでしかないのである。その人殺しは全然ムダで損だらけの手間にすぎない[28]」。

示唆に富む主張が目を射るが、一方、南原の敗戦認識を跡づけてみると、南原には内村門下のキリスト者として、祖国の敗戦を神による〈裁き〉と受け止める視点が著しい。具体的には、新日本建設のためには徹底した「精神革命」が必要だとの課題意識も、かくして神の〈裁き〉をとおして新生した日本には、歴史上、未曾有の責務が課せられているという強烈な使命感も、この〈裁き〉という観点の産物と称し得る。先に触れた昭和天皇の責任問題も、この国民的な精神革命の先駆けとしての役割を、天皇に期待したからと位置づけることが可能であり、また比類なき憲法を日本が持つに至ったことも、右の国民的使命感と結びつくかたちで理解されていたと言える。[29]さらなる検討を要する問題ながら、南原と安吾の〈分岐〉として、興味深い論点を含んでいるだけに、あえて指摘し擱筆したい。

［註］

（1）坂口安吾をめぐる問題群に関しては、林淑美『昭和イデオロギー――思想としての文学』（平凡社、二〇〇五年）、柄谷行人『坂口安吾と中上健次』（講談社、二〇〇六年［原著：太田出版、一九九六年］）、大原祐治『文学的記憶・

一九四〇年前後――昭和期文学と戦争の記憶』（翰林書房、二〇〇六年）から示唆を受けた。現行の多様な「安吾研究」を整理し全集未収録作品をも収めた坂口安吾研究会編『坂口安吾論集Ⅰ　越境する安吾』（ゆまに書房、二〇〇二年）、同『Ⅱ　安吾からの挑戦状』（同、二〇〇四年）、同『Ⅲ　新世紀への安吾』（同、二〇〇七年）も参照した。先行研究全てに眼を通したわけではないが、南原と安吾を関連づけた論考は管見の限り見当たらない。なお本章では南原繁を「南原」と記したが、坂口安吾については通例に倣い本文中のみ「安吾」と表記した。

（2）本章でいう〈ものがたり〉とは、関根英二氏（近代日本文学）が「関根正雄と文学」の中で示された「〈ものがたり〉とは、人生にはみんなで共有できる意味があると前提して、そういう意味を、情感に訴えつつ、共感しやすいまとまりとして示すお話」（『関根正雄記念キリスト教講演会Ⅰ』、関根正雄記念キリスト教講演会準備会刊、二〇〇一年、二六頁）との記述に依拠している。この定義のみならず本章全体のモチーフも、右論考はじめ関根英二『〈他者〉の消去――吉行淳之介と近代文学』（勁草書房、一九九二年）、同編著『うたの響き・ものがたりの欲望――アメリカから読む日本文学』（森話社、一九九六年）、同「近代日本文学のセクシュアリティ――他者との対面をめぐって」（関根清三編著『講座　現代キリスト教倫理2　性と結婚』［日本基督教団出版局、一九九九年］）など氏の著述に着想を得た。以下の叙述も負うところが大きい。

（3）坂口安吾「文学のふるさと」、『現代文学』四巻六号、大観堂、昭和十六年七月（『坂口安吾全集』14、筑摩書房、一九九〇年、三二四頁。※以下同一全集の場合、社名略）。「文学のふるさと」に関しては、註1の諸文献ほか中畑邦夫「『構築への意志――坂口安吾『文学のふるさと』における倫理の始まり」（『麗澤大学紀要』九一巻、麗澤大学、二〇一〇年十二月）を参照のこと。

（4）前掲「文学のふるさと」（前掲『坂口安吾全集』14、三二三頁）。全体にわたって頻出する鍵語の一つと言える。

（5）同、三二七頁。

（6）同、三二四頁。

（7）同、三三〇頁。

（8）同、三三一頁。

（9）坂口「堕落論（続堕落論）」、『文学季刊』二号、実業之日本社、昭和二十一年十二月（同、五八九頁）。なお本作品

は同年四月の「堕落論」と区別して「続堕落論」とされるが初出では、こちらも「堕落論」である（同解題、六四三—六四四頁）。「堕落論」については、註1の諸文献ほか、鈴木貞美「『堕落論』再考」（『国文学　解釈と鑑賞』71、至文堂、二〇〇六年十一月）、山根龍一「坂口安吾『堕落論』論——歴史と人間の関係をめぐる懐疑の方法について」（『国語と国文学』八六巻二号、東京大学国語国文学会、二〇〇九年二月）、中畑邦夫「『堕落』と『救い』の逆説——坂口安吾『堕落論』について」（『麗澤大学紀要』九二巻、二〇一一年七月）、同「天皇制と供犠のシステム——坂口安吾の天皇制批判について」（『麗澤学際ジャーナル』一九巻二号、麗澤大学経済学会、二〇一一年九月）を参照のこと。

(10) 前掲「堕落論（続堕落論）」、前掲『坂口安吾全集』14、五八九頁。

(11)〈他者〉をめぐる思考を鍛造するにあたり、前掲『〈他者〉の消去』および同「近代日本文学のセクシュアリティ——他者との対面をめぐって」（特に一七一—一七三頁）、岩田靖夫「他者とことば——根源への回帰」（宮本久雄・金泰昌『シリーズ　物語り論Ⅰ　他者との出会い』、東京大学出版会、二〇〇七年）に教示を得た。また、〈堕落〉やそこから開かれる新しいコミュニケーションの把握において、前掲関根論文が依拠しているジャック・デリダ『死を与える』（廣瀬浩司、林好雄訳、筑摩書房、二〇〇四年：Jacques Derrida, *Donner la mort*, 1992）にも深い示唆を与えられた。

(12) 言うまでもなくここでは、昭和二十一年四月二十九日、東大での南原繁の演述「天長節」（南原『祖国を興すもの』、東京帝国大学協同組合出版部、一九四七年〔『南原繁著作集』七巻、岩波書店、昭和四十八年〕）を念頭に置いている。なお内村鑑三と彼に連なるキリスト者の天皇観の構図に関しては、拙稿「三谷隆正——信仰と学問」（南原繁研究会編『宗教は不必要か』、to be 出版、二〇〇七年）を参照。

(13) 典型的な指摘として家永三郎「日本思想史上の内村鑑三」（『内村鑑三全集』一五巻月報、岩波書店、一九八一年十一月）がある。

(14) 近代日本のキリスト者と〈天皇制〉をめぐる問題群に関しては藤田若雄編著『内村鑑三を継承した人々』上・下（木鐸社、一九七七年）、大濱徹也『鳥居坂教会一〇〇年史』（鳥居坂教会、一九八七年）、宮田光雄『権威と服従——近代日本におけるローマ書十三章』（新教出版社、二〇〇三年）、富坂キリスト教センター編『十五年戦争期の

（15）天皇制とキリスト教』（新教出版社、二〇〇七年）を参照。
〈天皇制〉＝天皇をめぐる〈ものがたり〉をめぐる戦後知識人の問い方は、そこに何らか〈絶対的なるもの〉（イデオロギー等も含む）〉を対峙させることで、天皇をめぐる〈ものがたり〉の方を解体ないし相対化する途と、昭和天皇と〈天皇制〉を切り離して視ることで、一個独立の人間としての天皇の〈責任〉を問い質す途とに大別されるように思われる。私見では後者のケースは、天皇への個人的な恭順の念が強い場合に成立するなど、必ずしも本章で述べたごとき〈絶対他者〉への信仰を必須としていない。この点をふまえた上で、本節の結論にさらなる掘り下げを加える必要がある。

（16）ここで問うている信仰の〈質〉の問題については前掲「関根正雄と文学」（前掲『関根正雄記念キリスト教講演会Ⅰ』、特に三七―三八頁）に教示を得た。また本書三章「松田智雄の思想――歴史とプロテスタンティズム」も、「内村門下」の信仰の特質を解析している点で、併せて参照されたい。

（17）神のこうした〈他者性〉に関しては、前掲「関根正雄と文学」に示唆に富む叙述（前掲『関根正雄記念キリスト教講演会Ⅰ』、三七―四二頁）があり、教示を得た。後掲註22も併せて参照のこと。

（18）南原「ナチス世界観と宗教と宗教の問題」（一）～（三）、『国家学会雑誌』五五巻一二号、五六巻二号、五六巻四号、国家学会事務所、昭和十六年十二月、昭和十七年二月、四月（『国家と宗教――ヨーロッパ精神史の研究』岩波書店、昭和十七年［『南原繁著作集』一巻、岩波書店、昭和四十七年］）を参照。なお、ナチスや田辺元と対峙した南原の課題意識については、加藤節『南原繁』（岩波書店、一九九七年）、柳父圀近「東大法学部におけるバルト受容――南原繁の場合を中心に」（バルト神学受容史研究会編『日本におけるカール・バルト――敗戦までの受容史の諸断面』、新教出版社、二〇〇九年）が示唆に富む。また南原の娘婿でニーチェの訳者として知られる氷上英廣も敗戦直後、岳父・南原と相通ずる思想的営為を展開していた。本書六章「氷上英廣とキリスト教」を参照。

（19）南原「内村鑑三先生生誕百年に思う」、昭和三十六年四月十六日、日本テレビ放送で述べたもの（『南原繁著作集』九巻、岩波書店、昭和四十八年、三五二―三五三頁）。

（20）南原「カトリシズムとプロテスタンティズム」、『国家学会雑誌』五七巻八、九号、国家学会事務所、昭和十八年八、九月（『南原繁著作集』第一巻、昭和四十七年、三三二―三三三頁）。

(21) 近藤勝彦「南原繁のキリスト教信仰と学問思想」(前掲『宗教は不必要か』)。なお本章では南原の文章をめぐり著者と異なる解釈を示したが、著者の主張それ自体は「無教会」の問題点を剔抉したものとして傾聴に値すると考えている。

(22) 信仰を、徹頭徹尾、「彼岸」から〈与えられる〉もの、その意味で徹底的に〈現在〉的な〈出来事〉として捉えること、さらには神の〈他者性〉に覚醒し続けることは、南原に限らず〈無教会〉の〈精神〉の特徴と言える。その内実を感得する上で、田中小実昌の小説「ポロポロ」(『海』九巻一二号、中央公論社、一九七七年十二月号〔同『ポロポロ』、中央公論社、昭和五十四年〕)、同「アメン父」(『文藝』二七巻三号、河出書房新社、一九八八年秋号〔同『アメン父』、河出書房新社、一九八九年〕)が示唆に富む。周知のとおり田中もその父・遵聖も、いわゆる「無教会」に連なる存在ではなく、また上記の小説も「無教会」を描写したものではない。しかしそこに描かれた世界ははからずも、内村や南原が求めた地平と響きあうように感じられる。田中父子に関しては、富岡幸一郎『作家との一時間』(日本文芸社、一九九〇年)、同『スピリチュアルの冒険』(講談社、二〇〇七年。特に三章「文学の中の霊性」)を参照のこと。

(23) 南原「新日本文化の創造――紀元節における演述」、昭和二十一年二月十一日、東大での演述(前掲『祖国を興すもの』〔前掲『南原繁著作集』七巻、二五頁〕)。

(24) 安吾の戦争観については西川長夫「戦争と文学――文学者たちの十二月八日をめぐって」(前掲『越境する安吾』)。氏は安吾の「戦争論」(『人間喜劇』一一号、イヴニングスター社、昭和二十三年十月〔『坂口安吾全集』15、一九九一年〕)を取り上げ、安吾が「国際間に於ては、単一国家が平和の基礎であるに比し、各個人に於ては、家の問題の解決が、最後の問題となるのだろう」(同、四四八頁)と述べた点に注目する。「家」を人間が対峙すべき〈ふるさと〉を覆い隠す〈ものがたり〉の器として見れば、如上の主張は「家」からの〈堕落〉を説いたものとして、安吾における一連の〈ものがたり〉批判の内に位置づけを得る。氏の見解とは重なるものではないが、右論考に触発された私見として認めておく。

(25) 坂口「もう軍備はいらない」、『文学界』六巻一〇号、文藝春秋社、昭和二十七年十月(『坂口安吾全集』16、一九九一年、五九二頁)。

(26)同。
(27)同、五九四頁。
(28)同、五九五頁。
(29)信仰に根ざす南原の敗戦認識について、田崎嗣人「南原繁における『戦後』――『敗戦』と『贖罪』」(『政治思想研究』六号、政治思想学会、二〇〇六年五月)を参照。ことにその信仰に基づく〈歴史意識〉をふまえて南原の戦後を問うた論考として前掲「三谷隆正――信仰と学問」も参照。

第三章　松田智雄の思想

――歴史とプロテスタンティズム

1　問題の所在

松田智雄（明治四十四年～平成七年）は、イギリス経済史の大塚久雄や旧約学の関根正雄らと同様、最晩年の内村鑑三に師事したキリスト者であり、その大塚ともども戦後の西洋経済史研究を牽引した存在として名をなした人物である。後半生には、ドイツ公使や図書館情報大学学長等の要職を歴任するなど、社会的活動においても大きな足跡を遺した。こうした公職にあって、松田はみずからの信仰を前面に出すことはなかったが、しかし亡くなる直前まで、キリスト教系学生寮の理事長をつとめ、また同じ内村門下で独立伝道に立った先輩の文集編纂と刊行に尽力するなど、生涯を通じて信仰に基づく〈実践〉を地道に続けた人でもあった[1]。また別稿にて論じたように[2]、敗戦後間もなく、信州北佐久地方の農村調査を行うなか、その成果をふまえて『北佐久郡志』[3]を公刊するとともに、繁務の傍ら「農民福音学校」を催し、同地で農業に携わる人々にキリスト教信仰を繰り返し問いかけた点は注目される。松田はその意味で、いわゆる「学究」にとどまった人ではなかった。

思うに「国民経済」の確立という課題意識に貫かれた松田の研究業績は、優れた、そして活きた学問の常として、後進の学徒によって「乗り越え」られていく一面を免れない。(4) しかし松田の〈実践〉とその思想、なかんずく敗戦後の信州農村に働きかけた松田の志は、その時代にあって意味あるものであったのはもちろん、時を隔てた現代に対しても、一つの示唆を投げかけるものと思われる。本章ではこうした課題意識に基づいて、敗戦直後の松田を促した信仰と、その信仰に裏打ちされた〈歴史意識〉に内在的な解析を加えることを目的とする。その意味で限定的な立論となるが、しかし本章での考察は、松田を新たに照らし出す試みにとどまらず、その松田を映す同じ光源は、大塚ら「内村門下」の思想的遺産を現代に照射する上でも、寄与するところがあると考えられるのである。

2　キリスト者の社会的実践——赤岩栄との論争を手がかりにして

結論を先取りして言えば、若き松田の信仰の特質は、信仰と生活の問題を二元論的に分離せず、その両者のはざまなる実存的緊張を、粘り強く負い遂げようとする姿勢にあったと約言できる。その象徴的な表現として、ここでは内村鑑三を論じた「勇ましく高尚な生涯」という論考の次の一節に注意を促したい。

私共も自身の信仰の自覚については、絶えず最も峻厳な注意を怠つてはならないのである。予定説が十字架の恩恵を排除するとしても、また信仰——十字架の信仰であれ、いわゆる信仰的態度に安住し、逃避することも、同様にまた恐るべき十字架恩恵の否定である。また労働の肯定のような肉に属するものの不当な肯定的態度から離れているにしても、逆に歴史と社会からの遊離が、少しも「神の栄光」のためによりよく仕える所

以であるどころでなく、却って逆の堕落を意味することもあるであろう。(5)

ここに見られるのは、福音信仰の社会的展開への志向性というよりも、キリスト者がキリスト者であるゆえに堅持せざるを得ない〈緊張〉への促しである。すなわち「キリストの福音」を受け容れて生きるということと、世俗世界において生活するということがもたらす不可避な矛盾・対立について、両者を二元論的に「並立」させて省みない生き方や、逆に、「信仰生活」に自閉して、「歴史と社会からの遊離」を合理化するごとき、安易な一元化を厳に戒める視座がそれである。同様のまなざしは、昭和二十四年の論考「歴史とプロテスタンティズム」において「福音が福音であるためには、歴史・社会的現実と断絶するものであってはならないし、またそれを同一性格に包むものであってもならない(6)」と述べられ、昭和二十六年の論考「高原の記録」でも、「福音の赦しの働きは永遠的かつ絶対的である(7)」が「福音と歴史とが切離されて断絶した二元ではなく、福音は歴史の拘束と抵抗のうちに実現するものであって、この実現という一点に人間がある……人間はこの一点において分裂すべきでなく、福音の活きた優越性のうちに包まれながら、しかも、歴史の抵抗に身を以って処し、応答して行かねばならない(8)」と記された中に見出せるものである。

いずれにおいても松田が説くのは、「福音か、歴史・社会的現実か」をみずから整合的に整えて、両者の「住み分け」を企てる二元論的思考でなく、あくまで「福音と、歴史・社会的現実」という相対立する〈現実〉と、ほかならぬキリスト者として対峙し続けようとする〈緊張〉の必要性であり、単に「キリスト者の社会的実践」が主張されているのではないことを、注意深く読み取らねばならない。したがって、松田はキリスト者がその〈社会的実践〉を信仰と切り離し、両者の間に漲るべき〈緊張〉を解消する行き方には異議を唱えてやまなかった。この点で示唆に富むのは、赤岩栄に対する松田の批判である。昭和二十四年、代々木上原教会の牧師・赤岩が日本共産党への「入党決意」をうかがわせる発言をなし、その急進的な「社会的実践」への志向によってキリスト教内外に議論を呼んだことは知られている。その詳細を、今、論ずることはできないが、[9]ここではその赤岩と直接的な論争を行った一人がほかならぬ松田であること、[10]その際、松田の批判の眼目が、赤岩の「信仰と政治を分離する――いわゆる教会と社会というように分けて考えるべき――という根本的な立場」[11]に向けられていたことに注意を促したい。

すなわち松田は、赤岩の主張の中に「正義と真理とがあることを充分に認めます。また共産党の内部へまで福音を宣教し浸透せしめようという同氏の御決意には尊敬を惜しみません」[12]としながらも、「信仰と社会的実践の領域を切り離し、後者については手放しで当ってゆく」[13]「私たちは政治のことは政治家に、経済のことは経済学者にきけばよいのです」[14]とする赤岩の主張に対し、「『きけばよい』という態度は私にはどうしても納得できません」[15]と、その二元論的なスタンスを問題視してやまなかった。

松田がキリスト者の〈社会的実践〉に求めたのは、赤岩のように、〈実践〉の只中で直面を余儀なくされる諸課題を「政治のことは政治家に、経済のことは経済学者にきけばよい」と、信仰的視点から切り離し、キリスト者としてそれらを問わない姿勢ではなくて、眼前の課題を信仰的視点から問い直し、問題克服に取り組み直す姿勢の持続であった。言い換えれば、キリスト者には「政治」についても「経済」についても、「政治家」や「経済学者」とは異なった視点からする唯一無二の独自のかかわり方があるというのが松田の確信だった。この点に関し、同じ赤岩批判の論考中、次の一節が示唆に富む。

信仰は政治に対し、福音は歴史＝社会に対して絶対的に優越しなければなりません。それはただ歴史の相対的進歩の中にはらまれる罪と壊頽とを充分に認めつつ、キリストの愛に迫られてその相対的進歩の中に身を以つて働かなければならないという、キリスト者の存在の仕方によって可能となる筈です。私はキリスト者が、独特なやり方で社会の中に生き、社会の世界史的進歩を担いうると考えます。(16)

ここで松田は「歴史の相対的進歩の中にはらまれる罪と壊頽とを充分に認めつつ、キリストの愛に迫られてその相対的進歩の中に身を以て働かなければならない」となし、それを赤岩のごとき立場とは異なった、キリスト者ならではの「独特な」〈実践〉として提示する。その内容を敷衍するならば、同じく昭和二十四年の論考「日本の病患」の一節「歴史の相対的進歩は何ら救いとは関係がない。それがいかに高度に到達しようとも、『然らば汝らの天の父の全きが如く、汝らも全かれ』（マタイ五）と言い給うたイエスの命を完うしうるものではない。その理由は、人が外側に対立している自然にでなく、内側において対する自然、人間の生まれながらの精神と肉体とが、霊に反逆するところにある(17)」との叙述を促す眼でもって、一見、「進歩」と見えることとさえも絶対視せずに、そこに「はらまれ」る「罪」「壊頽」を洞察することである。この点、マルクス主義的「発展段階史観」が力を持ち、その目指す地平が全ての矛盾を更新すると念じられた時代、「歴史の相対的進歩」を称し、またそうした「進歩」が「いかに高度に到達しようとも、『然らば汝らの天の父の全きが如く、汝らも全かれ』（マタイ五）と言い給うたイエスの命を完うしうるものではない」と、人間およびその社会の有限性・相対性を揚言すること自体、如上の視座の表現と称し得る。

とはいえそれは、「歴史の相対的進歩の中にはらまれる罪と壊頽」を盾に、「歴史・社会的現実と断絶」し、〈現実〉から遊離した観念的「信仰」の解き明かしに傾斜したり、逆に、「歴史の相対的進歩の中に」は「罪と壊頽」が「はらまれる」ものだといわば開き直って、「罪と壊頽」の存在にもかかわらず、「歴史の相対的進歩」それ自体に固執したりする立場とは違う。松田は「罪と壊頽」を洞察することの必要性とともに、それらが「はらまれる」「歴史の相対的進歩の中に」「キリストの愛に迫られて」かかわること、「その実践の中にこそ、罪の赦しの信仰の展開がある」と説く。この問題を解するにあたっては、松田が「隣人愛」を論じた昭和二十四年の論考「倫理と歴史＝社会」における次の一節が示唆に富む。

隣人愛の倫理は階級闘争の倫理ではない。むしろ、そのような限定を許さない無条件的愛である。そこには対立階級間の関係についても、何らの除外例も設けられてはいない。それは、キリスト教の、またプロテスタンティズムの倫理の欠陥なのであろうか。そうではなくて、これはその隣人愛の倫理のもつ峻厳性――時と場所の如何を問わず、階級社会でも、無階級社会でも、一切に適用されなければならぬ倫理であるからである。だからこそ、プロテスタンティズムも、この隣人愛の倫理を高く掲げる。隣人愛は、うちなる自然によつても、外側の自然によつても、また人と人とが作り上げる社会構造の中においても、多くの障害に遭遇せざるをえない。その障害に対して、隣人愛は、しかも峻厳に誡命として与えられ、その実現を迫られる。「貧しくかつ乏しく」ある状態において、「汝らの仇」に対して、サマリヤ人とユダヤ人との間において、愛において自然に対する働きも生まれるであろうし、階級・人種・宗教の区別を問わず、愛は働かなければならない。(18)

注意すべきは「隣人愛」の形容として、「与えられ」「迫られる」とあるように、受動の表現が用いられている点である。この事実は松田において、「隣人愛」というものがその内容においても対象についても、それをみずから「限定」したり、逆に「除外例」を設けたりして、いわば「先取り」できるような性格のものとは理解されていないことを示している。あるいは、「時と場所の如何を問わず」の一語が表しているように、松田にとって「隣人愛」の対象は、その時々に「与えられ」、愛すべく「迫られる」、きわめて〈現在〉的な存在として把握されていることを照射する。そしてこうした〈隣人〉把握は、松田における〈実践〉への視座を根底で規定するものであることに注意を促したい。たとえば前掲「日本の病患」における、「世界の歴史の中には神の摂理が働いている。これは私共の希望と確信との基礎である」[19]との明快な一節が象徴するように、松田において、直面する〈現実〉の一々は、神の働きと無縁に生起するものとは考えられていない。別の角度から言うならば、それは〈隣人〉同様、究極的に神によって「与えられ」、向き合うことを神によって「迫られる」〈課題〉として立ち現れてくるものとして把握されている。したがって、「世界の歴史の中には神の摂理が働いている」と確信する松田において、〈現実〉との対峙を回避して「信仰生活」に引きこもることも、赤岩のように、実践の只中で直面を余儀なくされる諸課題を信仰的視点から切り離し、キリスト者としてはそれを問わないあり方も、いずれも〈現実〉という神与の〈課題〉に取り合わないこととして、認められないのは自明であって、逆に、日々の具体的な生活の只中に切りもなく降りかかってくる〈現実〉と、信仰の眼で対峙し続ける姿勢、その〈緊張〉こそが求められるのは必然であった。同様に、先述の「赤岩栄批判」では前面に出ていないものの、マルクス主義の「階級闘争の倫理」は、その「適用」が特定の「階級」に「限定」され、「与えられ」「迫られる」べき愛の対象があらかじめ「先取り」され「固定化」されてあるという点からも、如上の〈現在〉的な〈隣人〉理解に立つ松田において、認めがたい「倫理」となることにも注目しておきたい[20]。

その上で次に問うべきは、かくして「隣人愛」の対象として「与えられ」る存在に対し、松田はいかに〈実践〉すべく考えているのかという問題であるが、この点、結論を約言して言えば、松田において「隣人愛」の〈実践〉は、方法をあらかじめ「固定化」し、一律適用できるようなものではないと把握されていた。別の角度から言うならば、前掲「高原の記録」における「福音の赦しの働きは永遠的かつ絶対的であるが、潔めは時間的でもあり具体的である。その具体性とは、苦悩を除去する実践がなければならないということであつて、実践とは、正しく『医者』の働きであつて、健康者の問題でなく病者の問題に他ならないのである」[21]との表現が象徴するように、松田において「隣人愛」の〈実践〉は、「医者」「健康者」の「問題でなく」、「苦悩」の当事者たる「病人」の立場に立って行われるべき営みであること、すなわち、神からそのつど「与えられ」愛すべく「迫られる」「隣人」に即し、あくまで彼らの「苦悩を除去する」目的で、「具体的」に遂行さるべきものと捉えられていた点を強調しておきたい。

3 〈近代〉認識の位相——松田智雄の〈歴史意識〉

以上のように松田の信仰を特徴づけるとき、松田が実施した信州北佐久地方における農村調査とキリスト教宣教の試みは、松田がその場を「選んだ」というよりも、佐久農村と農民をみずからの〈隣人〉として「与えられ」、その「苦悩を除去」すべく「迫られ」たという厳粛な促しの実りと見るほうが、その信仰的実感に即した理解になると思われる。別の角度から言うならば、戦後「農民＝農地解放」を経て、「解放」され「向上」したにもかかわらず、依然江戸時代に遡る旧き「用水」と、同じく旧きその維持組織に隷属を余儀なくされている北佐久農民を目の当たりにした松田の中に、かの「よきサマリア人」さながらの〈経験〉が、まさにそのとき現成したと解すべきである。その詳細に関しては既述のとおり別稿にて述べたのでここでは触れない。ただ前節をふまえ、本章の趣旨からしてさらに注意を促したいのは、農村へのそうした働きかけは「隣人愛」の信仰に基づくのみならず、その信仰に裏打ちされた〈歴史意識〉によって意味づけられた一面をも持っていた点である。この点、松田の〈歴史意識〉としては、いわゆる「講座派」的枠組みに根ざすその近代日本観をまず指摘できる。たとえば松田は敗戦直後の論考と目される「マルティン・ルター研究」でこう述べていた。いわく「われわれの民族社会が明治以後昨年にいたるまで保持した性格は、『フッガー家の時代』と同様なえせ資本主義社会[22]［傍点原文］」であったと。併せて前掲「歴史とプロテスタンティズム」では次のように指摘した。いわく「日本の農民は、いま封建的性格を払拭して、独立自営農の段階を経過しようとしている[23]」と。そこに「プロテスタンティズムが作用することは、かつての古プロテスタンティズムが西欧社会で果したのと、ほぼ同じ『外部的結果』をもつ[24]」、これが如上の時代認識に立つ松田の期待であった。

　しかし松田を導くその〈歴史意識〉は「講座派」的な視座にのみ依拠するものではない。それは先にも引いた「世界の歴史の中には神の摂理が働いている。これは私共の希望と確信との基礎である」との一節が象徴する信仰にこそ裏打ちされたものである。たとえば「一九四六年春[25]」と付記された「歴史的感覚」劈頭に、松田は「呼ばわる者の声［ヴォクス・クラマンティス］きこゆ[26]」に始まるイザヤ書四〇章三～四節を掲げた。そこで日本の歴史学の来歴を概観する松田は「西洋史研究を通じての近代文化の内面的獲得[27]」「文化の新らし《ママ》き構造への批判的にして戦闘的な覚醒[28]」を呼びかける一方、もっぱら「史料的事実の尊重に帰する[29]」研究を「嘆賞を惜しむ必要はない[30]」と尊重しながらも、「しかしかかる即物主義が、現存の危機に当面する歴史学の立場としてこれだけを貫き通しうるであろうか。ヴォクス・クラマンティスは野に高まりつつあるときに[31]」と問いかけた。

〈現在〉に対するこのまなざしは、「われを遣し給ひし者の業を我ら昼の間になさざるべからず。夜きたらん、その時は誰も働くことを能はず。（ヨハネ伝九章四節[32]）」との聖句を引いて「歴史とプロテスタンティズム」を閉じた、その切迫した視座に通ずるもので、それは松田の「歴史的感覚」が「講座派」的なそれ以上に、敗戦に直面した日本の〈現在〉を、神の働く「摂理」的な〈時〉と見る信仰に彩られたものであったことを照射する。松田はこの「歴史的感覚」すなわち「われを遣し給ひし者の業を我ら昼の間になさざるべからず」との思いに促され、敗戦直後の農民と向き合った。ゆえに松田は、「御牧原農民福音学校」の開校式直後、「いま封建的性格を払拭して、独立自営農の段階を経過しようとしている」日本の農民が、プロテスタンティズムの信仰に接した「瞬間」を振り返り、「福音について御牧ケ原が聞いた最初の瞬間は、私にとって全心全霊を深く揺ぶる感動であつた[33]」と、その〈時〉を厳粛に回顧せずにはいられなかったのである。

この「歴史的感覚」はしかし、「封建的性格を払拭して、独立自営農の段階を経過しようとしている」「日本の農民」に「プロテスタンティズムが作用することは、かつての古プロテスタンティズムが西欧社会で果したのと、ほぼ同じ『外部的結果』をもつ」という展望にとどまるものでなかった。別の角度から言うならば、松田の如上の試みを、「近代化」を目指した単なる知的・啓蒙的動機にのみ帰するのは妥当でない。顧みて松田は北佐久の農民がその生産性を高めるための礎をなすものとして、先の展望が示唆するとおりプロテスタンティズムの社会的な射程に期待を寄せていた。しかし、「プロテスタンティズムの倫理と資本主義の精神」をめぐっての周知の理解をふまえる松田は同時に、「『貨幣』獲得を『職業（使命）』と考えることによつて他人労働の作出する剰余価値の取得を合法化するにいたった資本家的意識――いいかえれば貪欲の精神が現れてくる[34]」のは必然であり、しかもそのように「貪欲の精神が現れてくる」背景には、「プロテスタンティズムの倫理の、本質的な欠陥[35]」すなわち「貨幣に対する貪欲――いわば貨幣に対するFetichismus《ママ》であろう――を除去することに無関心であり、またその方法を知らなかった[36]」という「深刻な欠陥[37]」があると考えていた。こうした連関が判明している以上、北佐久の農民が受け継ぐべき信仰は、いずれ「貪欲の精神」を生み出すことが予想され、しかもその「貪欲」「を除去することに無関心であり、またその方法を知らな」い信仰にとどまるべきでない。松田は如上の理解に立つことにより、日本農村に説かるべき言説は「かつての古プロテスタンティズムが不可避的にもった欠陥を除かれた新しい福音[38]」でなければならないと力説した。

然らばこの「新しい福音」とは何か。「このようなプロテスタンティズムの倫理の欠陥は、もとよりプロテスタント自身によって克服されなければならない[39]」と述べる松田において、「新しい福音」はプロテスタンティズムの中から屹立するものとされるのは自明であった。ここで示唆に富むのは、同じく「歴史とプロテスタンティズム」における次の一節である。いわく「プロテスタンティズムが戦闘の教会として長く永続することを祈求するかぎり、新しい福音の預言者が生み出されなければならない[40]」と。そこでこの「新しい福音の預言者」とは誰かが問われなければならないが、ここに松田が想定するのが、内村鑑三にほかならない。松田は前掲「勇ましく高尚な生涯」において、「予定説が十字架の恩恵を排除していること、労働の無条件な肯定が神のためのそれでなく、自身の貪欲を満足する手段に容易に転ずること[41]」に対し、内村は「凡そ歴史の進行の中で、または個人の生涯の中で、全ての善い意図、善い業――言わば善い信仰さえも含めて――などが辿らなければならない宿命をすでに洞察し予見してさえおられた[42]」として、「だからこそ、一切のものについて、それが不可避的に陥らざるを得ない不都合、生命の欠乏、形式化といったような宿命に対して、『勇ましく高尚な生涯』をもつて戦うことを必要と[43]」した点を高く評価した。そして松田は、「それは他人事ではない[44]」と内村の自覚に倣うことの必要性に説き及び、本章二節の冒頭に引用した文章を次のように謳い上げるのである。

私共も自身の信仰の自覚については、絶えず最も峻厳な注意を怠つてはならないのである。予定説が十字架の恩恵を排除するとしても、また信仰——十字架の信仰であれ、いわゆる信仰的態度に安住し、逃避することも、同様にまた恐るべき十字架恩恵の否定である。また労働の肯定のような肉に属するものの不当な肯定的態度から離れているにしても、逆に歴史と社会からの遊離が、少しも「神の栄光」のためによりよく仕える所以であるどころでなく、却つて逆の堕落を意味することもあるであろう。

さらに松田は「それは、敢えて私共の信仰についても、正しさを求める生涯であり、仮借なき注意を注ぐ生涯である[45]」と敷衍して、「歴史と社会を貫く不可避的な悲しむべき宿命に対しては、終りの日に一切が正しくされるその時までは、このような厳しい生活によつてのみ戦いが続けられるべきであろう[46]」と結んでいる。これらの叙述は、日々の具体的な生活の只中に切りもなく降りかかってくる〈現実〉と、信仰の眼で対峙し続ける姿勢を松田が最も重視していたということ、すなわち「正しさを求める生涯」「仮借なき注意を注ぐ生涯」を促す内村流の信仰——それは松田の生きた信仰でもある——こそ、戦後、「封建的性格を払拭して、独立自営農の段階を経過しようとしている」戦後日本の農民が受け容れるべき「かつての古プロテスタンティズムが不可避的にもった欠陥を除かれた新しい福音」の信仰だと、松田が捉えていた事実を証するものである。

かくして敗戦後の日本農民が「新しい福音」に眼を啓かれるとき、松田は二つのことを期待した。まず第一に、昭和二十五年の座談会「日本の農村とキリスト教」で力説されているように、農村が「かつての古プロテスタンティズムが不可避的にもった欠陥を除かれた新しい福音」の「伝道の拠点(47)」となり、「逆にそこから町に対して影響を及ぼして行くこと(48)」である。この点、松田が「大体キリスト教の発生がそういうものだといつていいくらいで、いつでも農村にキリスト教の信仰ができて、それが溢れて行くことによつてキリスト教の力が強くなつて行つた(49)」また「宗教改革時代殊にそうなんで、プロテスタンティズムは特にそうなんで、そういうことを一般の人々に認識して頂きたい(50)」と、「キリスト教の発生」や「宗教改革」まで引き合いに題して強調する事実は、松田において敗戦後の日本農民が内村流の信仰を受け容れることは、「宗教改革」に匹敵する、その意味でキリスト教に画期をもたらす真に〈歴史〉的な出来事と把握されていたことを照射する。

しかも松田の祈りはそこにとどまらない。第二に松田は、敗戦後の日本農民が「新しい福音」に眼を啓かれるとき、松田は「かつての古プロテスタンティズムが西欧社会で果したのと、ほぼ同じ『外部的結果』」を超えた新しい地平が切り拓かれるものと期待していた。ここでは「歴史とプロテスタンティズム」において、松田が次のような著しい見解を示している点に注意を促したい。いわく「かつての古プロテスタンティズムが不可避的にもつた欠陥を除かれた新しい福音が宣教されたとするならば、日本農村の歴史・社会的な相対的進歩は、世界史に類例の無い様相を示すであろう(51)」と。短い一節であり具体性を欠いてはいるものの、すこぶる暗示に富む一文である。「かつての古プロテスタンティズムが不可避的にもつた欠陥を除かれた新しい福音」を受け容れた「日本農村」が「世界史に類例の無い様相を示す」との表現は、松田もまた師・内村鑑三さながらに、「日本の天職」への祈りに貫かれた人であったことを照らし出すとともに、「かつて古プロテスタンティズム」によって「世界史」にもたらされた「様相」すなわち「近代」のその先を、松田が捉えていたことを明示するからである。こうした課題意識は、いわゆる「近代の超克」や「世界史の哲学」を唱えた思想家たちといかに交錯し、いかなる分岐を見せるのか。それは南原繁や矢内原忠雄らのみならず、松田や大塚の世代の思想的営為を読み解く上でも、一つの鍵となる問いである。(52)

4 おわりに――戦後信州農村の精神史から

筆を擱くにあたり、最後に別の角度から注意を促しておきたいことは、松田が北佐久や八ヶ岳山麓で行った「農民福音学校」に、時として「六十名ばかりの人々」(53)が集うたという事実の持つ意味である。それは敗戦直後の信州の農民が、農業技術のみならず実存のレベルから、生き方の指針を求めざるを得ない状況に置かれていたことを照射する。実際、松田と終生交わりを持った北佐久の住人・小山源吾は、村に生きる者としての立場からこう述べた。いわく「農村は、来るべき苦悩を農民とともにする基督者を、頭だけでなく、また神学論をふり廻すのでなく、ともに稲の作り方を考えてくれる基督者を、切実に必要としているのです」(54)と。その背景こそ考究に値するが、ここでは高度経済成長期以前の「農家の二、三男」は、将来に対する深刻な閉塞感を抱え込んでおり、それは戦後初期における農村精神史の深層を彩っていること、(55)またかつてはそうした「苦悩を農民とともに」し「頭だけでなく」「ともに稲の作り方を考えてくれる」存在として、信州では和合恒男をはじめとする「農本主義者」が求心力を放ったが、(56)敗戦による価値の一大転換に伴って、彼らが「退場」を余儀なくされることにより、農民は「稲の作り方」を教え「苦悩を農民とともにする」思想および思想家を喪っていたことを指摘しておきたい。

［註］

（1）松田の経歴・業績についての主要な先行研究として以下を参照。住谷一彦「人と思想」、大野英二「『近代の史的構造論』の構成と展開」（松田智雄『新編「近代」の史的構造論』、ぺりかん社、昭和四十三年）、小山源吾他編『高原の記録――松田智雄と信州』（新教出版社、一九九六年）、道重一郎「大塚久雄と松田智雄――大塚史学の理論構成とその意義」（住谷一彦、和田強編『歴史への視線――大塚史学とその時代』、日本経済評論社、一九九八年）、大庭治夫『内村・新渡戸精神の銀河系小宇宙――南原繁・矢内原忠雄精神を経由した松田智雄と隅谷三喜男の精神史』（国際学術技術研究所、二〇〇七年）など。

（2）拙稿「松田智雄と信州――ある戦後農村精神史への試み」、『信濃』六三巻四号、信濃史学会、二〇一一年四月。

（3）松田は『北佐久郡志』三巻「社会篇」、四巻「研究調査篇」（ともに北佐久郡志編纂会、昭和三十二年）を監修・執筆している。松田とともにこの調査・執筆に携わった一人に若き日の大石慎三郎がある。大石の『封建的土地所有の解体過程』（御茶の水書房、一九五八年）、『近世村落の構造と家制度』（同、一九六八年）は、松田が「村協同体の再生産構造――『水』による拘束を中心として」（『経済評論第』六巻一号、日本評論社、昭和二十六年一月）等で扱った地域を歴史的に考究した成果である。なお日本の「村協同体」を単に「拘束」と見る大塚・松田らの視点は相対化されて久しいが（たとえば渡辺尚志「日本近世村落史からみた大塚共同体論」［小野塚知二、沼尻晃伸編『大塚久雄『共同体の基礎理論』を読み直す』、日本経済評論社、二〇〇七年］）、しかし近年、研究者が打ち出す日本近世村落の明朗活発なイメージは、当の大塚がかつて『国民経済――その歴史的考察』（弘文堂、一九六五年）や『歴史と現代』（朝日新聞社、一九七九年）等で、ダニエル・デフォーらに拠って活き活きと描き出した「農村工業」や「局地的市場圏」の形成と発展を、発想の下敷きにしているかに見える（たとえば六本木健志『江戸時代百姓生業の研究――越後魚沼の村の経済生活』、刀水書房、二〇〇二年ほか)。如上の視点から両者の交錯・分岐を問うことにより、戦後思想史・史学史における「大塚史学」の隠れた遺産を開示し得る可能性があることを指摘しておきたい。

(4)「国民経済」の自立を目指した松田、大塚らの課題意識に対する批判を整理したものとして、註1の道重論文を参照のこと。逆に彼らの「国民経済」の主張が、むしろ〈現代〉に問いかける意味を探った論考として、妹尾陽三「発展途上国、貧困再生産の構図」(中村勝己研究会出版刊行会編『オフィスと道標』、同出版刊行会、一九九八年)、柳父圀近「発題1　社会科学とキリスト者(シンポジウム主題「社会・文化・福音――二十一世紀のキリスト教神学のために」)」(『日本の神学』四〇号、日本基督教学会、二〇〇一年十月)、同「『国民主義』・『国家主義』・『超国家主義』――大塚久雄の『ナショナリズム』論をめぐって」(『法学』六六号、東北大学法学会、二〇〇二年六月。後に同『政治と宗教――ウェーバー研究者の視座から』創文社、二〇一〇年所収)、中村勝己『近代市民社会論(改訂版)』(今日の話題社、二〇〇五年)も参照のこと。

なお本章では前面に出していないが、松田における〈国民〉は、「生産者・勤労者」のありようを不問にし去るものではなく、むしろその経済的な自営性ならびに法制的・社会的な〈独立〉を不可欠の前提条件とするものだった。別の角度から言うならば、如上の〈独立〉を果たしていない生産者・勤労者は、いくら「国民」として「統合」されようと、擬似的なそれにとどまるものと理解されていた。かような自覚の必然として、〈国民〉の成立という課題意識は、まず、「国内」で生産者・勤労者の〈独立〉を妨げる存在、ないしそれを阻む諸制度への批判・克服に向けられた。その意味で、敗戦前後の時期にあって〈国民〉を宣べ伝える営みは、〈国民〉化を阻む諸々を批判して、その克服を試みることと同義であった。如上の関心がうかがえる論考として、たとえば松田「南独逸農村織物業の類型的特質」(『社会経済史学』一一巻一・二号、社会経済史学会、昭和十七年三月)、「関税同盟前史序論(一・二)」(『史学雑誌』五五編一一、一二号、冨山房、昭和十九年十一、十二月。後に同『ドイツ資本主義の基礎研究』〔岩波書店、一九六七年〕に収録)を参照のこと。この点、別稿を準備中である。

思うに「国民化」の名における、マイノリティへの「暴力性」がとみに言われた一九八〇年代以降、「国民」の語はネガティブな予断を持って用いられ、「国民批判」は「知的常識」として「定着」するに至った感がある。しかし、言葉という「器」自体は不変でも、盛られた〈意味〉に、使われる文脈や時代に応じた違いがあることは論を俟たない。この点、いわゆる「近代主義」に対する批判的な論調に疑問を呈し、大塚や丸山眞男らが「近代西洋」に託した世界を、敗戦直後の思想状況をふまえ、内在的に解析した論考として、平石直昭「理念としての近代西洋――敗戦後二年間の言論を中心に」（中村政則他編『戦後思想と社会意識　新装版　戦後日本　占領と戦後改革　3』、岩波書店、二〇〇五年）からは、松田の思想的営為を問う上でも深い示唆を与えられた。〈国民〉の一語に対しても同様の解析が求められると思われる。関連して、山下幸夫「ナショナリズム――その歴史的背景と今日的意味について」（中村勝己編『受容と変容――日本近代の経済と思想』、みすず書房、一九八九年）、米原謙「戦後思想における『近代』――丸山真男、竹内好、鶴見俊輔」（同『日本的「近代」への問い――思想史としての戦後政治』、新評論、一九九五年）、飯田泰三「丸山眞男のナショナリズム論――一九四九年度『東洋政治思想史講義録』の世界」（同『戦後精神の光芒　丸山眞男と藤田省三を読むために』、みすず書房、二〇〇六年）、宮村治雄「ナショナリズム論における『戦中と戦後の間』」（同『戦後精神の政治学――丸山眞男・藤田省三・萩原延壽』、岩波書店、二〇〇九年。初出は飯田泰三他編『丸山眞男講義録　第二冊　日本政治思想史　一九四九』解題、東京大学出版会、一九九九年）も参照のこと。

（5）松田智雄「勇ましく高尚な生涯」、『独立』一二号、昭和書院、昭和二十五年一月、一八頁。

（6）同「歴史とプロテスタンティズム――一つの答」、『基督教文化』三四号、新教出版社、昭和二十四年三月、一三頁。

（7）同「高原の記録――知識層の脱知識層化の問題」、『基督教文化』五六号、昭和二十六年五月、三三頁。

（8）同、三二頁。

（9）赤岩の「入党問題」をめぐる同時代の資料として、「特集　赤岩牧師の問題」（『基督教文化』三六号、昭和二十四年五月）を参照のこと。なお、「赤岩栄論」は、「キリスト教とマルクス主義」という古典的な問題意識に基づく立論から（たとえば井上良雄『戦後教会史と共に――一九五〇―一九八九』〔新教出版社、一九九五年〕所収の諸論考）、赤岩晩年の到達点に、現代聖書学の成果が示す「イエス」との交錯を見る見解（たとえば笠原芳光、佐藤研編『イエスとは何か』、春秋社、二〇〇五年）へと移行したかに見える。その軌跡の解析は、井上良雄から平田清明、竹内良知といった幅広い面々が参加し、「赤岩問題」をはじめ「市民社会と社会主義」、「滝沢神学」まで論じた研究会の記録、日本基督教団宣教研究所編『出会い　日本におけるキリスト教とマルクス主義』日本基督教団出版局、一九七二年）が象徴するように、戦後日本思想史に精神の深みから新たな光を当てる試みたり得ると思われる。

(10) 赤岩には「キリスト教と社会実践――松田智雄氏に答えて」（『理論』三巻九号、民主主義科学者協会、一九四九年九月〔『赤岩栄著作集』五巻、教文館、昭和四十六年〕）がある。

(11) 松田「感想」、『基督教文化』三六号、昭和二十四年五月、六二頁。

(12) 同、六四頁。

(13) 同。

(14) 同。

(15) 同。

(16) 同。

(17) 松田「日本の病患」、『独立』五号、昭和二十四年三月、三五頁。

(18) 同「倫理と歴史＝社会」、『基督教文化』四二号、昭和二十四年十二月、二一―二二頁。

(19) 前掲「日本の病患」、前掲『独立』五号、三四頁。

(20) 内村鑑三、矢内原忠雄、金澤常雄ら〈預言者的実存〉とも称すべき師に就いた松田は、神という存在を、まず〈畏れる〉というかたちでしか対峙し得ない〈絶対他者〉として、その魂の肉皮に刻み込まれる経験を持ったと考えられる。ゆえにこそ〈隣人〉を「先取り」「固定化」することは、みずからが整えたプランのうちに〈絶対他者〉たる神を〈我有化〉する欲求として、理屈抜きに否まれるものであったと思われる。

(21) 前掲「高原の記録」、前掲『基督教文化』五六号、三三頁。

(22) 松田「マルティン・ルター研究」、『展望』掲載号不詳、内容からして執筆は昭和二十一年頃とみられる。（前掲『新編「近代」の史的構造論』、一七四頁。）

(23) 前掲「歴史とプロテスタンティズム」、前掲『基督教文化』三四号、一三頁。

(24) 同。

(25) 松田「歴史的感覚」、前掲『新編「近代」の史的構造論』、一四七頁。

(26)同、一二八頁。
(27)同、一四五頁。
(28)同、一四七頁。
(29)同、一四四頁。
(30)同。
(31)同。
(32)前掲「歴史とプロテスタンティズム」、前掲『基督教文化』三四号、一四頁。
(33)前掲「高原の記録」、前掲『基督教文化』五六号、三七頁。
(34)前掲「歴史とプロテスタンティズム」、前掲『基督教文化』、三四号、一三頁。
(35)同。
(36)同。
(37)同。
(38)同。
(39)同。
(40)同。
(41)前掲「勇ましく高尚な生涯」、前掲『独立』一二号、一七頁。
(42)同、一六頁。
(43)同。
(44)同、一八頁。
(45)同。
(46)同。
(47)松田、高井康雄、岩井文男、森岡清美、日野原重明「日本の農村とキリスト教」（『基督教文化』四九号、昭和二十五年九月、三五頁）。ちなみに、この座談会で松田は農民が求める信仰のあり方を次のように説いてもいる。

今の神学傾向が信仰の世界とそれから世俗的な世界と峻別して行こうという立場がはつきり出て来ておるわけですが、あゝいう神学はやはり農民、労働者、勤労者が受入れる神学ではないように思う。信仰は別のところに置いて、自分の生活は生活で別に営んで行く。そういう気持は農民の中においては少くともないので、信仰を受入れた以上はそれを自分の生活全体に生かして行こうということが、それが農民の真の生活だと思う（同、三二頁）。

「信仰を受入れた以上はそれを自分の生活全体に生かして行こうという」「生活」とは、別の角度から言うならば、日々の具体的な生活の只中に、切りもなく降りかかってくる〈現実〉と信仰の眼で対峙し続ける姿勢にほかならない。如上の生活を促す信仰として、農民は本文で触れた内村流の信仰をこそ欲し、求めていると松田は位置づけていた。後掲註53も参照のこと。

(48) 同、三五頁。

(49) 同。

(50) 同。

(51) 前掲「歴史とプロテスタンティズム」、前掲『基督教文化』三四号、一三頁。

(52) 前掲註51に引いた松田の表現の他、南原の「第一の宗教改革を断行したものは、ゲルマン的ドイツ民族であった……同様のことが将来第二の宗教改革として、東洋の日本民族によって遂行し得られないと、誰が断言し得るであろうか（「カトリシズムとプロテスタンティズム」、『国家学会雑誌』五七巻八、九号、国家学会事務所、昭和十八年八、九月〔『南原繁著作集』一巻、岩波書店、昭和四十七年、三三五頁〕）」との言は、同時期の波多野精一などに比し、「近代の超克」「世界史の哲学」論者により近い息吹を感じさせる。この点、轟孝夫「戦後の『京都学派』像——あるいは戦後における『哲学』の不在」（大橋良介編『京都学派の思想——種々の像と思想のポテンシャル』人文書院、二〇〇四年）、また稲垣良典『問題としての神』（創文社、二〇〇二年）には、如上の問いをめぐる〈問題の所在〉を、思惟の原理レベルから把握し直す上で多大な教示を得た。

(53) 新井明「信州の農村伝道」(前掲『高原の記録――松田智雄と信州』、一七頁)。しかしここで特に注意したいことは、当時、松田とともに農村調査に勤しんだ住谷一彦氏が、そこで直面した「同族団の先祖祭祀の習俗」(住谷「共同体祭祀――宮座」、『日本を顧みて――私の同時代史』、未來社、二〇〇四年、一二八頁)を契機とし、「経済史的な共同体論から、宗教史的なそれへとシフトしてい」(同あとがき、二七三頁)くなかで、原田敏明の「宮座」論と邂逅することにより視座を深めていく点である。この点、住谷『日本の意識――思想における人間の研究』(岩波書店、一九八二年)、同『学問の扉を叩く――一戦後学徒の「学問と人生」』(新地書房、一九九一年)、および同「原田敏明『宮座』論の普遍性と特殊性」(原田敏明『宗教　神　祭』[岩田書院、二〇〇四年])を参照。

住谷氏は松田と共に行った「長野県北佐久郡蓼科山麓の用水村落郡の実態調査」(前掲『日本を顧みて――私の同時代史』、二七二頁)にて、「初めて戦前の日本資本主義を深部で支えてきた村落共同体の問題に突き当たった」(同)と回顧しているが、松田らはまさに、そうした「深部」の解体・更新を目的の一つとし、「村落共同体」を生きる人々にプロテスタンティズムの信仰を問いかけたと言ってよい。しかし、その試みは実を結んだであろうか。

住谷氏の軌跡は、村落共同体の成員が営んできた「共同体祭祀」とその信仰の強靱さに、松田らが「ぶつかった」事実を示唆するとともに、一方、そうした「帰結」をもたらした、松田らの視角の「限界」をも逆照射するものに映る。思うに松田らは、農村への志向を強く抱きながらも、その眼は「村落共同体」とその成員の生活を内在的に把握するほどには深められていなかったのではないだろうか。キリスト教信仰を礎に、農村・農民の「解放」「向上」を目指したその試みは、「共同体祭祀」に象徴される、当の農村・農民の暮らしと心情をどの程度理解し、そこに即した展開を考えていたか、「戦後啓蒙」の〈問題〉として問うべきものがあると思われる。

(54) 小山源吾「農村における技術を分析して」、『独立』一三号、昭和二十五年(発行月の記載なし)、三六頁。

(55) 加瀬和俊『集団就職の時代』(青木書店、一九九七年)を参照。また『農村青年通信講座』(農村文化協会長野支部、昭和二十三―三十四年。[復刻版、日本図書センター、二〇〇七―二〇〇八年])には「二三男問題」に呻く北信農村青年の「肉声」が収められ胸を衝く。一例として「ある三男の手記」(三六号、昭和二十六年十二月)、「俺たちの次・三男対策」(五四号、昭和二十八年六月)、「弟の就職」(六三号、昭和二十九年三月)など。なお『農村青年通信講座』に関しては笹川孝一「戦後社会教育実践史研究(その1)　農村漁村文化協会長野県支部『農村青年通信講座』の成立過程」(『人文学報』一四四号、東京都立大学、一九八〇年三月)を参照のこと。

(56)和合に関しては拙稿「昭和戦前期長野県のキリスト教をめぐる一考察」(『信濃』五五巻一二号、信濃史学会、二〇〇三年十二月。本書四章)を参照。また信州岩村田出身の山室静(明治三十九年生)は論考「老農詩集の著者」(関口江畔『老農詩集』オフィスエム、二〇〇九年)で、和合の名は「トルストイ、江渡狄嶺」と並んで若き日の会話に出たこと、その山室は「クロポトキン流の生産に結びついた、自治的小社会に心がひかれ」、「老荘・陶淵明ふうの東洋的自然主義さえ、その背後には依然生きていた」(同、一一〇頁)と言う。「農民福音学校」を成立させた〈場〉の思想状況を示す回想として示唆に富む。思うにその淵源は、幕末維新期の信州における平田国学の展開に求め得るかもしれない。この点、芳賀登『幕末国学の展開』(塙書房、昭和三十八年)に示唆を得た。

第二部　キリスト教受容の諸相

第四章　昭和戦前期長野県のキリスト教をめぐる一考察

――長野市柳町小学校の一教師の日記をとおして

1　問題の所在

昭和戦前期、長野県の小学校教育は、手塚縫蔵と小原福治という二人のキリスト者校長の感化を受けた、多数のクリスチャン教員によって担われた面がある。しかし、手塚や小原といった、いわば「思想的巨人」をめぐる論考とは対照的に、一般のクリスチャン教員におけるキリスト教信仰の内実をめぐっては、資料が少ないこともあり、いまだ十分な考察が加えられていないのが現状である(1)。

クリスチャン教員の多くは、牧師の資格も得た小原のように、教会の講壇から信仰を説くこともなく、ましてや著作を遺すことなどあり得なかった。しかし教育現場で実際に児童たちと向き合ったのは、校長・手塚や小原以上に、彼ら「無名」の教員たちのほうだった。それだけに、一般のクリスチャン教員が抱いた信仰について、その内実を具体的に明らかにすることは、彼らの教育実践を支えた精神の核を問う試みとして有意義である。

そこで本章では、小原福治が校長をつとめ、戦前、クリスチャン教員が多数在職したことでも知られる長野市の柳町小学校に奉職した一教員について、その日記を手がかりに、彼が営んだ精神の軌跡と信仰を明らかにする(2)。日記は昭和初年から、十余年にわたって綴られてはいるものの、遺されたものは限定的であるために、資料的に十分とは言えない。しかし日記はその性格上、公開を前提に書かれたものではないだけに、思想史的な考察を加えることにより、農村青年の求道の道程と、「信州教育」を支えた長野県クリスチャン教員の思想・信仰とが、その「生地」のままに、照射されると考えられる。それはまた、従来、分析の中心となってきた「思想的巨人」とは異なる、市井の一キリスト者の信仰に迫る試みであるだけに、近代日本のキリスト教受容を問い質す上で、一つの寄与ともなるはずである。

2 教職への志

日記を遺したのは、宮坂文彦という教員である。彼は明治三十四年七月、現在の千曲市寂蒔《じやくまく》に、蚕種商を営む宮坂家の長男として生をうけた。宮坂家は明治以前、寂蒔宿の比較的大きな宿屋であったが、文彦の出生時には「つたや」の屋号を冠し、蚕種ほか作物や植物の種を手広く扱う商家として、生計を立てていた。(3)

高等小学校を終えた後、大正五年に宮坂は、上田にある長野県立小県蚕業学校（現在の長野県立上田東高等学校）に進んだ。この選択には、家業を意識した宮坂の、長男としての自覚が垣間見える。しかしこのとき勉学の場を、故郷寂蒔から上田に移したことは、慣れ親しんだ地域社会の「外」に立つことであり、忠実な長子であろうとしていた宮坂に、既成の価値や生き方を、相対化して見る眼を与えることになったと思われる。

在学期間は、ロシア革命、米騒動の勃発、そして第一次世界大戦終結など、内外が大きな画期を迎えた時期に重なった上、繭値が対米貿易に依るだけに、地方にあってなお、世界のニュースに敏感だったのが、上田という場の土地柄でもあった(4)。また同校の卒業生は、必ずしも全てが農業に従事せず、教員等の選択をなす者も少なくなかったという点も、宮坂をして、長男として家を継ぐという「自明」の進路を問わしめる要素の一つになったと考えられる(5)。

実際、大正八年に同校を卒業した宮坂は、家族の反対を押し切るかたちで教職を志し(6)、大正十年には、屋代小学校に着任した。長野県立図書館所蔵の『長野県学事関係職員録（信濃教育会編）』をひもとくと、宮坂は、屋代での勤続の後、大正十四年、戸倉へ転任し、昭和九年まで戸倉小に勤めたことが確認できる。クリスチャンの小原福治が司る柳町小へは昭和十一年に赴任、以後、昭和十五年三月まで同校に奉職し、小原に親炙した。その間、昭和五年には結婚し、七人の子宝に恵まれたが、昭和十八年、四十二歳にて病没した。

宮坂が入信した時期に関しては、これを特定する具体的な資料が見あたらない。ただ、小原はみずからを慕う教員を県内から集め、柳町小の教員に編成したという事情が指摘されている(7)。それだけに宮坂は柳町赴任時には既に、小原を慕うほどに信仰生活を送っていた可能性があるものの、クリスチャンとしての文言は屋代、戸倉小学校時代の日記に皆無であり、柳町に至って初めて見られるので、入信時期は早くても昭和十年前後と考えられる。

宮坂の精神史を問う上で、注目すべき最初の画期と言えるのは、その教師としての立志にほかならない。彼が数ある職業中、特に教職を志した動機に関しては、日記の中の次のごとき文言が示唆に富む。

　綴方へ評点をつける事、これも一つの方便だ。一番大切なことは、善い文を見分けて賞揚し共に味はひ創作のよろこびにひたることだ。面白くなるまでやることだ。本気になれば面白くなる好きになる。……子供の心の動きを見―趣味を養うためには実によい。心のゆとりが文になってゆくのだ。心の味―詩的な心境でなくては文は出来ない。この心で始めて芸術がわかるといふものだらう。感情豊かな子。これが大いに必要だ。こせ〳〵することはいけない。（昭和三年十二月十七日）

生徒の悪しき行為を見て見ぬふりをせよ。一々に見とがめて注意を与へては吾れに不快であり、彼の反省にならぬ。生徒自ら自らを知りて恥じやがてよからんと念ずる時をまて。（昭和五年九月十二日）

生徒の悪を矯めんとして大声叱呼する事を止めよ。自らを持することを厳にし、彼等の良心を呼びさまして、道に忠ならんことを自ら願ふ生徒にしたい。自律の者、尊く、初めて人格と云ひ得ると思ふ。（昭和六年七月二十六日）

右の文言に見られるように、宮坂の教育上の関心は、子供の内面的な成長と、その自律的な能力の育成とにあった。それだけに教員は、「教師はその教へ児の将来を思へ。いかなる児も捨つべからず。善きにせよ、悪しきにせよ、常に児を善きに導くこと。その愛の力こそ教育の力なり（昭和六年九月十日）」と銘記されているほどに、高い使命と職責が課せられた者と信じられていた。

教職をめぐる、かくも理想主義的なまなざしは、大正半ば、画一的、外部注入的な教育を問い質し、個人人格の内発的発展を説くことで、長野県の教育界に新たな視点を持ち込んだ、いわゆる「白樺」派教師のそれを連想させる。(8) 彼らと宮坂の接点を示す直接的資料は見あたらないものの、宮坂が蚕業学校に在学の頃、折しも戸倉では、宮坂亨や赤羽王郎など、一連の「白樺」派教師が活躍し、論議を呼んでいたことを考えあわせると、宮坂が雑誌『地上』やその教育論に触れ、教職に託された理想主義的イメージを、観念的に肥大させていったことは、十分、理解できるものである。

家の期待に反してまで、あえて教育界に飛び込んだ事実の重さに鑑みても、宮坂が単に、手を汚さない「スマート」な職業への憧れから教職を志望したわけではないことは確かであった。この初心は、たとえば日中戦争勃発後の思想・教育統制下にあって、校長・小原の訓戒「同情心、親切心を実際に養ひ培つてもらひ度い、子供自身、自然にそなへてゐる之を大きく充分にのばしてくれ（昭和十四年十二月十五日）」という言葉を書き記し、「ありがたき話なり（同）」と付言する感性が示唆するように、宮坂において、終生、堅持されるものとなっていた[9]。

しかし宮坂の教員生活は、その意気込みとは裏腹に、決して満たされたものとはならなかった。日記をひもとくと、同僚教師や教育現場のあり方に不満を隠せない宮坂の本音がしたためられており、不如意を秘めた、その日常が浮かび上がってくる。

実際教育界の現状は如何なるや。日々月並み的日暮しである。躍進なく精進なく、その日を暮らしてゐるのみだ。彼等はそれによつてさびしくないのか？　さびしさを感ぜざるまでに性根が腐り果てたるか。（昭和五年九月十一日）

お座なり、時間つぶし。信念なき教育者のあはれさよ。けん怠よ。さびしき中にごまかしてゐる。……お、戸倉も今のままではけん怠《ママ》だ。窒息しさうな気がする。……い、先輩がゐないなあ―。埴科は駄目な気がする。

お、おれはさびしい。（昭和七年五月五日）

これら手厳しい評言が示唆するように、(10)宮坂は教職を理想化していただけに、現実に見聞きする教師のあり方を、物足りなく感じざるを得なかった。ことに宮坂の場合、家の方針に逆らってまで教師となるほどに、教職への期待は、人一倍強いものとして、同僚に求める水準も、おのずから高くなっていたと思われる。その高い尺度で測るとき、同僚のあり方が、「信念」を失える「無気力」な状態と映るのは、およそ無理からぬことだった。

宮坂にとり、そうした現実は、単に職場への失望にとどまらず、おそらく人生最初の挫折をも意味するものだった。上京等、自由な自己実現を望み得ない長子・宮坂にとり、教職こそは、身は地方にあろうとも、文化面では最新の成果を学び得るものとして、彼の内なる上昇志向を満たす生き方のはずだった。(11)しかし、先の日記が示唆するように、就業後の宮坂は、いわゆる「白樺」派教師さながらに、理想主義的で精神の薫り高い教育へと飛翔する日々は送れなかった。就職の際のいきさつ上、職場の不満を家族に吐露しにくい状況も、鬱屈を増し加えたに相違なかった。

時代の息吹もまた、宮坂が志を立てた大正半ばとは、一転する様相を見せつつあった。風雲急を告げる大陸で、満洲事変が勃発するおよそ九カ月前の昭和五年十二月十日の日記には、「日本資本主義経済の研究を見る」との記述が見える。これは数日前、いわゆる「五加村争議」の高揚を見ていたことから鑑みて、旧家の跡取り息子である宮坂が、小作争議に象徴される既成秩序の動揺と農村の苦しみを、重く受け止めていたことをうかがわせる。

ことに農村恐慌に根ざした諸問題の噴出が、宮坂の初心を大きく揺さぶっていたことは、あれほど教育を「聖職」視した宮坂が、「自分は一度教職を捨て去つて村へ入るべきではないか。村の内容を知れば知る程其の感を深くする。……信用組合より借金ある事、此の現状を如何に打開してゆくか、村内の気風をどうするか。……現実の社会を見て何とも思はぬ者は、余程どうかしてゐるのだ。（昭和七年三月十三日）」と、ついに教職を放擲し、故郷の村に帰ることとすら自問する記述が示すものである。

農村をめぐる酷薄な現実の只中で、「自己の一生の方針を定めたい気がする。頭つかれ狂はしくなる（昭和三年十二月二十二日）」と苦悶する宮坂は、教師としての新たな目標を追うなかで、己が生き方を模索しつつ、深刻な独白を重ねざるを得なかった。この時期の日記には、「子等思はぬ　君よ老ひたれ　悩みなく　火鉢のはたの　大笑ひ呵ゝ（昭和三年十月二十六日）」「かえりみて　今日も話の　足らざりし　誠は徳の　本と知りつつ（昭和七年六月五日）」など、教師生活における己が屈託を詠み込んだ歌が記されている。このことから鑑みて、宮坂は当初、語る術とてない心情を、三十一文字に昇華させることにより、慰めを得ようとしたかのようである。これは宮坂が新任教師であった頃、論議を呼んだいわゆる「川井訓導事件」にて、『信濃教育』に論陣を張った歌人・島木赤彦の存在や、大正半ばに世に出され、話題となった『啄木全集』の影響によるものかもしれないが[12]、既述のごとき宮坂の葛藤を想うとき、宮坂における短歌への欲求は、「たしなみ」程度の表層的関心にとどまらない、実存的な要因に促されたものと称し得る。

しかし宮坂は、孤独な自問を繰返すにとどまらなかった。彼は教師としてのみずからの現実を、時代の中で問い直すうちに、一人の思想家に魅了されていった。「一年間休職して身体の鍛錬及思索、将来の仕事等考へたしと思ふ。和合先生の下に一年も師事して自己を鍛へたらばと思ふ（昭和七年三月六日）」。実に宮坂がここで語っている「和合先生」その人こそは、キリスト教入信前の宮坂が、最も傾倒した人物・和合恒男にほかならなかった。彼は一体いかなる存在なのか。なぜ宮坂は、和合を「先生」とまで呼ぶほどに慕ったのか。次節ではこの点を考察する。

3　農本主義思想への共鳴

宮坂は昭和戦前期の長野県小学校教育を彩ったクリスチャン教員の一人として生涯をまっとうしたものの、彼が最初に魅了された思想家・和合恒男とは、キリスト者ではなかった。和合は宮坂と同じ明治三十四年に生まれ、権藤成卿や橘孝三郎とも交流のあった農本主義思想家で、昭和三年に設立した修養団体「瑞穂精舎」を拠点となし、昭和十六年に亡くなるまで精力的な活動を続けることにより、時代の農村青年に、思想的な求心力を放った存在だった。(13)宮坂とは年齢が同じのみならず、松本市近郊の蚕種商の長子であり、かつ小学校での教師経験も有する人として、宮坂には近しく映じたに相違なかった。

その和合の主張の根幹は、資本主義の高度化に伴って、農村に噴出した諸々の問題を、近代以前に存在したと想定される、自治的な農耕社会の形成により克服しようとするもので、同時代における、農本主義思想の典型を示すものとなっていた。(14)ことに和合は、かかる自治社会においてこそ、人は他者を手段視せず、真に〈人〉たり得るものとして、自我救済論にも説き及び、この点、同時期に、茨城県で「愛郷塾」を設立した、橘孝三郎の主張にも相通ずる、精神性を携えていた。その際、多くの農本主義思想家が、自然宗教的な神道をベースとなす主張を繰り広げたのに対し、和合はあくまで仏教を基盤とした立論を試みていた点で、より自覚的な宗教性に貫かれた思想家とも言えた。(15)

和合の社会構想は、権藤の所説や加藤完治との出会いをふまえ、「農道」と称された理念に基いており、(16)「慈愛」に満ちた「道義」的存在としての天皇を冠しつつ、君民相たがわない、自給自足の「愛の共同体」を志向するものだった。こうした理念は和合において、単に日本に留め置かれるものではなく、都市文明と物質主義の克服のため、むしろ世界に向けて闡明さるべき先駆思想と確信されていた。それだけに和合は、この確信に基いて鮮満拓殖政策を積極的に肯定し、「農道」に基いた真の「民族協和」を実現すべく、瑞穂精舎修了者を大量に大陸へ送ったのみならず、特に日中戦争勃発後には、満洲や朝鮮の若者も日本に招き、瑞穂精舎で学ばせるなどした。

和合のかかる実践に対しては、無論、現代の視座からする多様な批判が成り立ち得る。しかし日中戦争で、中国側に多数の犠牲者が出ていることを憂うなか、「奉天の聖者」クリスティや、肺ペスト防疫のために夭折した伝道医師ジャクソンを賛嘆した文章が示唆するごとく、(17) 和合は満洲および「東亜新秩序」の「理念」を理想化して捉えることにより、日中戦争下における、大陸での日本人の行動を厳しく戒め、「東亜の盟主」たらんとする祖国の資質を問い質すなど、現実に向け、一定の批判的視座を獲得した思想家でもあった。

和合への宮坂の傾倒ぶりは、宮坂が日記の中で、同年齢の和合のことを「先生」と呼び、また昭和三年十一月二日の日記中、「去年、先生と初めて会ふた日も丁度今日であつた。きつと先生も明日は去年の筑波山行きを思ひ出して下さるであらう」とあるごとく、前年の昭和二年、当時、茨城県友部の日本国民高等学校で教鞭を執っていた和合のもとへ、信州からわざわざ足を運んでいた事実が照射する。この頃の日記には、和合の社会構想に関する記述がほとんどない代わり、「自らの将来のことに自信と希望を失ひしもの、如し。神仏の吾がもとを去り給いし日なりき。暗く力なく何する元気も無かりき（昭和三年十二月二十五日）」という自省的なトーンの記述が頻出し、また行間にしばしば、和合も関係した大日本日蓮主義青年団の機関誌『若人』が出てくることから鑑みて、宮坂は当初、宗教的、自我救済論的な文脈から、この同郷の知識人に接近したようである。

ただ、『若人』に関して言えば、宮坂は同誌を読みつつも、同じ大日本日蓮主義青年団の中心人物・妹尾義郎に一言も触れていない点が興味深い。妹尾は、和合が学生時代以来、慕い続けた知己であり、一時、活動を共にしたものの、昭和初頭、妹尾のマルクス主義化をめぐって対立し、昭和六年、妹尾を中心とする新興仏教青年同盟の設立を機に、結局、袂を分かった人物である。[18]和合はその後、雑誌『百姓』を創刊し、農村問題をめぐり、自己主張の場を築いたが、宮坂はこの新雑誌を、さっそく購読していることが日記から明らかである。こうした事実は、マルクス主義化した妹尾義郎と、あくまで天皇信仰に基いて、農本主義的な社会の建設を志向した和合との差異をふまえて問い直すとき、宮坂の思想性を示す一面として、示唆に富むものとなっている。

さらに和合は、同じ昭和六年に、日本農民協会を設立し、[19]九月の長野県議選に出ているが、宮坂はここでも和合の動向に注目し、農村の窮乏とその救済を訴える主張を目にするなかで、「堂々たる政見が発表されてゐる……実にえらい確信をもつて云つてゐる。根本的につき進み、他の感じない事を感じてゐるので面白い……和合氏の考へに大賛成だ（昭和六年九月二十一日）」と、賛嘆の言葉を記しているのが見てとれる。

また、和合は翌年、橘孝三郎らと連れ立って、農村救済のため「満蒙移住費」の支援を政府に要請しているが、宮坂が「和合先生のもとに一年も師事して自己を鍛へたらばと思ふ」と記すほどに共鳴を見せたのは、実にこの年にほかならない。こうした事実をふまえるとき、キリスト教入信以前の宮坂が、宗教的、実存的な観点からのみならず、まさに和合の農本主義思想、すなわち農業に基く非政治的な君民共同体の形成と、その世界的実現としての鮮満拓殖政策を肯定する社会構想に、強い共感を抱いていたことは明らかと言える。

『百姓』の購読者は、最盛期に二五〇〇名前後を数え、長野県のみならず、遠くは京都、山口のほか朝鮮・満洲にも及んでいた事実が示唆するように、[20]和合の主張は、同時代に向けて、一定の思想的求心力を放つものだった。それは和合の言説が、農村問題をはじめとする時代の諸課題を、満蒙政策まで射程に入れた世界的視野のうちに説き直すことにより、人間と社会のあるべき姿を問いかけるものとして、恐慌下で懊悩する農村青年に、原理的な応答をなすものであったからにほかならない。宮坂もまた既述のごとく、教職に賭けた自己の初心を、時代の息吹に揺さぶられる経験を持つなかで、和合の言説に、自己と自己をとりまく現実とを、批判的に捉え返し得る、新しい人間と社会のヴィジョンを見出すことにより、強い傾倒に至ったものと考えられる。日記に記された次の言葉は、まさにそうした思いを表白したものと見なし得る。

和合先生の、百姓道に自己を捧げてゐる気持がこの休みになつてわかつた様な気がする。……日本人の生活が邪道をたどり、日本本来の美点を失ひつゝ、知らずに居る。そして自身を破滅におとしいれてゐるとある。日本人の、否、人類の生くる正しき姿を自ら示し、かつ空しき虚栄や空しき努力をしつゝ、あつた昔を顧みて現在のよろこびの生活、健康と内心よりの満足と、日本の柱としての自分の位置とを見て喜びの生活をして居られるのだと思はれた。そして汗をたらして肉体生活をしつゝ自己の使命を感じ貧にも驚かず道をふみ実践躬行しつゝある先生を羨ましく又自分にも他に道なくば之を行かんかと思はせるものがあつた。（昭和五年九月四日）

とはいえ宮坂は、和合の思想性に魅了されつつも、教職を放擲して瑞穂精舎に入舎する道は、結局、選ばなかった。旧家の総領として、万事、保守的に育てられてきたであろう宮坂にとり、一時的にせよ勤めをやめて、私立の修養団体に入るという選択は、やはり決意しかねるものがあったと思われる。入舎に必要な費用も安くはなかったから、恐慌下の家計を慮り、断念したという一面もあったかもしれない(21)。

既述のように、その後、宮坂が己の生き方として選んだのは、クリスチャンとしての道だった。これはいかにも唐突な「転換」に感じられもする。しかし宮坂が営んだ精神の軌跡に即して言えば、彼がキリスト教に至ったことは、ある意味で必然とも言えた。というのも次の節にて見るように、宮坂は和合への傾倒と軌を一にして、きわめてストイックな生活を送っており、その内面は、聖道門的な日常に疲弊するなかで、かなり追い込まれていたと言わざるを得ないからである。

4 「癒し」としての信仰

宮坂が和合を「先生」と呼び、その言説に傾倒していた時期にあたる、昭和初年の日記をひもとくと、次のごとき記述が頻出するのが見てとれる。

昨日の自分よ——慎みなく怠惰なりし。希みは消え心軽薄笑へども外より見ればさびしき空洞なる笑なるべし。あゝ千曲の流れも空の星も何物をももたらさず。その心空洞なればなり。食事むさぼり書読み得ず。何たる悪日なりしか—学校にては火鉢の暖に子等を思はず。今朝は希みなく起き出づる元気もなし。努めて起く。

第一時の修身は何を教へたるか——

学校も家も皆吾々の生活道場なり、生徒を寒き所に置きて自身暖をとる、無慈悲なり、師心とは云ひ難し、朝八時より始業する精神もて行け。先ず己大に行へ。黙して行へ。(昭和三年十二月六日)

十年や二十年若死にしたりとも他のなさざるしかも有用なる一事たりとも成し得て死するを得ば之男子としてや丶面目ありといふを得べし。耐えよ。耐えよ。ねむさに耐えよ。食欲性欲ルーズ欲に耐えよ。刻苦勉励せざれば人間たゞ安閑として死するのみ。生々として生くるふれ《マ》っしゅ《マ》なる生活、機敏なる生活は耐えて努めて汗と涙の下る生活である。此の生活をする日々をもてば満足なるべし。のんきは禁物なり。（昭和五年十月二十三日）

若き宮坂の日記とは、ほぼこうした論旨で占められており、恋愛等、およそ自我充足にかかわる記事は、全くと言っていいほど見られない。なぜ宮坂はこれほどまでに、ストイックな生活を志向したのか。この点に関しても確言は見あたらないが、如上の記述が和合への傾倒と重なるかたちで表れることを想うとき、ここにはやはり、和合に寄せた宮坂の心情が潜んでいるように思われる。

教職への志を揺さぶられるなかで、教師としての新しい目標が見えないことに苦悶した宮坂は、時代の課題を主体的に問い直した和合の言説に触れることにより、生き方を指し示し、自他の関係を批判的に問い直させる、新たな社会構想に眼を啓かれた。「自己の一生の方針を定めたい気がする。頭つかれ狂はしくなる」と吐露するほどに、ふむべき道を追い続けた宮坂にとり、かくて手にした新理想を体現すべく、己を律していくことは、和合が示す新しい人間と社会のヴィジョンを目指し、尽力する教師としての、明確なアイデンティティーを授けるものとなったはずである。ストイックな生活はその意味で、単に厳しい緊張をもたらすのみならず、生きてあることを確認させる生命の糧として、宮坂にはむしろ、肯定的に実感されたと思われる。和合の所説に惹かれつつなお、瑞穂精舎入舎を思い切れない状況も、宮坂をして、せめて和合の理想を担いうる教師にまで、己を向上させんとする、持続力の基となったかもしれない。

しかし、キリスト教信仰へと至る宮坂の精神史を問う上で重要なことは、こうしたストイシズムが、宮坂にいささかの「生きがい」を与えたにしても、そこにはおのずから限界が射込まれていた点である。そもそもみずから定めた「理想」に近づくべく、刻苦勉励を続けるとき、どれほど克己に打ち込もうとも、理想とする人格と現実の間には、目もくらむような隔絶があり、両者の差は原理的に埋めきれるものではない。

実際、「昨日は学校の生活緊張し過ぎてつかれて、却って夕刻緊張を破る。……駄目也、駄目也、もっと勉めよ（昭和五年十一月六日）」、「云ふ事立派であとの生活にゆるみがある。駄目、々々、々々《ママ》、々々（昭和七年三月二十六日）」と、己に斬り込むかのごとく、自省してやまない宮坂が、際限なき倫理主義と、それに伴う苦悶にさいなまれていたことは、「和合先生の百姓生活……つまらぬ一農夫の如き生活も、道に生き、百姓道に生き、現代社会人への大指導を意味する点に安心を得らる丶様な気もちす（昭和五年八月三十一日）」と述べ、ひるがえって「自分の生活を見れば悲しまざるを得ぬ。精進するところ乏し（同）」としたためた夏の終わり、新学期を目前に「八月中に読める書籍」を回顧して、『神経衰弱と強迫観念根治法』なる本を書き記している状況が、暗に示唆するものである。

思うに宮坂は、如上の苦悩の渦中において、キリスト教を観念としてではなく、自己の苦悶を慰める「福音」として、リアルに受容する端緒を得た。先述のごとく宮坂は、キリスト教への入信過程をしたためた、「回心記」のごとき文章を遺していない。そのため、宮坂の「入信理由」を、具体的に指摘することは難しいが、以上のごとき苦悶の道程と、次のような文章に表れた、宮坂の信仰の特質を考えるとき、宮坂がキリスト教に見たものを特定し得るように思われる。

我ガ身ノ如何ニハシタナキ者ナルカヲ思フ。人格下品、ソノ為ス所一ツトシテ善キ事ナク、ソノ心中ウルハシキコトナシ。コノミニクキ、アサマシキ己ガ姿ヲカヘリ見テ悲シク思フ。……シカモ愚ニシテイイ気ニナリ、放心ノ状態ニテ人ニ接シ益々恥ヲサラスノミ。穴アラバ入リタキトハコノ事ナリ。己ガ力ニヨリテハモ早如何トモ為スベカラズ。人ノ子ノ師トシテ立ツ身ノ苦シサヨ。タヾ一スヂニ主ニ祈リ、主ニ願ヒテ己ヲ空シクシ、主ニ敗レテ主ノ凱旋ヲ給フモノトナルベキカ。神ヨ憐ミ給ヘ。（昭和十四年六月十九日）

自分の信仰の薄弱、無節操、又本当に打ちあたつてゐない事を思ふ。皮相な軽薄な態度、之にては実にあはれなものなり。昨夜は多くの人々の前に信仰を告白し、祈禱をなしたるも、我の如き者もキリストの僕として世に知られ、キリストの御栄光を傷つくる事なきかを思ふ時悲しく、これにてはどうにもならぬ。あはれなるものであるとざ《マ》んね《マ》んでたまらぬ。……神よ、この軽薄なる、不信仰なる、いかんともすべからざる僕をあはれみ助け給へ。（昭和十五年七月二十一日）

これはキリスト者となってからの宮坂の言葉である。「人格下品」「信仰の薄弱、無節操」と、頻出する自己卑下が示唆するように、宮坂の視線は、入信以後も、あくまで自己の「卑小さ」、「至らなさ」に集中し、聖書の言葉は、そうした悔恨・自責の念など、常に自己意識とのかかわりで意識されていた。この点、宮坂もひもといた内村鑑三や、その弟子である矢内原忠雄らが、キリスト者となってからしたためた文章に、日記も含め、自己へのとらわれが見られないのと著しい対照をなしている。[22]

彼らにとって信仰の本質は、イエスの十字架を仰ぐなか、宮坂が気に病むごとき、自己の「卑小さ」、「醜さ」に躊躇せず、一心不乱に、神と祖国と隣人とを愛することに求められていた。然るに宮坂における信仰は、己が「未熟さ」に拘泥することで、かえって自己中心化、自己意識化される傾向を胚胎するものとなっている。その意味で宮坂の福音受容には偏りがあるとも言い得るが、ゆえにこそ先の文言は、宮坂がキリスト教に見出したものが何なのか、すなわち「云ふ事立派であとの生活にゆるみがある。駄目、々々、々々、々々」と繰返した宮坂が、己が生活への反省と悔恨を癒すものとして、キリスト教を、内面的かつ個人的な観点から受容したことを、如実に表すものとなっている。

日記をひもとくと、入信後の宮坂が、きわめて真摯な信仰生活を送っていたことが明らかである。宮坂は日曜には小原らとともに、長野教会の礼拝に出席し、帰宅後は説教内容を顧みつつ、その内容を日記にしたためるのが常となっていた(23)。確信に満ちた記述からは、クリスチャンとして「新生」した宮坂の姿が、まざまざと浮かび上がってくる。

ところで、こうした「転換」を見る限り、それはいかにも宮坂が、農本主義なる「偏狭」かつ「古い」思想を脱却し、キリスト教という「普遍宗教」に到達したような印象を受ける。しかし、宮坂のキリスト教入信は、当然ながら、彼がそれまで営んできた、精神の軌跡の上に位置づけられるものである。「外貌」の変化にかかわらず、持続する思想的根幹があるはずで、この点を意識した読解を行うことなしに、宮坂の言説は理解し得ないように思われる。そこで次節では、クリスチャン教員・宮坂が遺した日記の文言を、和合に魅了された宮坂の思想性をふまえて問い直すことにより、そのキリスト教信仰の特質を照射することを試みたい。この分析は、宮坂という一個人の軌跡を明らかにするのみならず、昭和戦前期において、長野県の小学校教育を担ったクリスチャン教員たちの思想・信仰を鑑みる上で、示唆に富む問題を提示することになるはずである。

5　クリスチャン教員・宮坂の視座

クリスチャンとしての宮坂の言説で興味深いことは、彼が以前に傾倒していた和合との断絶が感じられるよりも、その対外認識や天皇観において、著しい共通性が見られる点である。むしろ以下に見るように、宮坂においてキリスト教信仰は、和合への傾倒に表れたみずからの思想性を、「弁証」すべく機能している面さえ見受けられる。

この点、まず検討してみたいのは、宮坂の日中戦争認識である。宮坂が柳町で迎えた二度目の夏、昭和十二年七月には盧溝橋事件が勃発しているが、既に前年の昭和十一年、「国家の必要は正義道徳以上でありますか」[24]と、華北進出を企てる祖国の野心を質していた東京帝国大学経済学部教授矢内原忠雄は、日中戦争の開始に伴って、直ちに「国家の理想」を書き、国家を指導すべき「客観精神」[25]として、主観の如何にかかわらず、厳として屹立する「正義」と「平和」への覚醒をこそ呼ばわっていた。この論文に封じ込めた、頽落の祖国への憤りは、十月一日、矢内原が畏友・藤井武の記念講演会における「神の国」と題する演説中、「日本の理想を生かす為めに、一先づ此の国を葬つて下さい」[26]との一言となってほとばしった。

矢内原は、この演説内容を問題視されることにより、同じ年の十二月、ついに大学を追われることになる。しかしこの点、同じキリスト者でありながらも、宮坂の日中戦争認識は、矢内原のまなざしとは質を異にするものとなっていた。その思いは、昭和十四年六月、戦時下の中国から帰国した、一人物の体験談をめぐる思いに集約されていた。

日本人ノ現在支那《ママ》へ行キ居ル者ノ心持、全ク東亜新秩序建設ノ大理想、大目的ヲ忘レ、己ガ利ノミハカル現状ヲ具体的ニ聴ク、玄界灘ノ荒浪ヲ超エテ来タノダカラ荒イマウケヲウルノダト豪語シテ居ルトカ。

一例、空屋ヲ軍部ヨリ低廉ニカリ受ケ何カ商売スルト称シテ実ハ之ヲ支那《ママ》人ニ貸シ、千円二千円ノ暴利ヲムサボルブローカー、中ニハ又、国民政府ノスパイデアルト軍部ニ対シテ良民ヲ密告シ軍部ガ拘引シタ後デ其ノ家人ニ対シ軍部ニ知人アルカラ我レガ之ヲ適当ニ交渉シ命乞ヒヲシテヤルト云フ風ニ芝居ヲ打ツテ金ヲトルト云フ幼稚ナ、シカシ悪辣ナル手段ヲ弄スル者アリ。

二例　張家口ノ某園ノ桃花ハ見事ナリ、支那《ママ》人ハ樹木ヲ尊重スル良習アリ、木ヲ大切ニセヨノ立札ナゾナクテモ皆之ニ手ハ触レヌト云フ、然ルニ日本人ガ花見ニ行キ其ノ枝ヲ折ツテ悠々ト街路ヲカツギ帰ルト云フ、之ヲ見ル支那《ママ》人ハ日本人ハ礼儀ヲ知ラザル鬼子ナリト云ツテ居ルト。彼ノ国土ノ良風美俗ヲ破壊シテ何処ニ今事変ノ意義アリヤ、寔ニ彼ノ秩序乱レ、安寧害サレテ、無辜ノ民ノ泣クヲ救ヒ、真ニ彼ノ幸福ヲコヒネガヒ、日満支ノ提携ニヨツテ東洋ヲサク手ノ物件タル考ヲ持ツ英米ノ手カラ東洋自主ノ王道楽土タラシムルタメノ大イナル犠牲デアル今事変ハカクシテ無自覚野卑ナル同胞ニヨツテ逆ノ道ヲ歩ミツヽ、アル嘆ズベキ現状デアル。

（昭和十四年六月十八日）

大陸に渡った日本人の利己的な行状を、「嘆ズベキ現状デアル」と事細かに書き記す宮坂の筆致には、同朋に対する強い憤りと厳しい「倫理観」が漲っている。それは日本人のあり方に、道義的批判を加えている点で、一見、矢内原同様な視座に立つものにも見える。

しかし、語られている言葉を子細に検討すると、「今事変ノ意義」との表現が既に示唆するように、日中戦争は、「無辜ノ民ノ泣クヲ救ヒ、彼ノ幸福ヲコヒネガヒ、日満支ノ提携ニヨッテ東洋ヲサク手ノ物件タル考ヲ持ツ英米ノ手カラ東洋自主ノ王道楽土タラシムル」ことを目指した「聖戦」として、道徳的に肯定されており、その認識は、キリスト教信仰に基くものというよりも、前節にてあとづけた、和合恒男の満洲認識や日中戦争観を踏襲することは明らかだった。

特に「日本人ノ現在支那《ママ》へ行キ居ル者ノ」「己ガ利ノミハカル現状」を批判するにあたり、超越的普遍者に連なる者として絶対的規範を押し出すのでなく、「東亜新秩序建設ノ大理想、大目的」を倫理的な基準とする点は、まさに前節で見た和合の論調と、同様な視座だった。この点、クリスチャン教員・宮坂の中で、かつて私淑した農本主義者とその課題意識への共鳴は、依然として保たれていると言わざるを得ない。

すなわち宮坂の中でキリスト教信仰は、矢内原の場合とは異なって、「日満支ノ提携ニヨッテ東洋ヲサク手ノ物件タル考ヲ持ツ英米ノ手カラ東洋自主ノ王道楽土タラシムル」「東亜新秩序建設ノ大理想、大目的」を、思想的に問い質すものとはなっていなかった。それどころか右に引用した日記の中で、続けて「己ガ利ヲノミ考ヘテ行クコトハ今事変ノ目的遂行ニ反スル、他ノ利害ヲ考ヘ、他ノ幸福ヲ願フコノ思想ハ正ニ神ヨリ与ヘラレタル永遠ナル道デアラウ（同）」と述べていることからもうかがえるように、宮坂におけるキリスト教信仰は、「日満支ノ提携ニヨッテ東洋ヲサク手ノ物件タル考ヲ持ツ英米ノ手カラ東洋自主ノ王道楽土タラシムル」という東亜新秩序の論理を、「正ニ神ヨリ与ヘラレタル永遠ナル道」と、信仰的に肯定する役割を果たすことになっていた。

宮坂は日記の別のところで、「この事変の遂行にも基督者の力にまたねばならぬもの多大である（昭和十四年十一月十六日)」と述べている。こうした断言が導出されるのも、宮坂において、「この事変」を支える「東亜新秩序建設ノ大理想、大目的」が、キリスト教の倫理観に匹敵する、高い道徳性を携えた思想と受け止められることにより、「神ヨリ与ヘラレタル永遠ナル道」としての、信仰的な位置づけがなされていたからにほかならなかった。

かくしてキリスト教信仰が、自己の生得的な価値観を批判するものとはならないで、かえってその「弁証」に用いられている一面は、クリスチャン宮坂において、日中戦争のみならず、さらにその天皇観にも色濃く表れていた。周知のように、昭和三年十一月における昭和天皇即位にあたっては、新天皇を、明治天皇の行跡に重ねるなかで、民族シンボルの高揚を目指した行事が、官民一体となって進められていたが、宮坂もその渦中にあって、高ぶる気持ちを抑えきれない一人であった。日記をひもとくと、「今月は大礼の行はせらる、記念すべき月である。精進して佳き月であったと喜べる様にせねばならぬ(昭和三年十一月一日)」、「明日は明治節　佳き日を誠意をもって祝したい。明治天皇の御高恩を感謝したい(昭和三年十一月二日)」と皇室に触れた記述が立て続けに見られ、宮坂が同じ明治三十四年生まれの昭和天皇の即位に際し、強い思い入れを抱いていたことがうかがえる。

その思いは、「明治天皇の御高恩」との言葉が証しするように、国民を慈しむ英邁なる君主像に収斂されていくもので、和合の目指す「愛の共同体」に冠せられた天皇のイメージと重なるが、問うべきは、如上の視線が、キリスト者になって以後も不変となっている点である。日記には次のような記述が散見される。

七月廿一日海軍大演習を聖上陛下の長門艦上にて親しくみそなはせられ、夕刻御満足気に葉山に御帰還遊さる。日本臣民たるもの陛下の大御心を安じ奉らねばならぬ。(昭和十四年七月二十二日)

本日は精神作興の御詔書を賜はりし日とて、校長より聖上陛下鹿児島湾にて御召艦榛名の艦上に薄暮既に色目もわかぬ頃たゞ独り下甲板に立たせられて沿岸数粁のかなたにわずかに点ぜられたる奉送の民に挙手の答礼をなし給ひし誠に有難き大御心をかたらる。

二重橋前にぬかづきて出征途上最後のお別れを告ぐる兵あり、我国体のうるはしさ君臣の情宔に他国に見る能はず、独のヒットラーの演説を見よ、一時間にわたりて国民を前にしての獅子咆哮、曰く英国を罵り己が兵備の完をとなへ、独りの堅き誓ひを誇示して以て国民を手なずけんとするかの商略的、政治家的言辞の卑しさを、聖上陛下の真に聖にして誠なる深き御仁愛の尊さに比すべくもあらず。この陛下をいただきこの臣民を股肱とたのませらる君臣の間に少しのゆるぎもみせてはならぬ、有難き祖国なるかな。（昭和十四年十一月十日）

二三日前白耳義皇帝は単独にて独軍に下り五十万の兵降伏、英仏軍は完全に近き包囲態勢に置かる。白耳義政府は仏、パリに在りて皇帝を非難すると、又皇位を云々といふ、国状の異なることを思ふ。（昭和十五年五月三十一日）

年号が示すように、先の二つは宮坂が柳町小学校に在職中の言説であり、クリスチャン教員として、最も脂の乗り切った時期の発言にほかならない。そこでは「有難き大御心」「我国体のうるはしさ君臣の情宔に他国に見る能はず」といった言葉が示唆するように、依然として宮坂が、和合同様、天皇という存在を理想化してとらえるなかで、祖国日本の歴史に強い誇りを抱いていたことが見てとれる。特に「聖上陛下の真に聖にして誠なる深き仁愛の尊さ」との表現に示されたごとく、クリスチャン教員・宮坂は、天皇という存在を、「英国を罵り己が兵備の完をとなへ、独りの堅き誓ひを誇示して以て国民を手なずけんとするかの商略的、政治家的言辞」を弄する「独のヒットラー」の対極に置かれるべき、「仁愛」をはじめとする倫理性のシンボルと信じ込んでいたことが明白である。

この点、先述した矢内原忠雄も、生涯にわたり、皇室に強い敬愛の念を抱き続けたクリスチャンとして知られている。[27] 矢内原の師たる内村鑑三も、皇室への熱い崇敬心を携えていた点で、宮坂に劣らぬ心性の持ち主だった。その意味で天皇への心情は、彼らにおいてもキリスト教信仰と「共存」するものとなっていた。しかし矢内原らにおいて著しいことは、天皇への敬愛の念という自己生得の価値観が、新たに射込まれた価値観たるキリスト教信仰に基いて、思想的に問い質されていた点にほかならない。たとえば矢内原は、昭和八年一月における「日本精神の懐古的と前進的」と題する論文で、「現人神」たる天皇に統率せられる日本国家は、宇宙の道義を実現する絶対的価値を持つと述べる安岡正篤らの思想を取り上げて、国家も天皇も確かに貴重であり尊重すべきものであるが、「国家以上に、国家の基礎に、国家自ら守るべきところの宇宙的道義が存在する事を認識すべきである[28]」となし、「国家以上に世界の公義を尊重することによつて、始めて真に国家を生かす[29]」と、超越的普遍者に連なる者ならではの言説を遺していた。このような矢内原らにおいて、天皇への崇敬心を、キリスト教信仰に基いて弁証する試みなど、断じて考えられないことだった。

これに対して宮坂は、たとえば昭和十四年十月十二日の日記中、「本日は靖国神社臨時大祭聖上陛下御親拝の日なり。新に合祀さるゝ国柱は一万三百七十九寔に心を盡して我等も遥拝をなし、その遺族の上を思ひ、又英霊の冥福を祈らざるべからず」と述べている事実が示唆するように、「英霊の冥福を祈」るべく「靖国神社」のためにぬかづくことは、まさに天皇の体現する「道徳」に生きることとして、「我等」キリスト者によってこそ充実すべきものとまで考えていた。そこには国家の示した価値体系と、自己の奉ずる信仰との思想的緊張感は見られない。むしろ「東亜新秩序」の理念が、信仰的に正当化されていたように、ここでもキリスト教信仰は、宮坂の内なる思想性を問い質すことはなく、その「弁証」に用いられることとなったのだった。

こうした面は、クリスチャン・宮坂において、何ゆえに生じたものなのか。(30) この点はあらためて論ずべきトピックと言い得るが、考えられる要因として、ここで指摘しておきたいことは、宮坂におけるキリスト教受容の特質である。既述のごとく、宮坂において信仰は、ストイシズムに疲弊した、自己の内なる苦悶への「癒し」として、個人的、内面的に受け止められていた。聖書の言葉は、宮坂の生得的な価値観を、惨めなまでに顛倒させる、圧倒的な原理として宮坂に迫り来たわけではなかった。

かかる「入信」においては、思想的な緊張感が希薄であるだけに、宮坂は和合の農本主義に惹かれたごとき、みずからの思想性を、超越的普遍者にとらわれた者としての立場から、掘り下げて問い直す契機を持ち得なかったと考えられる。実際、宮坂がキリスト教をめぐり、自己の生得的な価値観との軋轢を感じているかに見える箇所は、管見の限り、日記の中に皆無である。(31) しからば、和合への傾倒に表れた宮坂の思想性が、そのキリスト教信仰と「抵触」することなく、まして信仰的批判原理から問い質されることもなく、「並立」するかたちで温存されたのは当然のことであった。(32)

果たして宮坂の信仰におけるこのような特質が、昭和戦前期長野県のクリスチャン教員に広く見られるものか否か、この点もまた、検討する必要があるのは無論である。しかし既述のごとく、宮坂はクリスチャン校長として著名な小原に親炙し、宮坂亡き後も、遺族は小原と家族ぐるみの交際を続けていたという。(33) 如上の事実を慮るとき、宮坂の言動は、少なくとも柳町小学校校長・小原において、排すべき特殊なものとは見なされていなかったことは確かである。その意味でクリスチャン教員・宮坂の精神史とその関心領域は、宮坂文彦という一個人に限定されな

い可能性が大きいことを指摘しておきたい。(34)

6 おわりに

宮坂の日記をひもとくと、彼はクリスチャン教員として精進した柳町小時代、満蒙開拓青少年義勇軍の送り出しに積極的だったことが読み取れる。(35)その試みはクリスチャン教員の実践としては、「不可解」に感じられるかもしれない。しかし以上のごとき宮坂の思想・信仰をふまえて問い直すとき、それはかつて農本主義者・和合恒男に傾倒した宮坂の内面において、何ら矛盾するものとは意識されていなかったことが首肯されるはずである。

本章ではキリスト教へと至る宮坂の精神的軌跡の解明を主眼としただけに、教員にかかわる制度史的な考察や、郷土教育および新興教育運動といった、信州教育をめぐる時代の思想動向への目配りにおいて、少なからぬ論点を残すこととなった。(36)さらに、宮坂のキリスト教信仰を扱うとは言いながらも、思想史的な考察に重きを置いたため、今後は長野県キリスト教会史をふまえた議論の余地があることは言うまでもない。またキリスト教とならび、長野県小学校教員を魅了した思想の一つに西田哲学があるが、(37)本章では対象をクリスチャン教員に限定したことにより、西田哲学をめぐる問題にふれることはできなかった。これら一連の課題に関しては、後日あらためて考察したい。

それにしても本章の試みは、従来、個別教会史を除けば、井口喜源治や手塚縫蔵等、「思想的巨人」の考察に偏してきた長野県のキリスト教史研究に、新たな知見を加えることになるのみならず、「教育県」と呼ばれる長野県の教育史を、精神の深みから捉え直すための視座を築く営みとして、いささかの意義を有すると考える。特に、先述した満蒙開拓青少年義勇軍とのかかわりに象徴される、戦前の信濃教育会をめぐる諸問題を問うていくにあたり、宮坂が営んだ精神の軌跡と、そのキリスト教信仰の特質は、有意義な示唆を与えうるのではなかろうか(38)。それぞれの論点をふまえ、本稿が近代日本のキリスト教受容を考えるための一試論ともなれば幸いである。

〔註〕

（1）小原福治や手塚縫蔵など、昭和戦前期長野県におけるクリスチャン教員の思想・信仰を論じた代表的著作としては、塩入隆『信州教育とキリスト教』（キリスト新聞社、一九八二年）がある。同書は、『松本平におけるキリスト教』（同志社大学人文科学研究所キリスト教社会問題研究会編、同朋舎、一九七九年）とともに、示唆に富む著作であるが、本章で扱う宮坂文彦のような、一般のクリスチャン教員への言及は限られている。

（2）千曲市寂蒔　宮坂郁朗家所蔵・宮坂文彦日記。日記は合計四冊の大学ノート（A5判型）に記されている。表紙には「一九二八年」「昭和五年」「一九三九年」等の記載があるが、内容は必ずしもその年次のみでなく、間歇的に複数年に及んでいる。市井の一キリスト者の信仰生活を、その内面の軌跡ともども示した資料はほとんどないだけに価値が高い。なおその閲覧・複写および引用に関しては、宮坂家先代当主・真彦氏（宮坂文彦長男。二〇〇三年逝去）、吉澤恵子氏（宮坂文彦二女）、ならびに宮坂家現当主・郁朗氏の許可を得た。

（3）宮坂文彦二女・吉澤恵子氏（千葉県船橋市在住）のご教示による。

（4）蚕糸業に彩られた上田という場の特性については、鹿野政直「青年団運動の思想――長野県上田・小県地域の青年たちと農村受難の想念」（同『大正デモクラシーの底流――〝土俗〟的精神への回帰』、日本放送出版協会、昭和四十八年、一〇二―一〇三頁）および阿部勇、井川克彦、西川武臣編『蚕都信州上田の近代』（岩田書院、二〇一一年）を参照。

（5）『長野県立小県蚕業学校二十五年要報』（明文堂、大正五年）によると、卒業生一二八三名のうち、「実業」従事者が八六九名と全体の七割を占めるが、「官公吏」一六八名、「教員」一〇八名となっており、「実業」以外の就業者も約二割存在したことがわかる。

（6）前出・吉澤恵子氏のご教示による。宮坂自身、長男にもかかわらず家業を継がなかったことに「負い目」を感じていたようで、日記から、できるだけ家の手伝いをしようとする若き宮坂の相貌がうかがえる。しかし気持のすれ違いも少なくなかったようで、「祖父の態度気にかゝる。何か境のある様子也。父も少しも自分を用ひ呉れず——不平の心もて床に入る（昭和三年十一月五日）」といった不満も、しばしば書き付けられている。

（7）塩入隆「自由主義教育とキリスト教」（以下、塩入前掲論文）、前掲『信州教育とキリスト教』、一〇二頁。

（8）「白樺」派教育については、今井信雄『「白樺」の周辺』（信濃教育会出版部　一九七五年）ほか、塩入前掲論文（前掲『信州教育とキリスト教』、一〇九―一一七頁）、土橋荘司「大正デモクラシーと信州の教育（下）キリスト教、白樺運動について」（『自由』四二巻七号、自由社、二〇〇〇年七月）等を参照。

（9）宮坂は児童の自律を重んじたが、その日記に戦時下の思想・教育統制を問題視する文言は見あたらない。その理由を考える上で示唆に富むのは「東亜新秩序建設ノ大理想、大目的」を賞揚した昭和十四年六月十八日の日記において（本文参照）、宮坂が「日本ハ謙虚ナ態度デ支那《ママ》ニ臨ムベキデアラウ、シカシコノ事ハ果シテ可能ナリヤ、後ヨリ来ル青少年ノ力ニ待ツモノ多ク、彼等ハ大任ヲ負ハセラレタル大切ナル児童デアル、愛育セヨ、長養セヨ、ソノ品性ヲ美シク磨イテ行カネバナラヌ」と述べている事実である。「児童」に対する外部注入的な教育を排し、その「品性」すなわち内面を「美シク磨イテ行」くという、宮坂の教育理念の核心が、「東亜新秩序建設ノ大理想、大目的」とのかかわりで考えられている事実が示すように、クリスチャン教員・宮坂において「東亜新秩序建設ノ大理想、大目的」それ自体は思想的に問題視されなかった。むしろかかる「理想」を重視すればこそ、それらを児童に主体化させるためにも外部的、画一的な教育を排し、主体の自律を重んずる教育理念が必要だとの確信が、教師・宮坂の立場であった。

（10）日記に頻出するこの「さびしい」という表現は、一九二〇年代に端を発する社会の本格的な「現代化」が持ち来した「生の空虚さ」や、社会的上昇からの疎外感への鬱屈が込められた、きわめて重い「時代の言葉」に思われる。

そこには同時代、たとえば井上日召の「血盟団」に連なった青年らにも通底する、精神の原風景が込められているようである。実際、血盟団に走った青年と宮坂は、年齢、経歴のみならず、その人生に対する「呻き」において、共通する趣を見せている。この問題を考える上で、安田常雄「『血盟団』事件の発想と論理」（同『暮らしの社会思想――その光と影』、勁草書房、一九八七年）および本書七章最終節を参照。

(11) 大正期の農村青年における自己実現への希求および教職の位置づけに関しては、岡田洋司「大正デモクラシー下の〝非大正デモクラシー的〟自己形成――農村青年稲垣稔における〝自我〟の拡充と相対化」（同『大正デモクラシー下の〝地域振興〟愛知県碧海郡における非政治・社会運動的改革構想の展開』、不二出版、一九九九年）を参照。

(12) 「川井訓導事件」をはじめ、大正～昭和初期に起きた教育史上の事件に関しては、前掲『「白樺」の周辺』のほか、塩入前掲論文（前掲『信州教育とキリスト教』、一一七―一二二、一三〇―一三一頁）、和崎光太郎「大正自由教育と『赤化思想』――川井訓導事件とその周辺」（『信濃』五九巻一〇号、信濃史学会、二〇〇七年十月）を参照。また『啄木全集』が上田・小県郡の農村青年に与えた影響については、前掲「青年団運動の思想」（前掲『大正デモクラシーの底流』、一二三―一二四頁）を参照。

(13) 和合恒男の生涯と思想ならびに瑞穂精舎における活動については、安田常雄『日本ファシズムと民衆運動――長野県農村における歴史的実態をとおして』（れんが書房新社、一九七九年。以下、安田前掲書）、宮坂広作「近代日本における農民教育の遺産――和合恒男の生涯と行学」（山梨学院生涯教育センター紀要『大学改革と生涯学習』六号、山梨学院生涯学習センター、二〇〇二年三月。以下、宮坂前掲論文）を参照。本章の叙述も、和合の思想と生涯のアウトラインに関し、両研究に負うところが大きい。

(14) 農本主義思想の非政治的な本質を、主に橘孝三郎に即して内在的に考究した著作として、池田元『大正「社会」主義の思想――共同体の自己革新』（論創社、一九九三年）、菅谷務『橘孝三郎の農本主義と超国家主義――もう一つの近代』（岩田書院、二〇一三年）を参照。

(15) ただし晩年には加藤完治を経て、筧克彦の神道信仰に傾斜した和合の信仰と、その「農道」理念の関係に関しては、宮坂前掲論文（四〇―四五、七二頁）を参照。

(16) 加藤完治と和合の関係および思想的な異同に関しては、安田前掲書（二〇六―二〇八、二二四―二二八頁）を参照。

(17) 満洲建国の「理念」と「東亜新秩序」構想を理想化するがゆえに打ち出される、和合の「現実批判」および対外認識の位相に関しては、安田前掲書（二二一―二二九頁）ならびに宮坂前掲論文（六〇―六三頁）を参照。

(18) 妹尾義郎と和合をめぐる問題については、宮坂前掲論文（二八―三九頁）ほか、大谷栄一「反戦・反ファシズムの仏教社会運動――妹尾義郎と新興仏教青年同盟」（同『近代仏教という視座――戦争・アジア・社会主義』、ぺりかん社、二〇一二年）を参照。

(19) 日本農民協会と和合の選挙活動に関しては安田前掲書（二二九―二四七頁）を参照。

(20) 『百姓』の読者層については、宮坂前掲論文（六五、六九頁）を参照。

(21) 瑞穂精舎の「学費」は一カ月十四円と高額だったため、入舎は事実上、自作上層以上の富裕な農家の子弟に限られざるを得なかった（安田前掲書、二〇九―二一〇頁）。

(22) 内村の文章に感傷的な自己へのとらわれがない点、およびその理由を詳述し、近代日本のキリスト者の思想・信仰を問い質したものとして、松沢弘陽「近代日本と内村鑑三」（同『日本の名著　内村鑑三』、中央公論社、昭和五十九年、六四―六五頁）を参照。なお宮坂の日記に、矢内原の著作を読んだ形跡はないが、昭和十四年十月二十九日の記事に「ロマ書の研究（内村先生）の筆記を初む《ママ》」とあるので、宮坂が内村の著作をひもといていたことは読み取れる。

(23) 日記を見ると、宮坂が単に教会に列席するだけでなく、日曜学校の講師をつとめるほか、礼拝で司会をなし、祈禱を行っていることなどが読み取れる。

(24) 矢内原忠雄「『朝日講堂以後』」、『通信』三九号、昭和十一年十二月（『矢内原忠雄全集』一八巻、岩波書店、一九六四年）。『通信』に関しては矢内原伊作『矢内原忠雄伝』（みすず書房、一九九八年、四三〇―四三五頁）を参照。

(25) 同「国家の理想」、『中央公論』五二巻九号、中央公論社、昭和十二年九月（同、六二五頁）。

(26) 同「神の国」、『通信』四七号、昭和十二年十月、（同、六五四頁）。

(27) 矢内原忠雄、南原繁、三谷隆正など、内村鑑三につらなるキリスト者の天皇観に関しては、拙著『三谷隆正の研究――信仰・国家・歴史』（刀水書房、二〇〇一年）および本書二章を参照。

(28) 矢内原忠雄「日本精神の懐古的と前進的」、『理想』三七号、理想社、昭和八年一月（前掲『矢内原忠雄全集』一八巻、八二頁)。

(29) 同、八三頁。

(30) 一小学校教員の信仰を、「国家の理想」を問うた経済学者・矢内原忠雄と対置して問うことは「酷」だとも言える。その意味で、宮坂の日常的な教育実践とキリスト教信仰の関係を内在的に検証することは肝要であり、今後の課題としたい。ただ、矢内原のような存在を光源とすることで、宮坂の胚胎する問題性がより鮮明に浮かび上がることも事実であり、それは近代日本におけるキリスト教受容の質を問う上で有益な視角と思われる。

(31) 宮坂は和合への傾倒をとおし『若人』を読むなかで日蓮主義に触れるなどしているが、だからといってキリスト教入信にあたり、内的な葛藤を見せたわけではない。

(32) 一般に日本人の信仰や宗教をめぐる心性を検討する場合、いわばキルケゴール的「決死の飛躍」の末に獲得された、毅然たる内面世界を基軸として論じてみても、ある種の「ないものねだり」に終わるようである。私見によれば内村らのごとく、己が価値観の痛烈な破却体験を経るなかで、乾坤一擲の決断を促され、まさに〈新生〉せしめられたキリスト者の存在は、現代に至るまで稀に思われる。それだけに今後、日本プロテスタント史研究の充実を期すためには、たとえば中世、近世における民衆の信仰に迫る場合と同様な作法に基づいて、対象にアプローチしようとする自覚が求められるようである。

(33) 前出・吉澤恵子氏のご教示による。

(34) 宮坂が小原に親炙し続けた事実は、宮坂の入信に小原の存在が大きな役割を果していたことをうかがわせる。然らばその思想性において、宮坂と同僚のクリスチャン教員、ならびに小原との間に、埋め難い隔たりがあったとは考えがたい。かかる問題を考える上で示唆に富む論考として、手塚縫蔵の思想性を、その戦時中の言説をふまえて検討した、宮沢正典「手塚縫蔵について」(同志社大学人文科学研究所　キリスト教社会問題研究会編『日本の近代化とキリスト教』新教出版社、一九七三年)がある。なお『小原福治遺稿集　上・下』(長野教会、一九六六、一九六七年)は、当該期の小原の文章を収録していない。主に同書に依拠して草された小原論として、大島純男「小原福治——教育者として、牧師として」(『金城学院大学論集』人文科学編　三〇号、金城学院大学、一九九七年三月)がある。

(35) たとえば、善光寺に隣接する「城山」にて「満洲青少年義勇軍六七〇余名ノ壮行式」が「壮大ニ行ハ」れたと記す昭和十四年六月十九日の日記には、授業「第一時」に「青少年義勇軍ノ目的、聖戦ノ意義等話ス」とあり、迷いや屈託は全く見られない。

(36) 長野県における郷土教育運動については、伊藤純郎『増補　郷土教育運動の研究』(思文閣出版、二〇〇八年)を参照。

(37) 信州教育と「京都学派」の関係について、金井徹「務台理作の信濃教育会における役割の検討——信濃哲学会を中心とした京都学派との関係に着目して」(『東北大学大学院教育学研究科年報』六一巻二号、東北大学大学院教育学研究科、二〇一三年六月)を参照。

(38) この点、様々な論点を提起する論考として、長野県歴史教育者協議会編『満蒙開拓青少年義勇軍と信濃教育会』(大月書店、二〇〇〇年)を参照。

第五章　波多野精一と敗戦

1　問題の所在

波多野精一（明治十年〜昭和二十五年）は、大正半ばから昭和十年代初頭にかけて、西田幾多郎や和辻哲郎ともども、京都帝大文学部で教鞭を執り、みずからのキリスト教信仰に根ざす、独自の宗教哲学を確立した学者として知られている。全六巻の全集は、『宗教哲学』（昭和十年）、『時と永遠』（昭和十八年）といった、重厚かつ精緻な学術書で占められており、あたかもその巻頭に掲載された、波多野自身の厳格な風貌を象徴するかのようである。

かくして「時論」の類を含まない、全集の「超時代的」性格を反映してか、従来の波多野研究には一定の偏りが見受けられる。すなわち、「神学」あるいは「宗教哲学」的な観点から草せられたものがもっぱらで、その社会認識や同時代認識を俎上に載せた論文は、管見の限り、皆無に近いという点である。(1) 如上の研究状況は、その交流圏に西田や和辻、三木清、また田辺元や西谷啓治ら、狭義の「哲学者」の枠を超え、少なからず時局にコミットした論客を有する思想家への視角としては、明らかに不十分だと言わなければならない。(2) 日本プロテスタント史上、否、近代日本思想史上において、類まれな業績を遺した波多野の全体像を詳らかにするためには、「神学」的・「宗教哲学」的観点に偏った従来の研究成果に対し、今こそ別の視角からする、新たな知見を付け加えていく必要がある。

そもそも波多野について、たとえばその社会認識・同時代認識を照射する資料は、全くないというわけではない。全集第六巻が収める多数の書簡、なかでも敗戦前後の手紙をひもとくと、波多野がその論文とは一転、実に直截に時局への見識を述べていることに気づかされる。それは「公開」を前提として書かれたものではないだけに、戦時下ならびに占領下の日本を生きた波多野のまなざしを、ありのままに伝える貴重な言葉と考えられるのである。

本稿は以上のような課題意識に則って、これまで触れられてこなかった波多野の社会認識・同時代認識、なかんずく敗戦前後のそれを、彼が遺した書簡に着目することで、その一端なりとも明らかにしようとする試みである。用いる資料は限定的であるものの、本稿が波多野をよりトータルな視点から捉え直す試論となり、さらには、近代日本におけるキリスト教受容の問題を考えるための一契機ともなり得れば幸いである。

2　敗戦をめぐる真情――明治の「栄光」

波多野の敗戦認識に肉迫するための手がかりとして、ここではまず、彼が「昭和二十年八月十五日」をどのように迎えたかを問うことから始めたい。この点、示唆に富む一文として、「玉音」放送からほどなくして草されたと思われる、以下の書簡が注目される。

拝啓　本日正午、ラヂオによつて陛下の玉音を拝し、感激措く所を知りませんでした。ご英断、何といふありがたさかたじけなさでせう。不完全なラヂオの前に聴き落さじと延び上つて耳を傾けながら、私は思はず感涙に咽びました。これでわが国わが国民わが文化は破壊より救はれました。……尤もこれからどんな困難がわれ〳〵の行くへを遮り現はれるでせうか。しかしどんな困難でもそれを克服し得べき途は開かれ、復興と発展との望みはわれ〳〵の進路を照してをります。御持論通り、国体と歴史とに基ゐを据ゑ、精神と道義とに生命の中心を置く、わが国の文化の建設は、われ〳〵のたふとき、よろこびに充ちたる、新しき任務でなければなりません(3)

ここに明らかなように、昭和二十年八月十五日正午、「終戦」を告げる昭和天皇の肉声を、波多野もまた「ラヂオの前」で聴いていた。後に見るように、波多野は眼前の戦争を、「文化と生命とを破壊する戦争の暴威を痛切に感ぜしむる、こんどの戦争ほどのものはこれまでになかつた(4)」と痛嘆していただけに、報せを「敗戦」としてよりも、「わが国わが国民わが文化」を「破壊より救」うべく下された、天皇の「英断」を告げるものとして聴き、「感涙に咽」ばずにいられなかった。

『宗教哲学』、『時と永遠』の著者であるキリスト者・波多野のイメージからすると、「陛下の玉音を拝し、感激措く所を知りませんでした。ご英断、何といふありがたさかたじけなさでせう」とまで天皇への思いを吐露し、さらに戦後日本の使命に関し、それは「国体と歴史とに基ゐを据ゑ、精神と道義とに生命の中心を置く、わが国の文化の建設」だとまで言い切る姿勢など、「意外」に映るかもしれない。しかしこの時期、波多野の手紙は、およそこうした「告白」で占められており、また、彼がかねてより、言うところの「国体」を重視していたことは、敗戦直前の八月十二日、教え子宛ての書簡において、「一億玉砕などといふこけおどしの声も以前より聞えてをりますが、これはとんでもない事で、国民をも、それどころか、国体をも犠牲にしてさゝやかな名誉欲を満足させようとする自暴自棄の声でなくて何でせうか[5]」と、「国民」の存在以上に「国体」を重んじる、その切迫した独白に明らかであった。

しかも如上のまなざしは、キリスト者・波多野において、何ら「矛盾」を含むとは捉えられていなかった点が注目される。その自覚の基底にあったのは、以下の書簡に如実なとおり、若き日の時代経験、ことに「自由」の時代としての「明治」への確信だった。

物には裏もあり又弊も伴ふのでありますが、私などのやうに若い時から自由主義のうちに呼吸して来たものには、日清戦争以来の新領土は無くなつても、国体の精神を戴きつゝ自由主義の恩沢に浴することを許された明治時代の理想が復活するであらうことは、又となきよろこびなのです[6]。

短い一節ではあるが、次節で言及するように、ここには「国体の精神」が支配する世俗領域と、信仰生活の領域とを別個に捉えてそれぞれを区別する、いわば二元論的な思考が垣間見える。しかし波多野の実感に即して言えば、「国体の精神を戴きつゝ」キリスト者であること、まして「自由主義」を奉ずる一人であることは、互いに「衝突」するものであるどころか、何ら問題なく並立し得ることであり、しかもそれが可能となったのは、「明治時代の理想」のゆえと自負されていた。

然らば、かくも恵まれた時代を過ごした祖国日本は、なにゆえ「自由主義」を圧殺するのみならず、「国民をも、それどころか国体をも犠牲」しかねない戦争に突入し、ついに「文化と生命とを破壊する」に至ったのか。波多野においてその訳は、彼のいわゆる「明治時代の理想」に内在するものとは見なされていなかった。この問題に関しては、たとえば次のような「戦争理解」が示唆に富む。

こんどのありがたき御詔書によつて、多数の国民は指導者たちが彼等に強いた無知と自惚の夢よりさまされ真の自覚へと向ふべき機会を与へられたものだと私は信じます。(7)

陸軍軍閥が国体護持とか皇室中心などと呼んでゐるもののうちには、自己の階級の特権利益等の支持者として皇室又は国家を利用しようとする甚だ危険な、乃至不敬な要素が多分に含まれてゐる事が明かだと思ひます。こんどの戦争終結によつて軍閥といふ特権階級が姿を消すであらうことは、私の衷心よりのよろこびを禁じ難い所であります。(8)

私はずつと以前から、日本が武力主義をとつたことは、根本的の誤りで、何と弁解しようと支那《ママ》事変は事実上侵略であると信じてをりました。又大東亜戦争も、根本においては、軍人や指導者たち、並びに彼等に誤り引摺られた国民の、無知自惚の夢より起つたのだと信じてをりました。戦争が終り、正真正味の敗戦ときまり、今まで秘密にされてゐた実情も一部ははつきりと公表されるやうになり、ます〳〵その感を深く致します。(9)

これらの叙述が表すように、波多野は戦争の要因を、いささかシンプルな二項対立図式として把握した。すなわち、この戦争は「陸軍軍閥」といった人々が、波多野の享受してきた「理想」、すなわち「国体の精神を戴きつゝ自由主義の恩沢に浴することを許された明治時代の理想」を退けて、「武力主義をと」るなかで引き起こしたものであり、一方、天皇を含む「多数の国民」は、「陸軍軍閥」らに「無知と自惚の夢」を強いられ、「利用」され、「誤り引き摺られ」てきた、文字通りの「被害者」だとの図式であった。(10)波多野は「昭和の戦争」を、「明治の理想」を体験し得た者の立場から、以上のように把握した。

こうした「対立」図式に基づいて、かの戦争を「総括」するならば、敗戦は、「明治時代の理想」を蔑した面々が一掃されることにより、あらためて「明治時代の理想」が建てられるための「好機到来」と期待されるのは必然だった。事実、波多野は戦後日本のグランドデザインを、「明治時代の理想」の「復活」として、次のように説いていた。

記者団との会見における、首相の宮殿下の御答へは、今までの御座なりの声明などと雲泥のちがひで新内閣の為政の方針、従つて今後の国是を大胆率直に明瞭に力強く開陳したものとして、深き感銘をもつて読みました。殊に圧迫に対して自由を、武力主義に対して文化主義を、侵害主義に対して平和協調主義を、新しき日本の理想として掲げた点は、衷心よりの感激と満腔の尊敬とを喚び起さずにはゐられません。私どものやうに明治時代に育つたものは、その真の精神その深き魂が、新しき時代を導くべき炬火となつて国民の行く手を照さうとしてゐるのを見て、なつかしさうれしさで胸一杯になります。私は以前より日本は明治時代に帰らなければならぬことを痛感してをりました。最近には領土などは擲つて明治時代の昔に帰り謙虚と聡明との精神をもつて裸一貫より出直ほすべきであると信じ、東京の某氏と文通によつて肝胆相照らしてゐたのであります。(11)

ここで波多野が賞賛する、「首相の宮殿下」の「御答へ」とは、東久邇宮稔彦首相が、米軍先遣隊上陸の八月二十八日、記者団を前に行った会見のことで、いわゆる「一億総懺悔」論としても知られるものである(12)。しかしながら、右の引用に明らかなように、波多野はこの点に重きを置いた読み方は、全くしていない。手紙は、会見が新聞に掲載された八月三十日の翌日に、さっそくしたためられており、読後、波多野が受けた感銘の大きさを照射するものとなっている。波多野の「読み方」それ自体、興味深い論点をはらんでいるが、ここで注目したいのは、波多野が文中、「圧迫に対して自由を、武力主義に対して文化主義を、侵害主義に対して平和協調主義を、新しき日本の理想として掲げ」て進みゆくことを、戦後日本がようやく手にすることを得た「新しい」針路としてでなく、「明治時代の昔に帰」ることとして表現している点である。

この主張は、過去への「郷愁」に基づいた単純な「復古志向」とは異なっている。「圧迫に対して自由を、武力主義に対して文化主義を、侵害主義に対して平和協調主義を掲げ」ることが、「明治時代の理想」と同義に解されている事実が証しするように、波多野にとって「明治時代の理想」とは、時代や地域を超え出でた、普遍的な国家理想として捉えられていた。したがって、「明治時代の昔に帰」るとは、彼がその生涯を賭けて求め続けた、普遍的なもの、理想的なものの再確立が含意されていた。その意味で、波多野が「玉音」放送終了後、戦後日本の使命に関し、開口一番、述べた事柄が、「キリスト教」でも「神」でもなく、「国体と歴史とに基ゐを据ゑ、精神と道義とに生命の中心を置く、わが国の文化の建設」であったのは故ないことではなかった。

右記の手紙が草された翌々日の九月二日、東京湾に停泊中の戦艦ミズーリ号船上で、降伏文書の調印式が執り行われた。日本の敗戦、「確定」の時である。「日清戦争以来の新領土」獲得の歴史を生きてきた、「明治人」波多野にとって、この日は、人間的には、「悲痛」な思いを禁じ得なかったかもしれない。しかし、「玉音」放送一週間にして、すでに「日清戦争以来の新領土は無くなつても、国体の精神を戴きつゝ自由主義の恩沢に浴することを許された明治時代の理想が復活するであらうことは、又となきよろこびなのです」と述べた波多野は、この未曾有の事態に臨んでもたじろぐことはなかった。「明治人」波多野は、来るべき日本に、「日清戦争以来の新領土」以上の世界、「国体と歴史とに基ゐを据ゑ、精神と道義とに生命の中心を置く」、いわば真の明治の「栄光」を垣間見ていたからである。

降伏文書調印から三日後の九月五日、波多野が「最も古い弟子の一人」[13]に宛てた書簡には、戦後日本に託された、彼の希望が率直に記されている。その筆致は、『全集』六巻巻頭に掲載された厳格な風貌と精緻な学術論文からは、想像もできないほどに、素朴で飾らず、明るさに満ちたものだった。

私は総理大臣の宮殿下の記者団への御答へを読んで、その率直な誠実な態度にいたく打たれました。将来の国是として自由、平和、文化の三つの理念を高く掲げてゐる点には、満腔の共鳴と感激と感謝とを覚えました。これでなくてはなりません。これこそわが国が新しく又永遠に生き得る所以でありませう。全体主義や武力主義で心がゆがんで育て上げられた今時の若い人たちは、明治の御世の新鮮な空気を無邪気に吸つたわれ〳〵老人のやうに無邪気な感激を感じないかも知れません。……しかしかういふ理念が国民の進み行く道の行手を照す炬火として掲げられた事その事だけでも、大変な変革です。実にうれしい事です。

それにつけても、私は長生きがしたくなりました。私はもう年老い、精力は殆ど使ひ尽して、新しき時代の建設に何の新しき貢献をもなし得ぬでありませう。しかし、私はその新しき世界の希望の曙光を身にあびるまで、この世に留まるを許していただけるならば、何といふ幸福でありませう。[14]

想えば波多野は、敗戦後間もない書簡の中で、「新しき任務」、「新しき生」そして「新しき御世の新しき光」等々、戦後日本を「新しき」という言葉で形容し、またそこに、「光」のイメージを重ね合わせてやまなかった。波多野にとって敗戦は、この「光」を覆い隠してきた「全体主義や武力主義」が一掃されるなか、「自由、平和、文化の三つの理念を高く掲げ」た「明治時代の理想」が、「国民の進み行く道の行手を照す炬火」となるという、「希望の曙光」そのものにほかならなかったのである。

3　時代への眼——その特質

こうした波多野の敗戦認識を、いかに捉えていくべきか。この点を議論するための手がかりとして、波多野より三十七歳年下になる、丸山眞男の言葉を引用しておきたい。丸山は、昭和二十五年三月のある座談において、津田左右吉を念頭に置きつつ、次のような「世代分析」を述べている。いわく「あんな素晴らしかった日本を後の奴がめちゃめちゃにしてしまったという感じと、そんなめちゃめちゃになるような『素晴らしさ』はもう真っ平だという感じとの間には大分ズレがあり、それが学問の世界でも、例えば老大家と若い歴史家との間の問題意識のちがいとして現れてきている［傍点原文、以下同じ］」と。[15]

本章で見てきた波多野のまなざしは、丸山のこの著名な指摘そのままに、「老大家」津田左右吉らにも相通ずる、典型的な「オールドリベラリスト」のそれである。[16] 丸山は右発言に続け、「昭和になって急に横合から軍部という乱暴者が出てきてせっかくの先代の苦心の経営を台なしにしてしまったという風に理解せずに、これをどこまでも明治時代に内在していた契機の顕在化として捉えなければならぬ(17)」、「日本の興隆と没落、成功と過誤とをどこまでも一つの問題として捉えて行くことが必要(18)」との指摘をしているが、この点、波多野はまさに丸山が言うように、「昭和になって急に横合から軍部という乱暴者が出てき」たせいで、「あんなに素晴らしかった日本」が「めちゃめちゃに」なったと考えていたことは明らかである。それだけに、「日本」が「めちゃめちゃに」なったことを「明治時代に内在していた契機の顕在化」と捉える丸山のような見方には、到底、与し得なかったと思われる。

ここで、彼我の「正否」を検討することは試みないが、ただ、丸山の指摘をふまえた上で、あえて論点を提出するならば、やはり、先に質した波多野の言葉「国体の精神を戴きつゝ自由主義の恩沢に浴することを許された明治時代の理想」、この表現が看過し得ない論点を胚胎していることは否定できないように思われる。すなわち波多野において、みずからが「国体の精神を戴きつゝ自由主義の恩沢に浴することを許された」のは、その、「恩沢」ならびに「許された」という表現が示唆するように、「明治時代の理想」の、いわば「賜物」だった。しかし、波多野が「国体の精神を戴きつゝ自由主義の恩沢に浴」し得たのは、それを「明治時代の理想」が「許」したがゆえというよりも、むしろ波多野その人が、みずからの信仰と異質ないし対極の精神を「戴きつゝ」行くことを問題としなかったから、言い換えれば波多野において、その信仰と現実との緊張関係が希薄であったから、このように捉えることもできるのではないだろうか。それは何も敗戦直後の書簡からのみ受ける印象でない。冒頭でその一節を引用したが、たとえば、戦時下における次の書簡に注意を促したい。

今の若い人々はわれ〳〵のやうにいろ〳〵と反省などはせずに、いはゞ「言挙げ」せずに、まつしぐらに時局の真只中に突入して行くやうです。やつぱり戦争をやるにはこれでなくてはいけないのです。
しかし戦後にはきつと戦争に関する反省が強く盛に湧き起るでせう。私にはこんどのやうに関係諸国が戦争をあたりまへの事柄とあたまから認めてかゝり、国際的エゴイズムを露骨に肯定してかゝつてゐる戦争は、近時にはめづらしいやうに思はれます。それだけに、戦争も生きるか死ぬかの最後の決定を促すやうな苛烈さを示してゐるやうです。文化と生命とを破壊する戦争の暴威を痛切に感ぜしむる、こんどの戦争ほどのものはこれまでになかつたやうに思はれます。果してこれでいゝでせうか――戦争の現実の中に没頭してゐる間は、これは禁ぜらるべき問ひですが、戦後はきつと思慮及び教養ある人々の心と頭とを悩ますにちがひないといふやうな気持ちを私は禁ずることが出来ません。(19)

ここには眼前の戦争の無謀さを問い質し、祖国の将来を憂えるトーンが強くうかがえる。この一文に限らず波多野には、いわゆる「大東亜戦争肯定論」に類する言葉は、一切見られないことをあらためて強調しておきたい。ただ、波多野における戦争否定の「根拠」を問い直してみると、そこにはキリスト者ならではの色合いが、いささか乏しい感を受けないだろうか。右の文で言うならば、「文化と生命を破壊する戦争の暴威」との一節が示唆するように、波多野において戦争は、キリスト者として、その信仰の原点から否まれるものというよりも、ただ「文化」への関心、その存続への危惧のゆえにこそ、否定の対象となっている印象がある。
同様のまなざしは、ナチス崩壊の知らせを受けた便りにも垣間見える。

かねてひそかに恐れた事、予期した事ではありますが、ドイツもとう〳〵仆れました。これはわれ〳〵にとつて大きな痛恨事であります。しかし、ドイツはきつとまた起ち上るにちがひありません。尤もそれは文化の方向精神の方向においてでありませうが。ナチス主義は勢力を失ふでせうが、それは大体において決して悲しむべきことではありません。ナチズムはドイツの国民精神を鼓舞発揚した功績はたしかにありませう。しかし払った代償も可なり高価だつたのです。かのスパルタ式の軍国主義、窮屈極まる統制主義画一主義は天才や独創心を萎縮せしめました。あの偏狭な民族的独善主義は毛嫌ひした猶太人の選民思想と何の択ぶ所がありませうか。御用哲学御用文学御用科学の横行闊歩する処には優秀な独創的文化の育つ余地はないでせう。かう考へますと他山の石といふ感じを全くはらひのぞけるわけには行かぬかと存じます。[20]

右の書簡を見る限り、波多野が「ナチズム」に批判的なのは、キリスト者として、その擬似宗教性が認められないからでも、その侵略主義が許せないからでもない。[21] 彼がナチス崩壊につき、「決して悲しむべきことではありません」と述べるのは、「ナチズム」が「天才や独創心を萎縮せし」め、「優秀な独創的文化の育つ余地」を排除・殲滅したからにほかならない。いわば波多野は「ナチズム」を、キリスト者としてよりも、「思慮及び教養ある人々」の一人としての立場から、批判しているのである。

敗戦後二カ月を閲した時期、「進駐軍」たる「アメリカ軍」に向けられた次のような評価もある。

東京からの便りによつても、又当地方の新聞紙の記事によつても、進駐軍の態度は頗る堂々たる立派なものであり、それに兵士たちはいかにも無邪気なほがらかなあかるい生活をしてゐるさうで、心ある者は尊敬の念を禁じ得ないやうです。……マッカーサー総司令部の命令や言論にはアメリカ式のドグマチズムの片影はたしかにさしてゐませうが、わが政府や当局がなすべくしてなすべき勇気と誠意と力とを欠いてゐるやうな点を、あたかも医師がメスをもつて膿でも出してくれるやうに一々突いてくれるのは、ありがたい事です。私は、アメリカ軍をわが国の救済者として感ぜずにはゐられません。(22)

波多野はアカデミシャンとしての立場から、もともとアメリカには高い評価をしておらず、ある書簡の中では「米国はPhilologieの見地よりはZeroに候」(23)とまで断言してはばからなかった。しかし右に見られるように、敗戦後二カ月を経ての手紙では、伝聞に基いて、「アメリカ軍」を「わが国の救済者として感ぜずにはいられません」とまで述べている。時おりしも昭和二十年十月は、ＧＨＱにより、いわゆる「五大改革指令」が出された月でもあった。波多野は先に示したとおり、「昭和になって急に横合から軍部という乱暴者が出てき」たせいで、「あんなに素晴らしかった日本」、具体的には「国体の精神を戴きつゝ自由主義の恩沢に浴することを許された」日本が、「めちゃめちゃに」されたと考えていただけに、一連の改革を、「軍部という乱暴者」を一掃し、以て「国体の精神を戴きつゝ自由主義の恩沢に浴することを許された明治時代の理想」を復活せしめるものとして、熱く歓迎したのであった。昭和二十年暮れの書簡には次のような述懐も見てとれる。

米軍司令部の指令は実にうれしく又感謝に堪へない事柄です。実にわれ〳〵は米国によつて精神的に救はれたのだと申しても過言でありません。……進歩と改善、否精神的革命の警鐘が打たれ、目標は道の行くへに高くあざやかに掲げられ、実現の第一歩は確実に踏み出され、生れかはつた新しき世の希望の曙光が輝きそめたのですから、私のやうな老人もこの新しき生きがひのある御世にあふを得た幸福を感謝しつゝ、生をはること

が出来ませう[24]

この手紙の執筆時期は師走も押し詰まった頃だけに、波多野は激動の「昭和二十年」を振り返り、この月に出されたいわゆる「神道指令」をはじめ、敗戦以来の「米軍司令部の指令」を顧みて、「救済者」としての思いを強くしたのに相違ない。しかしそうした感慨は、当時の日本共産党における「占領軍＝解放軍」規定を想起させるものであり[25]、それだけに、キリスト者としての刻印は希薄と言わざるを得ない。

この点、同時代キリスト者の敗戦認識を概観するならば、たとえば矢内原忠雄や南原繁は、敗戦を神の〈裁き〉と受け止める点で波多野と共通していたものの[26]、しかし、彼らはみずからの信仰に基づいて、祖国日本の現状を、ユダの「バビロン捕囚」に重ね合わせて理解していただけに、占領軍たるアメリカに対しても、等しく神の前なる存在として、批判・相対化する目線を失うことがなかった。両者において、日本・アメリカいずれの国も、あくまでも「地の国」であり、それらを手放しで礼賛することは断じてあり得なかった[27]。また、矢内原や南原には、祖国の〈裁き〉をユダの預言者さながらに「慟哭」をもって受け止める一面が濃かったが、波多野はその点、「恬淡」とした感があることも興味深い[28]。

戦争をはじめ、現実に向き合う際の、波多野のこうしたスタンスは、波多野研究を志すものに、ひとつの論点を投げかけているように思われる。事実、敗戦後十年を経た昭和三十年、「近代日本とキリスト教」を考える座談が持たれているがその中で、波多野に近い人々からも以下の指摘がなされている点を看過すべきでない。いわく「どうも波多野先生の眼中には、日本の現実よりも海外の学界のあるサークルのことがあるといった高踏的な態度があったのではないかとも思われる[29]」、「もし波多野先生が、西田先生や田辺先生と同じように、現代の精神的境位に立たれて、あの深い学殖と強靭な思索力をもって、キリスト教の立場から現代の問題と対決して下さっていたら[30]」と。この指摘は、波多野逝去から五年後になされたものであり、その謦咳に接し得た人の率直な見方として、傾聴に値する。爾来、六十年近くが経過した今日、この発言を知る人も少なくなったに相違ないが、しかし右記の指摘は、波多野研究に携わる者のみならず、近代日本におけるキリスト教受容の問題を考えようとする者が、等しく負うべき重要な問いかけではないだろうか。

4　おわりに――晩年の波多野とその可能性

以上、本章では、日本プロテスタント史上、類まれな業績を遺した波多野精一その人を、「時代」を生きた一人の思想家として、よりトータルな視点から捉え直す契機を探るという立場から、従来の波多野研究で等閑視されてきた、彼の社会認識・同時代認識に肉迫すべく、遺された書簡に着目した考察を行ってきた。終わりに臨み、波多野の可能性、それも従来の論考では指摘されてこなかった一面に注目することで、これまでの「波多野論」とはいささか趣の異なった本章をしめくくることとしたい。それは敗戦から一年あまり、疎開先での近況を知らせる次の手紙が開示する世界のことである。

私の方は別にこれといつて申上げるやうな波瀾もなき、いつもながらの平安な、しかし、平凡ないかにも老人らしき隠棲の生活を、この静かな同じく平安平凡な田舎町につゞけてをります。たゞ時折り幾分のさゞなみをこの安らかな平面に呼び起すのは、当地方の二三の人々の来訪であります。それは、農家の主人、農場に働いてゐる青年、国民学校の校長、画家といふやうな人々で、その画家が今年特選に這入つたといふのを除いては、一人も世に名を知られてゐる人もなく又学者もありません。画家と申す人も、当地の最も由緒ある旧家のなれの果てで、今は殆ど純然たる農夫です。話題も世間話し、身の上話し、体験談、素人人生観のたぐひで、やゝ念入りなので、私の「時と永遠」を数回もわからぬながらに熟読した校長さんの幼稚な、しかし、素直な、無邪気な、真心のあふれた質問と感想、一農家の主人の、二十年に亙つて、殆ど何等の進歩も見せずに、ギリシア語の聖書にかじりついてゐた人の幼稚な、しかし時としては専門家をも瞠若せしめるやうな適切な鋭い質問ぐらゐなものです。私は七十歳の今日、はじめて一つの別天地に接して、今までに味はないやうなよろこびを覚えてをります。多くの新しい人生の真理を知り味ひを味ひました。この体験は私の老年にあかるさとあたゝかみとを加へてくれました。この二年近くの田舎住ひは私にとつて実にたふとき体験を与へてくれました。感謝あるのみです(31)

やや長くなったが、ここで注目したいのは、波多野が疎開先で出会った人々、すなわち「農家の主人、農場に働いてゐる青年、国民学校の校長、画家といふやうな人々」との交流を顧みて、それを「今までに味はないやうなよろこびを覚え」、「多くの新しい人生の真理を知り味ひを味」ったと語っている点である。

時おりしも敗戦後間もない時期である。周知のとおり論壇は、「近代主義」的な潮流に覆われて、農村ならびにそこで生活する人々のありようは、「封建遺制の残存」などと糾される傾向が強かった(32)。現実的にも、都市部の食糧不足をあてこんだ「闇取引」等々、農村に疎開していればこそ、「純然たる農夫」をめぐる芳しくない噂話も、少なからず耳に入ったことだろう。しかし波多野は疎開先にて、おそらくはそうした見聞を経ながらも、都下に住む知己に向け、農村の人々の「エゴイズム」や、あるいは「社会的関心の欠如」を指弾するような手紙をしたためはしなかった。逆に波多野は右の文中、「素直な、無邪気な、真心のあふれた質問と感想」と、たたみかける形容詞が示唆するように、疎開先で触れ合った「純然たる農夫」たちの誠実さ、その真摯さにこそ、心打たれていたのであった。

しかも波多野は現実に、かような「農夫」らと真摯かつ対等に向き合おうとした(33)。たとえば先の書簡で「一農家の主人の、二十年に亙つて、殆ど何等の進歩も見せずに、ギリシア語の聖書にかじりついてゐた人」と評された「農夫」・長原一郎は、「先生の友情は、身分、地位、学問の有無を超えて迫つて来る。純粋に澄み切つた友情は尊く忘れ難い(34)」とその交わりの様を振り返っていた。また学徒兵として出征し、敗戦後、帰郷していた三浦所太郎は、千厩なる波多野に親炙した経験を次のように顧みた。「『先生、私はどうも先生と呼ぶより、オジイさんと呼びたい気持ちです。そう呼ばしていたゞいてもよいでしょうか』と聞きましたら、とてもよろこんで承知して下さいました(35)」、「不純を許さない先生に無心に近づけば友として深い交りを続けられ、幼稚や無学をいやしめたり憐れんだりすることなしに謙遜に対等に交わっていただきました(36)」と。

顧みて、波多野は厳格な学究として、大学人としての生涯を貫いてきただけに、交流圏は決して広くはなく、そのほとんどは、同様のアカデミシャンで占められていたと思われる。しかも波多野は、弟子の田中美知太郎が、京大時代の言葉として伝えるように、「隣人とはほとんど没交渉に暮らすことのできたやうな、戦前の山の手の個人主義的な生活を、小うるさいことの多い京都の生活にくらべて(37)」懐かしみ、「日本では、東京の山の手が一番住みやすい(38)」と評するような生活感覚の人だった。それだけに農村での疎開生活は、時に「小うるさい」ものと感ずることもあっただろう。しかし波多野は、疎開先での生活を、窮屈な、度し難いものとして否定しなかった。「農家の主人、農場に働いてゐる青年、国民学校の校長、画家といふやうな人々」と「謙遜に対等に交わっ」たのだった。この事実は、波多野が「七十歳の今日」に至るまで「味はな」かったその新しい生活を、「今まで」の自己の世界を開放し、その視座や価値観を拡大ないし鍛造する一契機となし得たことを照射するものとして、あらためて注目すべきではないだろうか。

もちろん波多野の手紙を仔細に見ると、右の「期待」に反するごとき文言が、皆無というわけではない。たとえば次のような言葉も見出せる。

わが国の政治も、余程注意し覚悟してかゝりませんと、民主々義の声に圧倒されて、所謂中流の知識階級の没落、所謂大衆乃至プロレタリアの専制を促進することになりませう。私にはよくわかりませんが、今日の形勢では、或は労働者の月収が頭脳勤労者のそれを凌駕し、後者は最もきびしい生活難に陥り、子弟の教育、従つて、次の世代の知識階級の育成を至難の業とすることになりはしますまいか。素人眼には、憂慮すべき事柄のやうに映じます(39)

「所謂大衆」を疑問視し、「頭脳勤労者」「知識階級」を称揚する波多野のこうした文章は、読みようによっては、時勢の変化を認めずに、ただひたすら、その境遇の動揺を危惧したものとも受け取れる。しかし、波多野の疎開先での言動を見る限り、その目線には、未知の世界に向けられた開放的な志向性がはらまれているだけに、波多野は「中流の知識階級」にして「頭脳労働者」たる己の立場、さらに、「今まで」「国体の精神を戴きつゝ自由主義の恩沢に浴することを許され」続けてきた自身の状況を、時代の中で反芻し、新たな社会認識、同時代認識を獲得する可能性を秘めていたように思われるのである。
　歴史叙述に「仮定」は禁物かもしれない。しかし、敗戦後、波多野がもうしばらく存命であったなら、(40)彼はおそらく新時代にふさわしい「あかるさとあたゝかみ」を携えた言説を、「農家の主人、農場に働いてゐる青年、国民学校の校長、画家というやうな人々」に届くかたちで、必ずや紡ぎ出していたに違いない。『全集』六巻巻頭に収録された波多野の相貌、ことに疎開先での、いかにも好々爺然とした一枚が、その確かさを確信させるのである。

［註］

（1）最近の研究として、佐藤啓介「波多野精一の存在－愛－論――無からの創造論に注目して」（『日本の神学』四六号、日本基督教学会、二〇〇七年九月）、鵜沼裕子「日本キリスト教史における『他者』理解をめぐって――波多野精一の場合」（『聖学院大学総合研究所紀要』四一号、聖学院大学総合研究所、二〇〇八年三月）、芦名定道「思想史研究の諸問題――近代日本のキリスト教思想研究から」（『アジア・キリスト教・多元性』一〇号、現代キリスト教思想研究会、二〇一二年三月）、「波多野宗教哲学における死の問い」（『キリスト教学研究室紀要』一号、京都大学キリスト教学研究室、二〇一三年三月）がある。いずれも示唆に富むが、中でも芦名論文は本章のモチーフとの関連で興味深い。特に本書十章における吉満論は、氏の視点と相通ずるものがあるとも考える。ただ、芦名氏が指摘する波多野の「時代批判」によっても、本章で提示した波多野の同時代認識とそれらがはらむ論点は、依然、問わるべき〈問題〉として残るのではないだろうか。

（2）波多野の交流圏にあった思想家群への視角を深める上で、米谷匡史「『世界史の哲学』の帰結　戦中から戦後へ」

（『現代思想』二三巻一号、青土社、一九九五年一月）、大橋良介編『京都学派の思想――種々の像と思想のポテンシャル』（人文書院、二〇〇四年）に教示を得た。また個々の思想家についての論考は多いが、特に藤田正勝『西田幾多郎――生きることと哲学』（岩波書店、二〇〇七年）、嘉戸一将『西田幾多郎と国家への問い』（以文社、二〇〇七年）、苅部直『光の領国　和辻哲郎』（岩波書店、二〇一〇年。初出は創文社、一九九五年）、熊野純彦『和辻哲郎――文人哲学者の軌跡』（岩波書店、二〇〇九年）に示唆を受けた。

（3）香川鉄蔵宛書簡　昭和二十年八月十五日、岩手県千厩町《せんまや》（以下、千厩）から。以下、特に断りのないものは全て千厩発の書簡。（『波多野精一全集』六巻、岩波書店、一九六一年、三五七頁。本巻からの引用は、原則として巻数抜きで『波多野』とのみ略記）。なお香川は元大蔵省嘱託。『波多野』所収の香川宛書簡は四二通で、田辺元宛（四八通）、村岡典嗣宛（四五通）、和辻哲郎宛（四五通）に次ぐ。香川と波多野の関係については、香川「波多野さん――私の理想の人」（松村克己・小原國芳編『追憶の波多野精一先生』、玉川大学出版部、昭和四十五年。以下、『追憶』と略記）を参照のこと。

（4）香川鉄蔵宛書簡　昭和二十年六月二十八日、『波多野』、三四九頁。

（5）村岡典嗣宛書簡　昭和二十年八月十二日（『波多野』、一〇四頁）。村岡ならびに波多野との関係については新保祐司「村岡典嗣――学問の永遠の相の下に」（同『日本思想史骨』、構想社、一九九四年）、安酸敏眞「村岡典嗣と波多野精一　響応する二つの『学問的精神』」（『北海学園大学人文論集』39、北海学園大学人文学会、二〇〇八年三月）が示唆に富む。なお田中美知太郎は、波多野の自宅を訪ねた際、「漱石全集」のほか「両陛下の写真」がその座敷に掲げられていたことを回顧しているが（田中「ひとつの私的回想――波多野先生と古典研究」、『追憶』、五七頁）、波多野における一面を示すものとして興味深い。

（6）石原謙宛書簡　昭和二十年八月二十三日（『波多野』、二四九頁）。『波多野』には七一通の石原宛書簡が収められ、最多である。石原謙と波多野の関係については、石原の四編の回想「波多野精一先生」、「波多野先生を懐かしみて」」、「波多野先生の横顔」、「波多野精一先生」（いずれも『追憶』）を参照のこと。

（7）松村克己宛書簡　昭和二十年八月二十五日（『波多野』、二八二頁）。松村は前掲『追憶』の編者をつとめ、同書に五編の文章を寄せている。『波多野』所収の松村宛書簡は六三通で、石原に次ぐ。なお戦時中の松村の言動について、宮田光雄『権威と服従――近代日本におけるローマ書十三章』(新教出版社、二〇〇三年、一六六―一七三頁)を参照のこと。敗戦後の松村は上記の帰結として難しい立場に置かれるが、当時の松村宛書簡は、波多野が如上の「事情」をふまえてしたためたものだけに、波多野の思想と人柄の一面を伝えるものとして貴重な資料と思われる。

(8)香川鉄蔵宛書簡　昭和二十年九月一日、『波多野』、三五九頁。

(9)同　昭和二十年九月十一日、『波多野』、三六〇頁。

(10)波多野が示した「二項対立」的な「戦争理解」について、同時代におけるその作為性・政治性を剔抉した研究として、吉田裕『昭和天皇の終戦史』(岩波書店、一九九五年)が示唆に富む。また敗戦前後の昭和天皇の言動が、波多野の「予想」とは異なって、きわめて「政治的」であったことを実証した作品として、千本秀樹『新装版　天皇制の侵略責任と戦後責任』(青木書店、二〇〇三年)を参照のこと。

(11)松村克己宛書簡　昭和二十年八月三十一日、『波多野』、二八三頁。

(12)東久邇宮首相の「一億総懺悔」論に関しては、吉見義明「占領期日本の民衆意識――戦争責任論をめぐって」(『思想』八一一号、岩波書店、一九九二年一月)、ならびに前掲『新装版　天皇制の侵略責任と戦後責任』(一四四―一四七頁)を参照のこと。

(13)石原謙「波多野精一先生」、前掲『追憶』、一頁。

(14)石原謙宛書簡　昭和二十年九月五日、『波多野』、二五一頁。

(15)丸山眞男「座談会　日本の運命――興廃の岐路」、『世界』昭和二十五年三月号(『丸山眞男座談』二巻一九五〇―一九五八、岩波書店、一九九八年、二三八頁。なお本座談に関しては「丸山眞男発言抄」として、丸山の言葉だけが収められている。ちなみに丸山の他の座談参加者は、安倍能成、荒畑寒村、大内兵衛、鶴見祐輔、長与善郎、長谷川如是閑、吉野源三郎である)。

(16)いわゆる「オールドリベラリスト」が欲した「自由」の思想的特質とそのゆえんを具体的に説いたものとして、小熊英二『〈民主〉と〈愛国〉――戦後日本のナショナリズムと公共性』(新曜社、二〇〇二年)五章「左翼の『民族』、保守の『個人』」(特に一九〇―二〇八頁)を参照のこと。また「オールドリベラリスト」の思想を概観する上で、橋川文三編『保守の思想』(『戦後日本思想体系』七巻、筑摩書房、一九六八年)が示唆に富む。

ただ、津田左右吉（明治六年生）を除くと、「オールドリベラリスト」として知られる面々は、たとえば安倍能成（明治十六年生）、小泉信三（明治二十一年生）、和辻哲郎（明治二十二年生）ほか、波多野より年下が多い。また「オールドリベラリスト」はいわゆる「大正教養派」とも一部重なるが、彼らと同時代のキリスト者、なかんずく「新渡戸・内村門下」は、同じ世代でありながら、問いの構えにおいて明確な差があった。この面からも、キリスト者・波多野を「オールドリベラリスト」と完全に同一視することには慎重であるべきは当然である。なお関連する論考として拙稿「大正思想史をめぐるもう一つの視点」（『聖学院大学総合研究所 Newsletter』Vol.14, No.3 、二〇〇五年一月、一一頁）を参照のこと。

(17) 前掲『丸山眞男座談』二巻、二四〇頁。

(18) 同。

(19) 香川鉄蔵宛書簡　昭和二十年六月二十八日、『波多野』、三四九頁。

(20) 佐藤洽六宛書簡　昭和二十年五月三十日（『波多野』、四一九頁）。ちなみに佐藤洽六は、かの「佐藤紅緑」で、佐藤宛書簡は『波多野』に七通収められている。そのうち昭和二十一年十月十四日付書簡では、佐藤の息子が二人戦死したことの悔みを述べた後、「八郎君が御健在で、立派に世間で働いてゐられ、盛名を馳せてゐられるのはせめてもの御慰めではありませうが、世を去られたかた〴〵の御代りとは申しにくく、御心中察するに余りあります」（『波多野』、四二四頁）と述べている。「八郎君」とは「サトウハチロー」のことであり、作詞した「リンゴの唄」は、周知のとおり、敗戦直後のヒット曲となったため、当時、「盛名を馳せてゐ」た。佐藤洽六家については娘・佐藤愛子が描いた『血脈』（上・中・下、文藝春秋、二〇〇五年）を参照のこと。

(21) この点、ナチスの主張を擬似「宗教」となし、同時代日本の思想状況を仮託して内在的に批判した思想家として南原繁の名をあげることができる。その思想構造と時代における射程を解析した作品として、下畠知志『南原繁の共同体論』（論創社、二〇一三年）を参照。

(22) 山谷省吾宛書簡　昭和二十年十月十八日（『波多野』、一二四―一二五頁）。『波多野』には山谷宛書簡一〇通を収める。山谷と波多野の関係については、山谷「波多野先生の追憶（葬儀の辞）」、「波多野精一先生の追憶」（『追憶』）を参照のこと。

(23)村岡典嗣宛書簡　大正十年六月五日、京都府愛宕郡田中村から。『波多野』、七五頁。
(24)山谷省吾宛書簡　昭和二十年十二月二十二日、『波多野』、一二六―一二七頁。
(25)敗戦直後における日本共産党の現状認識に関しては、宮村治雄「自由への垂鉛――戦後天皇制論の遺産」(同『戦後精神の政治学――丸山眞男・藤田省三・萩原延壽』、岩波書店、二〇〇九年。初出は中村政則他編『戦後思想と社会意識』、岩波書店、二〇〇五年)を参照のこと。
(26)たとえば昭和二十年九月五日の石原謙宛書簡(註14参照)には、「戦敗も要するに神の御さばきです。その奥には神聖なる全能なる力、しかし又同時に恵みが立つてをります。どうぞその御恵みをすなほに受入れたいものです」(『波多野』、二五〇―二五一頁)との記述が見られる。
(27)矢内原忠雄の敗戦認識に関しては、将棋面貴巳「矢内原忠雄と『平和国家』の理想」(『思想』九三八号、岩波書店、二〇〇二年六月)、大濱徹也「矢内原忠雄にみる日本精神」(『無教会研究』七号、無教会研修所、二〇〇四年九月)を、南原のそれについては田崎嗣人「南原繁における『戦後』――『敗戦』と『贖罪』」(『政治思想研究』六号、政治思想学会、二〇〇六年五月)を参照のこと。
(28)敗戦時の知識人における「祖国日本」への「熱度」の差について、前掲大濱論文ほか、同「歴史としての戦中・戦後」(『北の丸』三五号、国立公文書館、平成十四年十一月)を参照のこと。この点、波多野にとって敗戦はあくまで「解放」であり、「祖国、敗れたり」といった痛覚は乏しいように見受けられる。本書三章註52も参照のこと。
(29)久山康の発言。久山康編『近代日本とキリスト教』、創文社、昭和三十一年、二九九―三〇〇頁。
(30)同、三〇〇頁。ちなみに、この発言の後、久山は「この波多野先生の立場や影響について高坂［正顕　引用者注］先生はどうお考えになりますか」(同、三〇一頁)と高坂に尋ねるが、高坂は「それは北森［嘉蔵　引用者注］君の方で…」(同)と発言を避け、北森もまた「…」(同)で応答していない。
(31)安倍能成宛書簡　昭和二十一年十一月九日(『波多野』、四五五頁)。安倍宛書簡は『波多野』に六通収められている。
(32)たとえば大塚久雄のような知識人が、敗戦直後の農村と農民をどう見ていたか、そのまなざしを具体的に紹介したものとして、前掲『〈民主〉と〈愛国〉』二章「総力戦と民主主義」の中の「『大衆』への嫌悪」(同、九六―九八頁)ほか、安丸良夫「戦後思想史のなかの『民衆』と『大衆』」(同『現代日本思想論　歴史意識とイデオロギー』［岩波書店、二〇〇四年。初出は『岩波講座　近代日本の文化史』9、岩波書店、二〇〇二年）が示唆に富む。

（33）松村克己は、千厩時代の波多野のあり方をことに重視しており、次のような印象的な言葉を遺している。「後世の歴史家が、此の時期の先生を生涯における最も影響力の強かった時代として、また後世に残る最大の業績を示した時として叙述する日が来るのではあるまいか、と私はひそかに考えるのである」（松村「千厩時代の波多野精一先生」、『追憶』、一〇三頁）。

（34）長原一郎「知己を得て」（『追憶』、二〇八頁）。『波多野』には長原宛書簡七通を収める。

（35）三浦所太郎「おじいさん」（同、二〇一頁）。『波多野』には三浦宛書簡二通を収める。

（36）同「千厩時代の波多野精一先生」、同、二〇六頁。

（37）前掲「ひとつの私的回想――波多野先生と古典研究」（同、五八―五九頁）。『波多野』には田中美知太郎宛五通を収める。ちなみに田中の波多野に対する深い理解をふまえた論考として、新保祐司「波多野精一論序説――上よりの垂直線」（同『批評の測鉛』、構想社、一九九二年。初出は『アステイオン』一八号、ＴＢＳブリタニカ、一九九〇年七月）を参照のこと。

（38）『追憶』、五八頁。

（39）香川鉄蔵宛書簡　昭和二十一年三月十日、『波多野』、三六八頁。

（40）本章で取り上げた波多野の書簡はいずれも、註33で松村が評価する「千厩時代」に属している。すなわち、本章が問い質してきた波多野の同時代認識・社会認識は、全て、疎開先の千厩を場として示されたものである。この間、もしも波多野が在京で、敗戦前後の状況に「直に」さらされていたならば、そのまなざしはまた違ったものになったかもしれない。もう一つの「仮定」として指摘しておきたい。

第六章　氷上英廣とキリスト教
――敗戦直後の論考を中心に

1　問題の所在

氷上英廣（明治四十四年～昭和六十一年）は、ニーチェの翻訳に傾注したドイツ文学者として知られた存在である。キルケゴールやベルジャーエフの訳者として、氷上の名に親しんだ向きも少なくないだろう。その「専攻」からすると、氷上とキリスト教のかかわりを探究しようとする本章の課題設定は、「意外」にも思われるかもしれない。事実、氷上が宗教史・キリスト教史の論考で取り上げられたことは、管見の限りでは皆無である。この点、同じドイツ文学者で、またニーチェの翻訳でも名高い竹山道雄が、「ドイツ文学」の域を超え、そのキリスト教への対し方も含め、今なお取り上げられることがある状況に比べると、著しい対照をなしている。(1)

しかし、氷上が敗戦直後にしたためた論考をひもとくと、彼は「過ぎ去った思想家」であるどころか、今なお看過すべきでない、〈キリスト教〉をめぐってのきわめて原理的な問題を論じていることに気づかされる。ここでは敗戦後間もない昭和二十二年に発表された、「能動的ニヒリズムの問題」と題する論考に注意を促したい。氷上はこの一文で、日本における「二つのニヒリズム」を指摘して、次のように述べている。

我が国の精神的状況はどうであらうか。ここでは奇妙なことに二つのニヒリズムが鉢合わせしてゐるといへる。即ち東洋固有の汎神論的仏教的ニヒリズムは近代世界の精神的危機であるヨーロッパ的ニヒリズムとめぐりあひ、この国の哲学的動向は、このアナロギーを捉へて、東洋的無の基盤の上に両者を連繋し媒介統一しようとする努力を示した。だからここではヨーロッパの精神的破局を憂ひ、あるひはひいて現代の終焉を見る世界史的観察とはむしろ対蹠的に、無そのものを拡充深化して、却つて無的弁証法によつて精神的宇宙を押包まうとするやうに見える。ニヒリズムの克服といふことは、その率直単純な意味では理解されず、むしろニヒリズムの深徹と飽和に努力が向けられたごとくである。(2)

指摘された「二つのニヒリズム」のうち、一つは言うまでもなく「近代世界の精神的危機であるヨーロッパ的ニヒリズム」である。この表現からは氷上が既に、そのいわゆる「近代」(3)を、危機的な状況にあるものとして否定的に見ていること、そして「我が国の精神的状況」を「ヨーロッパ」ならぬものとして「特殊」扱いすることなく、「近代」の「精神的危機」に侵蝕されたものとして理解していることが読み取れる。(4)それは「近代的思惟」や「近代的人間類型」の「創出」が称揚されていた敗戦直後の風潮下、氷上の視座の特質を照射するものと称し得る。

さらに注目したいのは、氷上が「我が国の精神的状況」は、「近代世界の精神的危機であるヨーロッパ的ニヒリズム」を、「二つのニヒリズムが鉢合わせしてゐる」と表現している点である。いわく「この国の哲学的動向」は、「近代世界の精神的危機であるヨーロッパ的ニヒリズム」を直視するほどに、むしろその「克服」可能性を、「東洋固有の汎神論的仏教的ニヒリズム」の中に見出していると。すなわち、「ニヒリズムの克服といふことは、その率直単純な意味では理解されず、むしろニヒリズムの深徹と飽和に努力が向けられた」という「この国の」知的事態に、氷上は「我が国の精神的状況」が帯びている固有の問題領域を見ているのである。

結論を先取りして言えば、氷上のこうした見解は、「近代」を〈神〉＝〈絶対者〉と人間の関係性から、根源的に捉えようとするまなざしに基づくものである。その視座は、問題の所在を原理的なレベルで理解したものであり、したがって、キリスト教をはじめとする宗教の「現代的課題」を再定義する上からも、示唆に富む論点を投げかけている。そこで本章では、氷上において「近代世界」は何ゆえに、「精神的危機」にあるものとして把握されたのか、また、氷上はなぜ「無そのものを拡充深化して、却って無的弁証法によって精神的宇宙を押包まうとする」試みを、「近代世界の精神的危機」との関係で問題視したのか、これら二点を中心に考察を加えることとしたい。本章の試みが、近代日本におけるキリスト教受容の問題、ことに〈神〉＝〈絶対者〉観をめぐる論点を喚起する一試論たり得れば幸いである。

2　「近代」と「近代的人間」――その精神的位相をめぐって

既述のとおり氷上の関心は、ニーチェを軸としたヨーロッパ精神史にこそ存し、〈近代〉そのものを厳密に定義して、その問題性の指摘自体を目的とした論考を遺したわけではなかった。しかし、その叙述を跡づけるとき、敗戦直後の氷上において、言うところの「近代」は、既に「理想郷」とは目されておらず、また、「近代的人間」もその「人間類型」の「創出」を無条件に称揚し得るほど、単純なものとは見なされていなかったことが明らかである。

たとえば、氷上は「近代」の「始原」とも称し得る「ルネッサンス」につき、昭和二十二年の論考「ゲオルゲとリルケ――芸術家と神の問題」においてこう述べていた。いわく「ルネッサンスがもたらした人間性の解放というものが、人間性統一の根本要請たる神性を見失わせ、人間性そのものをその機能であり成素であり部分であるものに分解せしめる方向に進行してゆき、殊に最近の実証主義的相対主義的な時代精神によって拍車をかけられたのが、近代的人間の危機を醸成した決定的原因であった(5)」と。また同じ頃「近代的人間」に関してはニーチェに触れてこう書いていた。「ニーチェは『神が死んだ』ことによって、ニヒリズムの時代が到来し、無の濃霧の中を彷徨する近代的人間がもはやその生に何らの目標と方向も設定しえないことを見たのであった(6)」。これらの記述が示唆するごとく、氷上において「近代」は、政治的・経済的なカテゴリーとしてよりも、あくまで人間精神の問題として、しかも危機的な状況として把握されており、ことに「近代的人間」に関しては、それを目指すべき「規範」としてでなく、まさに「無の濃霧」とも称すべき、無制約的・無律法的事態を宿命づけられてある、悲劇的な存在と見なした点に特徴があった。

こうした見方が促されたのは何ゆえか。既述のとおり、それは人間がルネッサンス以降、「人間性統一の根本要請たる神性」すなわち「存在を存在たらしめる中心(7)」を喪ったという根源的な見通しによるものだった。この点に関しては、氷上が昭和二十四年、ニーチェについての単著『ニーチェ――運命と意志』において、次のように述べているのが示唆に富む。

神が死んだことによるニヒリズム的徴候はしたがつて、さまざまな文化的側面とその動向においても自己を

> 示しはじめずにはゐない。それはこれまで神的中心に集中せしめられてゐた巨大な意志が解放されるに至つたためであり、それが矛盾と分裂の相のもとに自己主張し始めたのである。その場合肝要な点は、意志そのものが衰弱したのではなく、それらを嚮導する目標が見失はれたといふことが決定的なことである。人間意志は神が死んでも、なほいはば宗教的エネルギーを孕んでゐる。しかもその方向を規定するものがもはや全くないといふこと、これがニーチェの目睹する近代的ニヒリズムの動的な相である[8]［傍点原文、以下同じ］。

「神的中心に集中せしめられていた意志」のありようを、自由なるべき「人間意志」の、「神」への「隷属」と見るならば、上記の事態は「自己」を手にすることであり、その意味では「解放」とも称し得る。しかし氷上にとって「神的中心」の喪失は、「人間意志」とそれに基く「様々な文化的側面」を「嚮導する目標」の喪失として、人間の拠るべき「中心＝人間性統一の根本要請」が喪われた事態をこそ意味するものだった。いうならば人間は、「自己」を手に入れた代わり、「人間性統一の根本要請」を見失い、さらに「神の死」を宣告するニーチェの時代に至っては[9]、その「自己」と「世界」を意味づけ導いてきた究極の主体としての、依拠すべき〈人格的他者〉、ならびにその「嚮導する目標」を、併せて喪ったものと見なされたのだった。

　さらに氷上は、かかる「喪失」の経験が持ち来たす無制約的・無律法的事態の中に、以下のような苦しみが必然化されると理解した。それはまず第一に、「嚮導する目標が見失はれた」まま「自由」に対峙させられるという苦しみであり、第二に、「苦しみの無意味性」との直面、いわば「苦しみの意味を見出せないことによる苦しみ」にほかならなかった。

　この点、まず「自由」の苦しみに関して言えば、氷上は昭和二十六年、サルトルの戯曲『蠅』の主人公たるオレストの科白にことよせて、神を喪った「近代」における宿命的な「自由」に関し、次のように説いているのが注目される。

「人間の魂の中に一度自由が爆発する時、神々もどうすることもできない。」このオレストの自由はしかし端緒であり、根源であり、いわば裸形の自由である。こうした自由はいままでのように人間行為を分析した根柢に自由が考えられていた限りでは、自由はつねにその自由が到達する結果あるいは目的と結びついて表現されていて、その根源の自由そのもの、いわば無記な自由、いまだ価値とも意味とも結びつかない自由そのものが、それだけ照射されるという事は、考えられなかつた。……私の考えでは、近代では人間存在を支えるモラルの喪失、神の死、価値体系の相対化というニヒリズム的様相のもとで、人間の行動はしだいに従来の観念的倫理的着色を剝がれ、その根柢にある自由は、もはや意味や価値と結びつかず、意志からも引離され、実存として端的に裸形のままで凝視されるに至つた。(10)

ここでは「近代」の精神的位相が、「人間存在を支えるモラルの喪失、神の死、価値体系の相対化というニヒリズム的様相」と描写されている。この表現一つを見ても、氷上における「近代」が、「理想郷」とは見なされていないことが明らかであるが、さらには「近代的人間」が、「神的中心」と「無縁」な「自己主張」を獲得したものの、代わりに「人間意志」とそれに基く「様々な文化的側面」を「嚮導する目標」をも喪って、無制約的・無律法的事態へと陥ってしまったことが指摘されている。

「無記な自由、いまだ価値とも意味とも結びつかない自由」との表現が含意する「自由」とは、「その自由が到達する結果あるいは目的と結びついて表現され」得た類のそれとは異なって、「何らの目標と方向も設定しえない」「無の濃霧」そのままの「裸形の自由」にほかならない。そこには何ら基準も指針もないだけに、その只中に放逐されてある人間は、いかに行為すべきであるか、みずからの進むべき方向性を全く定め得ない。人間は「無の濃霧」の中に孤独のままに棄ておかれ、しかもなす術を持たないのである。氷上によれば、これこそ「ニーチェ以後」の「近代的人間」に宿命づけられた、苦しみの第一にほかならない。

既にそれ自体、非常な苦悩と言い得るが、昭和三十年「創造と苦悩」という論考において「苦悩ではなくて、苦悩の無意味がこれまで人類に与へられた最大の呪詛であつた(11)」と看破する氷上のまなざしは、「いまだ価値とも意味とも結びつかない自由そのもの」に放逐された「近代的人間」の苦しみを、さらに加えて「苦悩の意味」の喪失にも見出した。この点につき、氷上はこの「創造と苦悩」という一文で『ツァラトゥストラ』に依拠しつつ次のように述べている。

キリスト教的理想がこれまでのヨーロッパの人間存在に意味と目標を与へてきた。たとへば「人間はそもそも何のために存在するのか」といふ問は、解答し能はない問であつて、人間の意志はそのためにいはば病気となつた。すべての偉大な人間の運命も、最後には「すべてはむなしい！　空だ！」といふ繰返し《リフレーン》がついてゐた(例へば「難波の事も夢のまた夢」と日本の英雄も観じた)。しかしながら、キリスト教はこの難問を解いた。即ち人間の存在に意味を与へるといふことは、その苦悩に意味を与へるといふことである。……けれどもニーチェは「神は死んだ」と云つて歴史的キリスト教の終焉を宣し、それによつてこれまでキリスト教が与へてきた人生の意味と価値が消滅すること、従つてニヒリズムの世紀がはじまることを予言した(12)。

「人間の存在に意味を与へ」「その苦悩に意味を与へ」てきた「キリスト教」が「終焉」を迎えさせられたということは、以後、「『人間はそもそも何のために存在するのか』といふ問」もまた、「解答し能はない問」として棄ておかれたことを含意する。この点について「能動的ニヒリズムの問題」にていわく「『神が死んだ』ことによつて、一切の意味と価値の究極の付与者が失はれた以上は、現存する近代文化の全体系は真の内的生命と最後的統一を失つた」と。[13] 人間は「神」という、「一切の意味と価値の究極の付与者」を喪失したことにより、苦しみ多き「現実」を超え出でる超越的な価値・序列を見出すことが、原理的にできなくなった。かくして「近代的人間」は、ニーチェ以後、「無の濃霧」へと放逐されるのみならず、そうした自己の現実に、何ら「意味」を見出せなくなるという、いわば「無意味の濃霧」にまで呻吟させられることになったと氷上は説く。

このように、氷上はニーチェに拠りつつ「近代」を見すえるなかで、それが人間に「解放」をもたらすどころか、二重の苦悩を宿命づけるものとして、悲観的に把握していたが、氷上の卓越した点は、「近代」の産物である「近代自然科学」ならびにそれに基く「近代文明」が、「産みの親」たる「近代的人間」に、「幸福」以上にさらなる呻きをもたらすという、逆説的な構造をも凝視していたことだった。この点、短いながらも次の一文は、いわば「技術ニヒリズム」の原点を、根源から見通したものとして興味深い。

総じて実証主義を基盤とする近代自然科学もまた、それが元来目的や価値に無記であるのに、その技術と機械力が主体となつて、逆に人間勢力を駆りたてることにより、ニヒリズムの趨勢に参加してゐることは、明瞭な事実である。ニーチェが云ふやうに、「コペルニクス以来人間は中心からXの方へころがる」傾向を押しす

すめてゐるのである。(14)

氷上にとり「近代自然科学」は単に、「魔術からの解放」やその「対価」としての「近代文明＝物質文明」をもたらすだけの存在ではあり得なかった。右の文中、それが「元来目的や価値に無記であるのに」、にもかかわらず、「ニヒリズムの趨勢」という一定の「方向」を推し進める営みに「参加してゐる」と結論づけられている事実が示唆するように、氷上は「近代自然科学」、特に「その技術と機械力」の盲目的な自己展開を危惧してやまなかった。

しかも「近代自然科学」は「それが元来目的や価値に無記である」だけに、「その技術と機械力が主体となつた「近代文明」もまた同様に、人間を意味づける究極的な「目的や価値」につき、原理的に「無記」たらざるを得ない。したがって「近代文明」は、「人間の存在に意味を与へ」「その苦悩に意味を与へ」るという人格的・実存的な任を負うことが、そもそも不可能なのである。この点、先に引いた論考「創造と苦悩」において、氷上は「近代文明」を「人間的苦悩などは素通りにした近代文明(15)」と述べているが、彼がこの「素通り」なる形容に込めた企図こそは看取される必要がある。

かくして「裸形の自由」という「無の濃霧」へと放逐されるのみならず、そうした自己の現実に、何ら「意味」を見出せないという事態、いわば「無意味の濃霧」に呻吟させられているニーチェ以後の「近代的人間」は、「人間的苦悩などは素通りした近代文明」によっては救済されないのは自明であった。それだけに氷上はこれも「創造と苦悩」の中で、「技術と機械の時代の中で、最も悩むのは人間的苦悩の筈である(16)」と主張する。「苦悩ではなくて、苦悩の無意味がこれまで人類に与へられた最大の呪詛であつた」とする氷上にとって、「近代的人間」にもたらされた危機こそは、「人間性統一の根本要請たる神性＝存在を存在たらしめる中心」を喪った「近代」の試みの、あまりにも大きな「代価」にほかならなかった。[17]

3 「神観」をめぐる問い

ニーチェ以後の精神史的宿命をふまえ、「近代」および「近代的人間」を危機的に理解してきた氷上において、眼前の「我が国の精神的状況」はいかなるものと把握されたのか。既述のとおり、氷上はそれを「近代」と無縁な世界とは考えず、同時代ヨーロッパと同様に、「近代」の「精神的危機」に侵蝕されたものと考えていた。この点、本章の課題意識との関連で注視したいのは、「近代世界の精神的危機＝ニヒリズム」を、別個の「ニヒル＝無」の思想によって「超克」しようとする「この国の哲学的動向」に向け、氷上が根源的な疑義を呈していた点である。

氷上はなぜこの「試み」を問題視したのか。結論を先取りして言えば、それは結局、「無そのものを拡充深化して、却つて無的弁証法によつて精神的宇宙を押包まうとする」企てがはらむ「神観」にかかわるものだった。というのも氷上において、「近代的人間」の問題は、要するに、「存在を存在たらしめる中心＝神」を喪失した事態にこそ見出されていたために、「近代的人間の問題の克服」＝「ニヒリズムの克服」の試みは、そのように喪失された〈神〉の「回復」如何の問題として問われるのは必然だった。事実、氷上は敗戦直後の論考「ニーチェと近代精神」において「近代は、その解放した諸力が何等かの意味で絶対者と新しい関係に於て結びつくまでは、未だ完成にいたらず、従つて超克も起らない[18]」と述べていた。したがって、「無そのものを拡充深化して、却つて無的弁証法によつて精神的宇宙を押包まうとする」企てが、「近代的人間の問題の克服」＝「ニヒリズムの克服」たり得るか否かは、氷上において、そうした企てが持ち来たすところの「神」が、果して「存在を存在たらしめる中心」としての〈神〉たり得るか否か、すなわちその「神観」如何によって判断されることになるのは自明のことだった。

この点、氷上の視座は明確であった。まず第一に、「無そのものを拡充深化して、却つて無的弁証法によつて精神的宇宙を押包まうとする」企ては必ず「神秘主義」に陥るということ、第二に、「神秘主義」における「神」は、超越性も人格性も欠落させた、人間次第の恣意的な「神」に堕さざるを得ないため、そうした「神」は原理的に〈絶対者〉たり得ない、すなわち〈神〉たり得ないということ、したがって、「無そのものを拡充深化して、却つて無的弁証法によつて精神的宇宙を押包まうとする」企ては、同時代ヨーロッパと同様な「近代」の「精神的危機」にある「この国の」人々を、到底、救済するものにはなり得ない。氷上はこう退けたのである。

まず第一の点に関して言えば、氷上は先にも引いた「ゲオルゲとリルケ」の中で、時代の知的状況を「東洋的汎神論の無を無意識的背景にした」ものとして、次のように批判した。

伝統的な東洋的汎神論の無を無意識的背景にしたこの漠然たる文学的ニヒリストたちが、直感のみを武器として、近代精神とその文化に対する錯覚的な格闘は、しばしば可憐な戯画である。かくも多数の趣味人の思想と行動の裏付けとなつている禅的無とその神秘主義は、より明瞭な自覚にもたらされる必要があろう。東洋にせよ西洋にせよ、その本質上、美的人間存在は神秘主義を要請する。耽美家はともすれば神秘家に変る。おそらくいかなる宗教的信仰も神秘主義的側面なしには成立し得ないであろうが、しかし神秘主義そのものは宗教でもなければ哲学でもない。日本人の趣味的精神に神秘主義が深く喰い込んだことは、その美的生活における伝統的文化の繊細な陰翳を生んだが、同時に不必要な混乱と似而非深刻性と自己陶酔の原因となつている。(19)

昭和二十二年の時点で氷上が想定する「文学的ニヒリスト」が誰であるのか等々、興味深い表現が散見されるが[20]、ここで注目したいのは、氷上が「禅的無とその神秘主義」とあるように、「禅的無」を「神秘主義」とほぼ同一に理解しており、さらにその「神秘主義」を「神秘主義そのものは宗教でもなければ哲学でもない」と批判している点である。換言すれば、氷上において「禅的無」と「神秘主義」とは相即不離の関係にあるものと解されており、その「神秘主義」の「神観」は、〈宗教〉を称し得ないと把握されている点である。

然らばなぜ氷上は「神秘主義」を問題にするのか。この理由に関しては、氷上がそうした「宗教でもなければ哲学でもない」「神秘主義」の典型として、リルケのそれに下した指摘が注目されてくる。「ゲオルゲとリルケ」において氷上が注意するのは「リルケの神は『神秘的』である[21]」が、「その神秘主義はたとえばパウロやその後継者たちの持つ神秘主義とは、全く類を異にしている[22]」という点にほかならない。いわく「パウロではその究極目標はつねにキリストの充溢にあるのであって、無差別的で流動的な神性といったようなものではなかった[23]」が、リルケのそれは「美的人間存在に本質的な不安と懐疑と憧憬が織り出した詩的影像の神秘主義、美的神秘主義である[24]」と。

ここで氷上がリルケに比してパウロを取り上げ、そのキリストへの「集中」を強調している事実は興味深い。氷上はリルケのごとき「美的人間存在」が「織り出した」「神」の決定的問題点として、それがパウロと違い「キリスト」すなわち「仲保者」を「無用」としている側面を重視して、次のように説いているからである。

美的人間存在がそれ自らの自律的根源から誕生せしめる神は、芸術家に直接結ばれて、その間なんら仲保者のごときを要しない。ゲオルゲにおいては、仲保者は外ならぬ彼自身である。リルケの場合にも、キリストは終始無用なものである。リルケにおいて仲保的なものは、強いて求めれば「物」、彼が特有な意味を常に賦与している「物」である。(25)

氷上のこの洞察は、「神観」および「人間観」の問題として重要な指摘を含んでいる。というのも神が〈神〉であるならば、すなわち〈絶対者〉が〈絶対〉者であるならば、人間は相対者に過ぎないだけに、〈絶対者〉の前に立つことなど、それこそ〈絶対〉に能わない。相対者は〈絶対者〉に向き合うことができないからこそ相対者なのであり、〈絶対者〉は相対者を圧倒・否定するからこそ――「対」を「絶する」がゆえにこそ――〈絶対〉者なのである。(26)相対者たる人間が、神と対峙するのに「キリスト」を、「仲保者」を、必死にも要するゆえんは――また〈絶対者〉が〈絶対〉者であるゆえに、みずから自己を否定して「仲保者」を備えるゆえんは――実にこの点にこそ存するが、にもかかわらずリルケの「神」は、相対者たる人間と「直接結ばれて、その間なんら仲保者のごときを要しない」。この事実はリルケの「神」が、相対者たる人間を圧倒し屈服させる〈神〉、まさに〈絶対者〉としての超越性・他者性を兼ね備えた存在ではないということを逆照射するものにほかならない。この点、氷上がリルケの「神秘主義」ならびに「神」の問題性を、「仲保者」の不在にこそ求めていることは、実に慧眼と言わなければならない。

さらに氷上はかかる「神観」の問題性を、リルケ『祈禱書』にことよせて、次のように述べていた。

「祈禱書」の神は暗くある。詩人もまた暗くある。この共通の深き基底である暗黒によって詩人は神につらなるのである。

神は巣から落ちた弱い雛のようである。……

つまり我々の実存的不安を、リルケは逆に絶対者の方に押しやるのである。こうして絶対者を不安にすることによって、我々も一層不安になり、一層の宗教的雰囲気を醸成するという方法である。弱き神の主題はしばしば出て来る。ニーチェは「神は死んだ」といった。リルケは「神は使い耗らされた過去のものだ」といった。ニーチェが、キリスト教は道徳主義に転じて、神は安死術の死を遂げてゆく、と見たのを、リルケはその神の瀕死状態の不安を、自己の美的存在的不安と交流・交錯させて詩的旋律に乗せるのである。しかしかくの如くして神に近づくということは、逆に絶対者の方が彼に依存するという関係と同じことである。(27)


注目すべきは最後の一節である。ここではリルケの「神」が、人間に「依存」する「弱き」存在であることが指摘されている。ちなみに先の引用に現れたゲオルゲの場合、「神」として措定されたのは「マクシーミンという匿れた名で呼ばれる夭折した人物(28)」=「現人神(29)」であり、曲がりなりにも人間が「依存」し得る「人格的存在」ではあった。(30)しかし氷上によれば、リルケの「神」はそうではない。人間が「依存」し得るどころか、こともあろうに人間に「依存」してくる「神」であり、かつ、人間に「直接結ばれ」てしまう「神」である。それは「マクシーミン」さながらの擬似的「人格」でさえもなく、「自己の美的存在的不安と交流・交錯させて詩的旋律に乗せ」られた「宗教的雰囲気」それ自体と言っても過言ではない。そこに在るのは絶対者としての超越性および人格性を完全に欠落させた、「人間次第」の「神」である。

この点につき、氷上はリルケの「私が死んだら、神様、あなたはどうなさります……私とともにあなたの意味は失われる(31)」との一節をとらえ、「遂に父と子の関係は逆転し、人間によって神が造られるということになる。神は伽藍であって我々はそれを築く。人間が神の似姿でなくて、神が人間の似姿となる。神の国は我々とともに熟する」[32]と、その倒錯した「神観」を批判しているが、そのような「宗教的雰囲気」としての「神」との「邂逅」が、ゲオルゲと「マクシーミン」の関係同様に、「真の人間の救済ではなく」、せいぜい「自己陶酔」しかもたらさないことはあまりにも自明である。[33]

そして氷上が「禅的無」を問題にするのは、すなわち「無そのものを拡充深化して、却つて無的弁証法によつて精神的宇宙を押包まうとする」企てに疑義を唱えるのは、実に「神秘主義」のこうした「神観」、すなわち人間に「依存」してくる「神」、人間に「直接結ばれ」てしまう「神」への批判的理解に基いている。この点に関しては、敗戦直後の論考「人格的なるもの」という一文中、次の一節が示唆的である。

私が想ひ出すのは、戦争の始まつた前後であつたと思ふが、禅がさながら新しい魅力のやうに知識人に作用しだした頃、いまは故人となられた一高の岩元禎先生が「禅は責任を取らんからいかん」と云って居られた言葉である。禅的な訓練がなにか実存的な活力を培ふことはわかるやうに思ふが、それがまた責任意識一般を解除するかどうか私には断定する力がないが、禅の神秘主義の志向するものは、西洋的な人格の責任観念とはすこぶる違つたものであるやうに想はれる。そしてこの禅的な東洋的無を根柢においた意識は日本人のアニマの重要な底流の一つであるやうに私には思はれるのである。[34]

氷上がここで「禅の神秘主義」を批判するにあたり、「責任観念」を取り上げていることは興味深い。というのも「神秘主義」の「神」というものは、既述のとおり、相対者たる人間と「直接結ばれて、その間なんら仲保者のごときを要しない」存在、すなわち人間に「依存」する「人間次第」の「神」である。それは人間に対し圧倒的に現在する〈人格的他者〉とは原理的に異なるだけに、そうした「神」と人間との間には、当然ながら、張り詰めた実存とは対極の、無制約的・無律法的な関係性しか生じ得ない。したがって、人間が「禅」をとおして何らかか「絶対者＝神」との関係に入ったとしても、その「絶対者」が所詮、人間と「直接結ばれて、その間なんら仲保者のごときを要しない」存在、人間に「依存」する「人間次第」の「神」であるならば、そのような「神」には〈絶対者〉としての超越性および人格性が欠落しているだけに、関係する人間に峻厳なる責任意識を惹起することはできない。

その意味で、氷上がここで「禅」を問題にするにつき、「一高の岩元禎先生が『禅は責任を取らんからいかん』と云って居られた」と回想し、それへの共感を示している事実は、氷上における「禅」批判が、「神秘主義」同様、人間との無制約的・無律法的関係を帰結するその「神観」に基くかたちで行われていることを照射するものである。

実際、氷上がこの論考の別の箇所において、「人格は人格的絶対者たる神との直接なつながりをめぐつて形成されるのである。人格的絶対者に対して、われわれの個々の魂がどこまでも責任を負ふという深刻な意識が、人格を人格たらしめる」(35)、さらに田辺元を意識してであろう、「人格的絶対者の神を持たない懺悔道としての哲学といふやうなものが成立つかどうかすこぶる可疑的である」(36)と述べており、また同じ年の別の座談会「パスカル・キェルケゴール・ニーチェ」においても、禅に対して「実存的な活力というものがあると思う」(37)と一定の評価をしながらも、それが「人格的な絶対者という者の前で、個人の魂が責任を持つということがないので」(38)、人間に「人格性というものが結局たたない」(39)、「これはやはりキリスト教だけだと思う」(40)と発言している。これらの事実は、上記の読みの根拠たり得る一言である。

「神観」をめぐる氷上のこうした問いかけは、直接的にはリルケや禅の「神秘主義」に向けられているが、その射程は両者にとどまるものではない。氷上がここで〈絶対者〉の〈本質〉として、超越性と人格性を強調し、そうした〈神〉との関係においてこそ、人間の責任意識が成立すると指摘したことは、「過ぎ去った思想家」の「過ぎ去った指摘」などでは断じてなく、およそ「近代」および「近代的人間」の問題が、要するに〈神〉＝〈絶対者〉と人間との関係性に集約されていくものである以上、キリスト教をめぐる思索と経験を批判的に問い質していく上で、今後も傾聴に値するものであり続けるはずである。

4　おわりに――〈絶対者〉をめぐる戦後日本思想史の試みへ

以上、氷上はなぜ「近代世界」を「精神的危機」にあるものとして把握したのか、また、氷上はなぜ「無そのものを拡充深化して、却つて無的弁証法によつて精神的宇宙を押包まうとする」試みを、「近代世界の精神的危機」との関係で問題視したのか、〈神〉＝〈絶対者〉と人間との関係性に焦点をあて考察を加えてきたが、最後に今後の課題として若干の論点に言及し、このささやかな一文を閉じることとしたい。

まず本章で跡づけた氷上の見方に対しては、「禅の神秘主義」ないしは「無そのものを拡充深化して、却つて無的弁証法によつて精神的宇宙を押包まうとする」立場からする反批判、特に氷上における「東洋的無」や「禅」理解の妥当性、なかんずくその「神観」の「人格性」把握をめぐり、深い議論が成り立ち得る。(41)そのほか氷上が「禅的無」とリルケの「神秘主義」とを「同一視」していることに関しても検討の余地があり得よう。

さらに、これらの問題と関連し、氷上同様ニーチェを論じ、「近代の超克」を根源的に論じた思想家として西谷啓治の存在が思い起こされる。[42]氷上が『ニーチェ　運命と意志』を出版した昭和二十四年、同じく『ニヒリズム』[43]を公刊し、座談会「近代の超克」にもかかわった西谷の存在は、当時、同じくニーチェに取り組んでいた氷上の意識に当然ながら上ったに相違ない。そのことはまた逆に、敗戦という事態をくぐり抜けつつ思索した、西谷らにも言えることであったと思われる。おそらく双方の間には、ニーチェを論じ、ニヒリズムとその克服の問題を考え抜いた者として、ある種の「思想的緊張関係」が存在したのではないだろうか。この点を意識して両者の業績を読み直すとき、戦後日本思想史は、〈絶対者〉＝〈神〉をめぐって営まれた根源的な思索の軌跡として、新たな叙述が可能となるようにも思われるのである。[44]

［註］

(1) 近年、竹山道雄を論じた作品としては、馬場公彦『ビルマの竪琴をめぐる精神史』（法政大学出版局、二〇〇四年）、大原祐治『文学的記憶・一九四〇年前後　昭和期文学と戦争の記憶』（翰林書房、二〇〇六年。特に五章「戦争の記憶／戦後の語り方」）、平川祐弘『竹山道雄と昭和の時代』（藤原書店、二〇一三年）などがある。このように「竹山論」に関しては、比較的最近のものが散見される。ちなみに「戦後日本思想史」を「網羅」した感のある小熊英二『〈民主〉と〈愛国〉――戦後日本のナショナリズムと公共性』（新曜社、二〇〇二年）においても、竹山は取り上げられているが、氷上についての言及はない。

(2) 氷上英廣「能動的ニヒリズムの問題」、『思潮』五号、昭和二十二年十一月、昭森社（氷上『ニーチェの問題』、創元社、昭和二十三年、三四―三五頁）。

（3）氷上のいわゆる「近代」は、本文中の引用からも察せられるように、同時代の「大塚史学」等が描くところの規範的に抽象された「西欧」「近代」像とは異なって、むしろその「極北」とも称すべき世界を含意する点で、〈現代〉と称するのがふさわしい面がある。この点、氷上の視座の射程を示す論考として、アドルノやホルクハイマーへの内在的な言及が見られる一文、氷上「哲学という『嘆きの壁』——危機的状況をめぐって」（岩波講座『文学』一一巻、『現代世界の文学1』、岩波書店、昭和五十一年〔同『ニーチェとその時代』、岩波書店、一九八八年〕）が示唆に富む。また後掲註18も参照のこと。

（4）氷上は日本近代の精神的位相を、「存在を存在たらしめる中心」（氷上「ゲオルゲとリルケ——芸術家と神の問題」、『高原』四輯、鳳文書林、昭和二十二年九月〔氷上『ニーチェとの対話』、岩波書店、一九八八年、八九頁〕）を喪った時代＝「近代」の「苦悩」が刻印された世界として、ニーチェへと至るヨーロッパ精神史をふまえて読解しただけに、日本におけるいわゆる「超国家主義」の求心力を、日本の「前近代性」や「封建制」にのみ帰着させることはなかった。次のような表現を参照。

超国家主義は一種の形而上学的実在としての国家像を押したて、これに一切の価値と規範を隷属させてしまつた。それといふのも、軍閥や一部官僚や極端な国家主義者の責任ばかりでなく、彼等があのやうな大仕掛な戦争を組織し強行し得た拠りどころとして、民族神話に淵源した神政政治的理念を中心とする歴史哲学があつたからである。歴史に価値実現を読ませるものがあつたからである。かうしたものを単に観念的虚構として軽く見るひとは、およそ人間とその社会的集団の演ずる現実の動きを理解しない（氷上「危機の認識」、『人間』二巻一二号、目黒書店、昭和二十二年十二月。〔前掲『ニーチェの問題』、二六八頁〕）。

明治維新とともに始まつた近代日本は、新しい局面に際してさまざまな苦悩を味はつた。しかし人間的苦悩はむしろ国家的苦悩に吸収されてしまつた観がある。時代は国家的苦悩を解決するに急であつて、そのために人間的苦悩はその感覚を麻痺させたままで置く方が好都合であつた。また在来の人間的苦悩はすすんで抵抗し発言することなど思ひもよらなかつた。かかる明治の状況において東洋的汎神論や神秘主義は、さうした苦脳を鋭くするよりもむしろ眠らす方に役立つた。その反対に先手を取つて逸早く苦悩の意味を与へたのは、国家の方である。……かくして忠良な臣民はその人間的苦悩の意味を、一死報国もつて皇運を扶翼することに見た。これが日本の悲劇であつたが、この悲劇は、アジアの状況の下ではさけられないものであつたかも知れない。(氷上「創造と苦悩 ―― ニーチェ『ツァラトゥストラ』の教へるもの」〔『新論』一巻二号、新論社、昭和三十年八月、四三頁〕)。

(5) 前掲「ゲオルゲとリルケ」、前掲『ニーチェとの対話』、八九頁。

(6) 氷上「ゲーテとニーチェ」、『ゲーテと現代 ―― ゲーテ生誕二百周年記念論文集』、講談社、昭和二十四年十月(同、一二頁)。

(7) 前掲「ゲオルゲとリルケ」、前掲『ニーチェとの対話』、八九頁。

(8) 氷上『ニイチェ ―― 運命と意志』、新潮社、昭和二十四年、一八五―一八六頁。

(9) ニーチェの「キリスト教批判」について、深井智朗氏は「決して全キリスト教史を通して妥当するようなものではなく、彼の時代のキリスト教、とりわけアルブレヒト・リッチュルの神学的な立場を想定してはじめて破壊的な意味を持つもの」(深井「F・Wニーチェとリッチュル学派―ニーチェにおけるキリスト教の問題」、同『アポロゲティークと終末論 ―― 近代におけるキリスト教批判とその諸問題』、北樹出版、一九九九年、一九頁)と指摘する。氷上には、こうしたニーチェ把握の視点はない。この一例からしても、氷上のニーチェ論は、現代のニーチェ研究の水準からする相対化がなされる必要がある(本書八章の吉満義彦による西欧精神史「理解」についても同様である)。なお、日本におけるニーチェ受容について、木本伸「万物流転から諸行無常へ　日本におけるニーチェ受容の一傾向について」(『ドイツ文学論集』三三号、日本独文学会中国四国支部、二〇〇〇年十月)、湯浅弘「日本におけるニーチェ受容史瞥見(1) ―― 西谷啓治のニヒリズム論をめぐって」(『川村学園女子大学紀要』一五号、川村学園女子大学、二〇〇四年三月)、曽田長人「ニーチェと内村鑑三 ―― 日本におけるニーチェの受容と相対化をめぐる試論」(『思想史研究』六号、日本思想史・思想論研究会、二〇〇六年五月)等を参照。曽田論文のモチーフをふまえ、ここで一言付言するならば、近代日本の学問的なニーチェ研究が、内村門下の立澤剛、そして内村に師事した三谷隆正の薫陶を受けた氷上らによって切り拓かれてきたことは興味深い。後掲註42、43も参照のこと。今後の課題とし、考察してみたい。

(10)氷上「サルトルの『蝿』」(『人間』六巻一号、目黒書店、昭和二十六年一月、一七二―一七三頁)。なお日本におけるサルトル受容について、石井素子「日本におけるJ.-P.サルトルの受容についての一考察――翻訳・出版史の視点から」(『京都大学大学院教育研究科紀要』五二号、京都大学大学院教育学研究科、平成十八年三月)、増田靖彦「サルトルは日本でどのように受容されたか――その黎明期を中心として」(『人文』六号、学習院大学人文学研究所、平成二十年三月)を参照のこと。

(11)前掲「創造と苦悩」、前掲『新論』一巻二号、四二頁。

(12)同、四二―四三頁。

(13)前掲「能動的ニヒリズムの問題」、前掲『ニーチェの問題』、五一頁。

(14)同、三四頁。

(15)前掲「創造と苦悩」、前掲『新論』一巻二号、四四頁。

(16)同。

(17)氷上において、「近代」および「近代的人間」はニーチェの視座に依拠しつつ批判されてはいるものの、彼自身はニーチェと異なり、〈近代〉の「到達点」の一つであるその政治形態ならびに理念まで退けたわけではないことは、たとえば前掲「能動的ニヒリズムの問題」において「東洋固有の汎神論的仏教的ニヒリズム」に触れるなか、「近代国家としてあるひはまたその民主主義的動向の精神的基礎として、そのやうなニヒリズムがどこまで自己主張し得るであらうか」(前掲『ニーチェの問題』、三五頁)と言及する点にうかがえるが、詳細な検討は今後の課題としたい。

(18)氷上「ニーチェと近代精神」、『人間』一巻一一号、鎌倉文庫、昭和二十二年十一月(前掲『ニーチェの問題』、一四頁)。この表現は、氷上があるべき〈近代〉として、内村や南原繁、大塚久雄らと同様に、〈絶対者〉と対峙した一個独立の〈人格〉の成立を念じていたことを示している。前掲註17も参照のこと。

ただ、氷上は明らかにキリスト教信仰、それも内村流のそれに深い理解と共感を抱きながらも、終生、「キリスト者」としての「信仰告白」をすることはなかった。没後、公刊された追悼文(「追悼　菊池栄一先生・氷上英広先生」『比較文学研究』五一号、東大比較文学会、昭和六十二年四月）を手繰っても、氷上と「キリスト教」の関係に触れた追憶はない。

然らば氷上はいかなる実存的立場に身を置いてきたのか。この問題は別稿を要する重要な論点であるが、一つの鍵となると思われるのは、亡くなる四年前に『内村鑑三全集』（岩波書店）「月報」として著された一文、「内村鑑三とレッシング」である（氷上『ニーチェとの対話』、岩波書店、一九八八年）。月報には分載されたこの長文で注目すべきは、氷上がケーベルのレッシング評を次のように紹介する点である。

> レッシングはキリスト者―おそらく彼と同時代のあらゆる学者と詩人の中で最も真摯にしてもっとも純正なキリスト者であった。もっともキリストの宗教の信者ではあったが、「キリスト教」のそれではなかった。彼は両者を区別した。……彼の宗教は未来に属するものである、すなわち一つの群れと一人の牧者とにより成る宗教、あらゆる人種と、あらゆる国籍と宗旨に属する一切の人物を、キリスト者でない者をも眼中に置いたところの、キリストの教えた真誠のキリスト教であり、『ヨハネの遺言』である（同、二四〇―二四一頁）。

氷上によればレッシングの『ヨハネの遺言』とは、「わずか数ページの対話体のもの」（同、二四一頁）であり、年老いたヨハネの説教は最終的に「子どもたちよ、互いに愛しあいなさい！」と言うばかりになったというものである（同）。氷上は続けて、この作品についてのケーベルの言葉を問いかける。

> ケーベル博士はいう。「ただの数語より成り立っているこのあどけない誡《いまし》めは、実にキリストの全教訓と、賢者ナータンの全知慧を含んでいる。すなわちそれはキリスト教的愛はキリスト教的信仰が無くとも可能だということ、キリスト者と呼ばれなくとも、人はなおキリスト者でありうること、これらの数語にかなった生を営む者は、いずれの宗教に属しようともキリスト者であるということである。――」
> 実に大胆といえば大胆な表白だが、レッシングとともにケーベル博士の信仰の究極するものを思わせる。内村のいう「キリスト教は宗教に非ず」という考えにも脈絡はつづいている。（同、二四二頁）。

思うにこの「大胆な表白」こそ、実は、氷上の秘めたる思いでもあったのではないだろうか。氷上と同じく、三谷隆正に師事した神谷美恵子と「キリスト教」の関係も思い起こさせる。いずれも、近代日本におけるキリスト教受容の一つの型として、興味深い論点を胚胎しているようである。あらためて考察を加えてみたい。この点、鈴木範久『中勘助せんせ』（岩波書店、二〇〇九年）、特に七章「無仏教と無教会」が示唆に富む。なお三谷に関しては拙著『三谷隆正の研究――信仰・国家・歴史』（刀水書房、二〇〇一年）、および拙稿「教育者としての三谷隆正」（『キリスト教と諸学』二四号、聖学院大学キリスト教センター、二〇〇九年三月）を、神谷については江尻美穂子『神谷美恵子』（清水書院、一九九五年、特に二〇七―二一二頁）を参照のこと。

(19) 前掲「ゲオルゲとリルケ」、前掲『ニーチェとの対話』、九〇―九一頁。

(20) 「直感のみを武器として、近代精神とその文化に対する錯覚的な格闘」をなす「漠然たる文学的ニヒリスト」とは興味深い表現である。「近代の超克」に参加した亀井勝一郎や小林秀雄、また氷上より一歳年上の保田與重郎等が想定されているのであろうか。いずれにしろ手厳しい言葉であるが、一方、氷上は第一高等学校文芸部以来の友人でもある中島敦を高く評価していた。この対照的な評価の事実は、氷上の精神のありようを如実に照射するように思われる。なお保田については石川公彌子『〈弱さ〉と〈抵抗〉の近代国学――戦時下の柳田國男、保田與重郎、折口信夫』（講談社、二〇〇九年）、中島については、新保祐司「中島敦――我が胸中一片の冰心」（同『文藝評論』、構想社、一九九一年）、山下真史『中島敦とその時代』（双文社出版、二〇〇九年）を参照のこと。

(21) 前掲「ゲオルゲとリルケ」、前掲『ニーチェとの対話』、九七頁。

(22) 同。

(23) 同。

(24) 同。

(25) 同、九七―九八頁。

(26) こうした絶対者理解に関しては、量義治『宗教哲学入門』十二章「絶対者の問題」（講談社、二〇〇八年、初版は同『宗教の哲学』、財団法人放送大学教育振興会、二〇〇〇年）、および関根清三『旧約聖書と哲学　現代の問いのなかの一神教』（岩波書店、二〇〇八年）に収められた同「旧約的一神教の再構築——旧約学と哲学との対話から」（『日本の神学』四四巻、日本基督教学会、二〇〇五年九月）、同「イサク献供の哲学的解釈」（『旧約学会雑誌』四号、日本旧約学会、二〇〇七年十月）の二論文に示唆を受けた。

(27) 前掲「ゲオルゲとリルケ」、前掲『ニーチェとの対話』、九八頁。

(28) 同、九三頁。

(29) 同、九五頁。この表現には、氷上による「日本近代」の精神的総括、すなわち〈天皇制〉神学への批判が込められているように思われる。

(30) ゲオルゲが見出した「マクシーミン」＝擬似的「神」は、なるほど「人格的」ではあるが、人間によって「捏造」されたものであるだけに、「創造者」たる当の人間を圧倒するほどの他者性・超越性は原理的に持ち得ない。逆にその存在の根底に、人間による「存在回復」への希求がおかれているだけに、この「神」にはおのずから、人間の願望や憧憬、自然的な欲望が忍び込むことになる。かくして現象する「神」は、人間をして「砕かれた魂」を余儀なくさせる超越的人格神ではなくて、逆に、「神」を「笠に着た」自己肯定・自己絶対化を可能ならしめる、いわば人間の「方便」としての「神」をこそ導かずにおかない。そのような「神」のもと、欲望自然主義に立脚した即物的「宗教」とその「集団」が出現するのは、けだし当然であった。こうした視座は氷上の岳父・南原繁の「ゲオルゲ（派）批判」（南原「プラトーン復興と現代国家哲学の問題」、『国家学会雑誌』五〇巻九号、国家学会事務所、昭和十一年九月［同『国家と宗教——ヨーロッパ精神史の研究』、岩波書店、昭和十七年、後に『南原繁著作集』第一巻、岩波書店、昭和四十七年］）にも通ずるものがある。

(31) 前掲「ゲオルゲとリルケ」、前掲『ニーチェとの対話』、九八—九九頁。

(32) 同、九九頁。

(33) こうしたリルケ批判は、氷上自身の「精神史的総括」をも意味していたように思われる。本文でも触れた座談会「パスカル・キェルケゴール・ニーチェ」の中で氷上はリルケを「あの背景にあるものは、僕にはやはり信仰的なものよりも、美的なものに思われますね」（前田陽一、氷上英廣、矢内原伊作「パスカル・キェルケゴール・ニーチェ」、『独立』九号、昭和書院、昭和二十四年八月、六〇頁）と批判しつつ、「われわれ若い時非常に共感したものですよ」（同）と述べている。実際、氷上は第一高等学校時代に「平野と天――リルケの観照性」と題した、耽美的な文体で綴られた論考をものしている（『第一高等学校校友会雑誌』三二四号、昭和四年十月）。氷上のこうした原初の志向性を、昭和四年という時代と重ねつつ考え合わせると、その個性を照射する手がかりになり得るように思われる。

(34) 氷上「人格的なるもの」、『基督教文化』三七号、新教出版社、昭和二十四年六月、一三頁。

(35) 同、九頁。

(36) 同、一一頁。

(37) 前掲「パスカル・キェルケゴール・ニーチェ」、前掲『独立』九号、五六頁。

(38) 同。

(39) 同。

(40) 同。

(41) 氷上は〈神〉を、いうならば「歴史を司る応報的存在」として、自己の「外」に在る「有的」な絶対者と捉えているかに見受けられるが、しかし、敗戦直後、氷上が俎上に載せた「この国の哲学的動向」は、そもそもヨーロッパ哲学史を根源から把握するなかで、そうした「伝統的」な「絶対者＝神」観への疑義や批判に対峙し得るだけの、全く新しい「神観」の構築という一面も有していたはずであり、その試みの深甚なる射程を考え合わせると、氷上の批判は如上の立場への、いささか表層的な理解に基いているようにも思われる。この問題に関しては註26の関根清三論文に示唆を受けた。また氷上とは対照的に、いわばキリスト教信仰の側から「禅」の意義を再考した作品として、佐藤研『禅キリスト教の誕生』（岩波書店、二〇〇七年）、および関根清三氏による同書書評（『宗教研究』八二巻三号、日本宗教学会、二〇〇八年十二月）も興味深い。さらに言えば、近代日本思想史の文脈にては、「無」のみならず「虚無」の語も散見されないだろうか。「虚無」と「無」、そして「ヨーロッパ的ニヒリズム」、それぞれの交錯と分岐を併せて問う必要があるように思われる。この点、和辻哲郎等述『実存と虚無と頽廃』（弘文堂、昭和二十四年）を参照のこと。

(42) 西谷およびその師・西田幾多郎の試みがはらむ射程に関しては、大橋良介「京都学派と『近代の超克』」（同『西田哲学の世界』、筑摩書房、一九九五年）、同編『京都学派の思想――個々の像と思想のポテンシャル』（人文書院、二〇〇四年）、同『西田幾多郎　本当の日本はこれからと存じます』（ミネルヴァ書房、二〇一三年）に示唆を受けた。

(43) 西谷啓治『ニヒリズム』（弘文堂、昭和二十四年）。昭和二十三年に『ニーチェの問題』、翌年『ニーチェ――運命と意志』を公刊している氷上だけに、本文にも述べたとおり、西谷の存在は常に意識せざるを得ないものであったと思われる。西谷に関しては『理想』六八二号の「特集　西谷啓治」（理想社、二〇一二年）を参照のこと。

(44)「はしがき」で述べたことにもかかわるが、近現代日本思想史を、〈絶対者〉＝〈神〉をめぐって営まれた思索と経験の総体として描き直す場合、〈日本〉を〈場〉とする以上、当然ながらその対象は、本書で扱った広義の〈キリスト教〉に限定されるべきものではない。この点、本書三章註53にて触れた住谷一彦『日本の意識――思想における人間の研究』（岩波書店、一九八二年）、同「原田敏明『宮座』論の普遍性と特殊性（原田敏明『宗教　神　祭』［岩田書院、二〇〇四年］）等に表れた氏の問題意識には学ぶものが大きいと考えている。

第七章　井上良雄の信仰と〈実践〉
——戦後日本キリスト教史への一視角

1　問題の所在

井上良雄（明治四十年～平成十五年）は、ブルームハルト父子の浩瀚な評伝の執筆に尽力し、また、生涯をかけ、カール・バルトの著作の翻訳に傾注したことで知られた存在である。その井上は敗戦の年に洗礼を受け、戦後初期からキリスト者としての歩みを始めたが、当初から政治や社会への発言を行い、冷戦下での「平和運動」にも積極的にかかわるなど、戦後日本のキリスト教界で、〈実践〉の側面からも存在感を発揮した。(1)

思うにこれまで日本キリスト教史への関心は、いわゆる「キリシタン時代」への考察を除けば、圧倒的に、明治～昭和戦前期に集中してきた感がある。しかし、「戦後」も七十年に届こうとする現在、いまだその間の歩みが本格的に検証されない状況は、問題ではないだろうか。(2)本章では如上の課題意識から、戦後日本のキリスト教史を視る際の一視角を築くべく、井上の思想的営為、特にその〈実践〉の核になる世界を内在的に解き明かすことを目的とする。特に井上を選ぶのは、敗戦後五十年を期に編まれた著書『戦後教会史と共に——一九五〇—一九八九』が象徴するように、井上の足跡がほぼ戦後日本のキリスト教史と重なるだけに、その問題意識を解析することは、当該期におけるキリスト教受容の〈問題〉を逆照射することにもなると考えられるからである。

なお本章は、井上の言説を手がかりに、その〈実践〉を促した精神のありように迫ることを目的とするだけに、「キリスト者平和運動」をはじめ、井上の行った〈実践〉そのものの歴史的展開過程を直接の考察対象にするものではないことをご了解いただきたい(3)。

2　信仰の原点——「イエスは主なり」の射程

結論を先取りして言えば、井上の〈実践〉は、「イエスは主なり」との自覚に基礎づけられていた。別の角度から言うならば、井上は「イエスは主なり」との理解に基づいて現実と対峙した。その視座を象徴する一文として、ここでは、井上が昭和二十六年の論考「バルトにおける教会と国家の問題——国家の責任を負う教会」冒頭で、バルトの著作「千九百四十五年出版の《Eine Schweizer Stimme, 1938-1945》」を紹介し(4)、「この書物に現れた、バルトのすべての政治的発言の根柢(5)」として、以下のように述べている点に注意を促したい。

イエス・キリストは主で在す。単に教会の主であるだけでなく、世界の主で在す——この単純な信仰告白のために、バルトはこの大戦の間、戦つて来たのである。教会がイエス・キリストを信じ、宣伝える時に、単に教会の主であるイエス・キリストを宣伝えるのではなくて、同時に世界の主でもあるイエス・キリストを信じ、宣伝える(6)。

この論考は、井上が文芸評論の筆を折って後、キリスト者として初めて公にした長文、それも東京神学大学の紀要に著した論文という点で、その〈初心〉が込められた作品と言ってよい。同様の主張は、三年後の昭和二十九年四月、雑誌『思想』に著された「プロテスタント教会と国家の権威」でも貫かれていた。井上にとり、一般論壇誌に掲載される最初の作品であるだけに、それは満を持して放たれた、同時代への宣言と言い得るが、その注目すべき論考で井上が説いたのも、「『イエスは主なり』という、原始教会の信仰の根幹[7]」への促しだった。

井上によれば、イエスが「主」であるということは「キリストのみが王[8]」であるということであり、「キリストのみが王」であるということは、「キリストが支配せず主でないような生の領域を認めることは出来ないということ[9]」だった。それは「キリストがその復活によって、また神の右に挙げられることによって、現在支配を行い給うということ[10]〔傍点原文、以下同じ〕」であり、「キリストが現在支配し、天においても地においても、すべての力が彼にゆだねられている[11]」ということだった。

如上の見方は、イエス・キリストが「主」として臨み、「現在支配を行い給う」、当の「世界」に対する視座を、一新するものでもあった。たとえば前掲「プロテスタント教会と国家の権威」の一月後に著された論考「今日と称うるうちに」でいわく、イエス・キリストは「すでに私たちの許に来つてその死と甦りにおいて私たちのために一切を為し給うた[12]」存在であり、そのような存在が「主」として臨み、「現在支配を行い給う」そのゆえに、「私たちの生きている世界がどのようであるにしても、神の真昼はすでに来り、死と罪と悪魔とは主の足の下に置かれている[13]」と。昭和二十七年の論考「キリスト教的リアリズム」でも次のように説いていた。いわく、「われわれの生きているこの世界がどのように醜悪無残な世界であるにしても、それはイエス・キリストが死んで甦り給うた世界であるゆえに、そこではコロサイ書が記しているように、既に政治《まつりごと》と権威とはその力を剝奪されて、主の凱旋の飾りとされている[14]」と。いずれも個人の実存に即して言うならば、それは「今日と称うるうちに」で説かれているように、「自分自身にかかわる悔恨と思い煩い[15]」からの「究極の解決者として、イエスが立ち給う[16]」ということを受け容れることでもあった。

かくして如上の「信頼」に立つことは、「世界」とその内なる己とを、〈希望〉のもとに捉え直すことでもあった。同じく「今日と称うるうちに」でいわく、「もし私たちにそのような信頼があるならば、私たちの眼が見るこの世界がどのようであるにしても、また私たち自身がどのようであるにしても、そのことをもはや私たちは、最後的な意味において重大視しはしないであろう。そのために私たちが、絶望することはもはやないであろう[17]」と。同様の展望は「キリスト教的リアリズム」でも示されていた。いわく、「われわれキリスト者にとって、最大の驚きと魅惑は、主の十字架において既に起こってしまった。また、われわれにとって最後決定的な驚きと魅惑は、主の再臨において、最後的に起ころうとしている。したがって、この二つの出来事の間を歩むわれわれにとっては、この地上で起こる一切のことは、われわれに対して、もはや最終的な驚きも魅惑も与えはしない[18]」と。

このように、イエス・キリストを「世界の主」として受け止めるということは、「今日と称うるうちに」で総括されているとおり、「私たちの人生が、虚空に宙づりにされたものではなく、始めと終りを神の愛の御手によって支えられた人生だ[19]」と信ずることと同義であった。とはいえそれは、如上の〈希望〉に自閉して、「現実」に背を向けることではあり得なかった。井上において、イエス・キリストを「世界の主」とするということは、「キリストが支配せず主でないような生の領域を認めることは出来ないということ」であるゆえに、そうしたイエスを「主なり」と認めるということは、「私共の眼に見ゆる現実[20]」もまた、イエス・キリストの「支配」が及ぶべき「領域」

として受け止めることを意味していた。

そのまなざしは、以下のような「理解」に対し、終生、「否」をもって対した点に顕わであった。典型的には「平和に対する教会の責任」で例示されているように、「聖書の語る平和[21]」は「終末的な意味における平和[22]」であり、それは「たとえ、第三次世界大戦が起って、原子爆弾が雨のように降って来ても、われわれから奪い去られることのない平和[23]」なのだから、「教会が為すべきことは、聖書が語る終末的な平和の福音を宣伝えることであり、人々をしてこの平和を想起せしめること[24]」として、「政治的社会的な問題[25]」を「教会の固有の領域の外がわの問題、教会の専門外の問題、教会にとって副業的な問題である[26]」とする見方のことである。かような視座は、「キリスト者平和運動の過去・現在・将来」で提示されているように、イエス・キリストという存在を「教会という小さな宗教的な世界の主ではあっても、エペソ書が『万《よろず》のものをその足の下に服《したが》わせ……』と語っているような大いなる主[27]」としていないという点で、「聖書的でない[28]」とさえ位置づけられていた。

井上は如上の傾向を、戦前・戦後を通じての日本キリスト者の「問題」として受け止めていた。この点、「平和――すべての者のパン」にていわく、「日本のキリスト者は、一つの好都合な逃げ場を持っていました。それは何かと言えば、教会とこの世の二元論というものです……日本のキリスト者は、私的な敬虔の中に逃れて、次第にこの世に対する関心と責任を失っていきました。……彼らは、そのような領域に隠遁することによって、第二次世界大戦の間、『何事も起こらなかったかのように』生きることができたのです。……彼らは、その二元論によって、良心の痛みから自分を解放することができました。彼らは、当時の状況を、自分たちの責任を負うべき領域外の問題だと、考えることができたのです[29]」と。同様の認識は戦後日本のキリスト者にも向けられていた。いわく、赤岩栄による「信仰のことは聖書に、しかし社会のことはマルクスに聞けばいい[30]」との象徴的な宣言は、一見「進歩」

的であり、戦前と比べれば、「社会や政治を見る眼の方向は、まるで逆の方を向いて[31]」いる。しかしそれらは依然「二元論」である点で、「根本的にはそれほど変わったとは言えない[32]」と。

かくして「政治的社会的な問題」への促し、しかも信仰に貫かれたそれが主張されるのは必然だった。その志は次のように謳い上げられもした。いわく「われわれは、政治的・社会的領域においても主イエス・キリストの支配があらわとなるように決断し行動することが、キリスト者の責任であると信ずる[33]」と。井上はこの自覚に基づいて、「現実」と対峙した。あるいはこの思いに促され、〈実践〉へと押し出されていった。

3 「現実」との対峙——ブルームハルト父子と共に

「現実」に対する井上のまなざしは、たとえば「世にありて」と題する昭和三十三年の説教に顕著であった。「第二次世界大戦のときにドイツがドイツ本国や占領地に設けた強制収容所[34]」で行った事件の本質を、「人間は全く人間として扱われず、文字通り物体として扱われた[35]」点に見出す井上は、それと全く同じことが現代でも起きているとしてこう述べた。いわく「そこでは私ども一人一人がどのように愛し、どのように苦しみ、どのような悲しみをもっているかというようなことは全部括弧の中に入れられてしまって、ただ私どもがどれだけの能率で石炭が掘れるか、靴が作れるか、事務が執れるかということで測られる[36]」と。

この事態は「一人一人の人間が人間としては扱われないで、社会という巨大な機械の部品としてしか扱われない[37]」という点で、かつてユダヤ人らの「死刑が終わると歯科医が来て死体の金歯を抜き取[38]」り、「布団の詰物にするために床屋が来て男女の髪の毛を剃り落とし[39]」、「皮膚はなめして皮の原料[40]」となし、「残った身体は石鹸を作る原料にした[41]」、あの「強制収容所」と本質的に変わりがないと井上は位置づけた。それは後述するように、「イエスが地上に来たり、死に給うたのは、他ならぬこの人間のためであって、物質や観念のためではなかったという理由によって、人間は、あらゆる物質や観念よりも、尊重されなければならないのである[42]」と宣する井上にとり、断じて認められない「現実」だった。

井上はさらにこうも述べていた。イエス・キリストが「天においても地においても」「主」である以上、「世界の主」とは、いわば軍事力でも財力でもあり得ない。にもかかわらず、今、「世界の主」として君臨するのは最終的に核兵器であると。井上はその問題を、前掲「キリスト者平和運動の過去・現在・将来」で次のように提示した。いわく、「ドイツの神学者ゴルヴィッツァーは、イエスが世界の主であるという事実と核兵器の存在は両立できないと申しましたが、その言葉の通りに、核兵器の存在そのものが、イエスが主であるという事実を嘲笑し否定していると言わなければなりません[43]」と。

このように井上は、「私共の眼に見ゆる現実」が「イエスが主であるという事実を嘲笑し否定」する事実に満ちていることを凝視した。ここにおいて、〈希望〉と「現実」の「落差」が問われなければならないが、この「矛盾」に対し井上が依ったのは、ブルームハルト父子の言動だった。井上のブルームハルトへの言及は、キリスト者としての活動の、ごく初期から見られるが[44]、ここでは先にも引いた説教「世にありて」の中の、以下の言及に注目することから始めたい。井上はここで、父ブルームハルトが「自分の教会の教会員であったゴットリービンという娘の病と戦って[45]」いた時、その奇怪で悲惨な様態につき、「私たちには、悪魔がいまもこのような力をもっていること、そして人に知られぬ悪魔の網が、人類の上にかけられていることが深い悲しみであった[46]」と記したことを伝え、その視座を「私共の眼に見ゆる現実」にも重ねて次のように問いかけた。

主の勝利にもかかわらず、この世に跳梁している暗い力は勿論病気だけではありません。機械時代とか技術時代とか呼ばれる今日の華やかな社会の底に無数の人々がそのために呻き苦しんでいるならば——人間が人間として扱われず機械の部品としてしか扱われていないならば、私どもの社会が穏やかな形での強制収容所に他ならないならば、それもまた主の勝利にもかかわらず力を振るっているように見える「この世の光」の仕業に他なりません。(47)

「この世の光」とは、『神の国の証人ブルームハルト父子——待ちつつ急ぎつつ』において、次のように力説されもした。いわく「人間を捕えて罪人とする暗黒の力は、単に人間の魂だけを脅かすのではない。人間の全領域が、その脅威のもとに置かれている」(48)と。こうした叙述が示唆するように、井上は「人間が人間として扱われず機械の部品としてしか扱われていない」「現実」の根底に、「主の勝利にもかかわらず、この世に跳梁している暗い力」、すなわち「人間の全領域」を「その脅威のもとに置」く、反神的で超現実的な「力」の「跳梁」を見出していた。別の角度から言うならば、井上は「人間は、神の力と悪魔の力の戦いの場であり、人間はいつも、そのような暗黒の力の全面的な脅威の下にある」(49)との父ブルームハルトの見解に、「悪霊の存在などをもはや問題にしない近代的理性が知らない人間の実相」(50)を認めていた。

如上の「理解」に依ることは、しかし、人間の「現実」を、超現実的な立場から合理化することではなかった。ましてや、「イエスが主である」との〈絶対〉的事実をなげうつことではあり得なかった。井上が注視したのは、父ブルームハルトがゴットリービンの事件を「『敬虔な』仕方で処理しようとしなかった(51)」こと、「神学的に整理しようともしなかった(52)」こと、むしろ如上の〈希望〉のゆえにこそ、「この世に跳梁している暗い力」に対して率直に、「憤怒（Ingrimm）(53)」をもって立ち向かったことだった。

実際、前掲書で井上は、「二千年前には、徴と奇蹟によって、暗黒に対する神の主権が告知されたのに、今日では、暗黒の力に対する忍耐強い屈服が、最後の言葉でなければならないというような思想(54)」を「我慢できぬ(55)」とした父ブルームハルトにおいて、「問題は、主イエスの支配か、それとも彼にさからう者の支配か、というまさに『力の問題』であった(56)」こと、そして彼が「われわれの救いの問題を、単に心情の問題としてではなく、力の問題として捉え、『戦い』の問題として捉えた(57)」ことを強調し、それを「今日のわれわれが自分自身の信仰の問題としてもっとも緊急に聞かなければならない事柄だと、私は思う(58)」とまで説いていた。

こうした総括が示唆するように、井上が父ブルームハルトに学んだことは、「主の勝利にもかかわらず、この世に跳梁している暗い力」の洞察と、かような「力」との「戦い」だった。その「戦い」は既述のとおり、「人間の全領域」を「その脅威のもとに置」く「暗黒の力」との「戦い」だけに、父ブルームハルトは「単に魂の慰めにとどまることは、できなかった(59)」。「解かれなければならないサタンのなわめが存在(60)」し、まさにそのことゆえに、「魂」のみかその「全領域」を「暗黒の力」に囚われた人間がいるということ、すなわち「回心ではなくて解放を必要とする人間がいる(61)」ということが、ゴットリービンと対峙した父ブルームハルトの〈問題〉だった。したがって、ゴットリービンの「全領域」を捕らえた「暗黒の力」との「戦い」は、「単に心情の問題としてではなく、力の問題として」戦われ、あくまで「魂とからだを含めた全人間の解放(62)」が勝ち取られねばならないと念じられていた。

井上が如上の構えに基づいて、「イエスが主であるという事実を嘲笑し否定」する事実と対峙しようとしたことは、先の説教「世にありて」における、次のくだりに如実であった。

ちょうどブルームハルトが病と戦ったように、私どもはこのような機械時代の病毒とも戦うことができるでしょう。否、むしろそれは主の勝利を信ずる者たちに命ぜられた闘いではないでしょうか。今日の時代にあって人間が人間として生活できるように、貧困のために一家心中する人がないように、戦争が起こって人々が殺されないように、原水爆の実験が空気を汚さないように、そのために障害を負う子どもが生まれないように努力することとは、それは決して私どものこの世的な闘いではありません。私どもの信仰と別の闘いではありません。それは主の勝利を信ずる者たちに命ぜられた闘いです。それは教会の闘いであります。(63)

ここに明示されているとおり、井上もまた、「人間が人間として生活でき」ない「私共の眼に見ゆる現実」を、『敬虔な』仕方で処理」することには与さなかった。井上においても〈問題〉は、「人間の全領域」を「その脅威のもとに置」くゆえに、「魂」を超え「生活」をも侵蝕する「暗黒の力」と、「単に心情の問題としてではなく、力の問題として」戦うこと、而してこの「暗黒の力」に打ち克つことにより、「今日の時代」に「魂とからだを含めた全人間の解放」をもたらすこと、具体的には、「人間が人間として生活できるように」することが希求されていた。

さらに井上が父ブルームハルトに学んだことは、父ブルームハルトがゴットリービンの震撼的な「いやし」から得た視座だった。まず「回心ではなく解放を必要とする」ゴットリービンに、「魂とからだを含めた全人間の解放」

がもたらされたことは、井上によれば父ブルームハルトに、「イエス・キリストにおける神は、単に魂のいやし手ではなく、全人間のいやし手であるということ(64)」、「そして、そのようないやしは、神が欲し給うときには起こるということ(65)」を認識させた。同様に、ゴットリービンをめぐる祈りに応え、「現実に、主の助けが示された(66)」という迫真的な経験は、「主イエスにおいて獲得された暗黒に対する勝利の事実が、今日もゆるぎなく確立されているということ(67)」、「さらにそれが、一層偉大な勝利の時に向かって、今も前進しつつあるということ(68)」を父ブルームハルトに確信させた。子ブルームハルトにも継承されたその視座は、「この世に跳梁している暗い力」との「戦い」を、「無謀」なわざとしてでなく、人間に課せられた、しかも、「勝利」が確約されてある「戦い」として諾わせ、より能動的なかかわりをこの親子に促した。

その消息を敷衍しいわく、「主イエスは、全被造物を救おうとして、今も戸の外に立って、戸を叩き続けていられる。神は、今も、地上の歴史を貫いて、その勝利の戦いを続けていられる。そして、必要な場合には、人間を具体的に助け給う。そしてさらに、人間を徴発し、人間を御自身の戦いに参加せしめ、人間の戦いを用いて世界を究極的な勝利へと導いていられる(69)」と。如上の自覚に井上が強く共鳴したことは、特に父ブルームハルトに言及した次のくだりに明らかだった。いわく、「彼の戦いは、ガウグラーが言っているように、『福音の真理のための戦い』と言うよりは、むしろ『その使信の現実性のための戦い』と言うべきだろう。しかし、福音の真理が空無化され観念化され実存主義化されてゆく近代において、そして現代において、彼が行った素朴な、しかし真剣な戦いの持つ意味は大きい(70)」と。

4　「光のデモンストレーション」——待ちつつ急ぎつつ

こうした叙述が表すように、井上は父ブルームハルトの「素朴な、しかし真剣な戦い」に連なろうとするものだった。その「戦い」は「魂とからだを含めた全人間の解放」を目指すものでありつつも、井上がその「方法」として据えたのは、「利害調整」や「現実主義」に解消される構えではなかった。既述のとおり、井上が「戦い」の「相手」としたのは最終的に、「人間の全領域」を「その脅威のもとに置」く「暗黒の力」であるだけに、そうした「力」との戦いの「方法」が、究極において、宗教的な認識から打ち出されるのは必然だった。

具体的には、前掲『神の国の証人ブルームハルト父子』において、ゴットリービンと対峙する父ブルームハルトが「祈りと神の言葉以外のもので戦おうとしなかった」[71]ことを繰り返し、かつ、「福音の言葉を聞かせるということ以外に、悪霊を追い出す方法はない」[72]とする父ブルームハルトの確信を力説する事実が表すように、井上もまたみずからの「戦い」の「方法」を、「暗黒の力」に囚われた人間とその世に向けて「福音の言葉を聞かせる」こと、すなわちイエス・キリストが「天においても地においても」「主」であるという〈絶対〉的な事実の「告白」、あるいはそれを身をもって「証し」することに基礎づけていた。

示唆に富むのは「教会は何のためにあるか」と題された昭和四十六年の説教である。井上によれば、「事終わりぬ」（ヨハネ福音書一九・三〇）とのイエスの言葉が示唆するように、「主の十字架とそれに続く復活ですべては終わった」[73]。「私どもと世界の救いのために、なされなければならないすべてのことは、そこでなされ」[74]た。かくして「神が本来イエスの復活で人間の歴史を終えてもよかったにもかかわらず、再臨までの時間を設けられた」[75]のは何ゆえか。この視座は、「主の勝利にもかかわらず」、「暗い力」が未だ「この世に跳梁している」のは何ゆえかを問う父ブルームハルトに通ずるが(76)、井上はその訳を、バルトによりつつ、神が「神の恵みに対する人間の応答の声を聞くためであった(77)」と位置づけた。いわく、「神は人間なしの神であることを欲し給(78)」わず、「人間との連帯関係を真剣に考え給(79)」う存在であるゆえに、「人間の側から、それがどんなに小さな声であるにしても、応答、感謝、賛美告白の声が上げられることを期待し、渇望し給う(80)」と。しかも、「まるでそれがなければ救いのみ業が完成しないかのように渇望し給う(81)」と。すなわち、「私どもが生きているこの地上の時間は、神の恵みに対する私どもの側からの応答、感謝、賛美告白の時間として設けられているのだ(82)」と。

したがって、「主イエスの勝利」を知らされた者は、無為に傍観者として立っていることは許されない。「今も、地上の歴史を貫いて、その勝利の戦いを続けていられる」その神が、「人間との連帯関係を真剣に考え給」い、「まるでそれがなければ救いのみ業が完成しないかのように」、人間からの「応答、感謝、賛美告白」を「期待」し、「渇望し給う」ている以上、「主イエスの勝利」を知らされた者は、イエス・キリストが「天においても地においても」「主」であることを、「暗黒の力」に囚われた人間とその世に向けて、「告白」しなければならない。否、そのことを通じて、神が「続けていられる」「戦い」に「連帯」し、「この世に跳梁している暗い力」と戦わねばならない。

実際、この自覚は、昭和三十八年の論考「赤岩さんに問う」において、キリスト者の使命として力説されもした。いわく「私たちが許されたこの地上の生活でしなければならないことは、自分たちに知らされたこの事実(83)」を、すなわち「イエスが世界の主であり勝利者だという事実」を、「まだ知らぬこの世の人々に証しするということです。そのことのために、教会はこの地上に建てられており、私たちキリスト者はこの世に生かされています(84)」と。

しかしながらその試みは、内容・形式の両面で、直接的な「賛美告白」または「証し」に限定されるとは捉えられていなかった。その視座は、前掲「平和――すべての者のパン」で、「私たちが戦争に抗して戦い平和のために戦うということが、イエス・キリストが世界の平和の主であり給うことに対しての私たちの証しとなるのです[85]」と説き、また前掲「赤岩さんに問う」の中で、「私たちが平和運動をするということは、福音を証しせよという神の誡めに対する新しい服従の決断としてであって、『人間として』というようなずるずるべったりな場所においてではないのです[86]」と宣う点に顕わなとおり、井上は「イエスが主であるという事実を嘲笑し否定」する事態への抵抗・異議申し立てそれ自体を、「暗黒の力」に囚われた人間とその世に向けた、件の〈絶対〉的事実の「告白」ないし「証し」として位置づけていた。別の角度から言うならば、この種の「証し」、「告白」は、「教会」という「枠」にとらわれず、それを超えた〈場所〉にても試みられるべき〈実践〉として念じられていた[87]。こうした構えは既述のとおり、「政治的社会的な問題」を「教会の固有の領域の外がわの問題、教会の専門外の問題、教会にとって副業的な問題」とするあり方を、日本におけるキリスト者の〈問題〉と見る井上にとり、必然の唱道でもあった。

かくして、如上の「告白」の内容として、井上が第一に説いたのは、「『人間を尊重せよ』との言葉[88]」であった。具体的には、「平和に対する教会の責任」で力説されているように、「人間が物質や観念の犠牲にされては、ならない[89]」、「資本というようなもののために、人間の血が一滴でも流されてはならない[90]」、「資本の擁護のために、人間が非人間的な生活を強いられてはならない[91]」と語ることにより、「物質や観念」「資本」を「世界の主」とする世に向けて、「他ならぬこの人間のため」「地上に来たり、死に給うた」イエスこそ「世界の主」であることを、「告白」し、「証し」することが呼びかけられていた。

この提言はしかし、「人間を尊重」する試みや「運動」それ自体の絶対化に与するものではあり得なかった。この点、「権力を倒す目的をもって権力と対峙していると、根本に強烈な思想がなければ、権力に似てくるんですね」[92]と説く野間宏に同意する井上が警戒したことは、論考「犬と呼ばれた警官の話」で告発されているように「政治の世界では、人間のためにとか進歩のためにとかいう美しい言葉のもとで、いつも人間が犠牲にされて来た」[93]という問題であり、かつ「キリスト者平和運動の過去・現在・将来」で指摘されているごとく、そのような「問題」は、「日本が社会主義化される日に終わる」[94]というような楽観だった。

それは論考「キリスト教的リアリズム」で説かれているように、同時代を席巻する「世界観や主義や原理やプログラムによる酩酊や陶酔」[95]にキリスト者が巻き込まれることであり、換言すればイエスでなくて、「世界観や主義や原理やプログラム」のほうをこそ、「世界の主」とすることにほかならなかった。この事態は、「犬と呼ばれた警官の話」にて、「主イエスが、社会の進歩や一定の社会体制やイデオロギーのためにではなく、具体的な人間の救いのために、人間となり給うたということを私たちが信ずる以上」[96]、「キリスト者平和運動」は「一般の平和運動の一翼を担うというようなことではなく、ましてそれと一つになるというようなことではなく、そういう勢力に対してもいつも批判者としての姿勢を崩してはならない」[97]と闡明されているとおり、キリスト者の〈実践〉の存在意義にもかかわるものと認識されていた。

この点、井上がキリスト者に求めたことは、「平和に対する教会の責任」で述べられているように、「すべての者が眠りまた酩酊している夜の中にあって」[98]「見張り人として、眼を開き、シラフでい」[99]るという「姿勢を崩」さないことであり、あるいは前掲「キリスト者平和運動の過去・現在・将来」でバルトに倣って力説されているとおり、「今日革命的であって明日保守的となるという自由を保持」[100]し、「今ここでの具体的な事実に即しての『その都度決断』」[101]に生きることだった。

それは無論のこと、価値相対主義を振りかざすことでも、無定見かつシニカルな「現実主義」に与することでもなかった。件の「キリスト教的リアリズム」において、「もはや最後的に驚かされも魅惑されもせぬ者として、われわれは真にリアルに、平静に、しかも一切はイエス・キリストの支配の下にあるゆえに真剣に、地上の出来事に対処し得る[102]」と宣言されているように、「今日革命的であって明日保守的となるという自由」とは、「一切はイエス・キリストの支配の下にある」という〈絶対〉的事実を知るゆえの「自由」であった。別の角度から言うならば、「キリスト教的リアリズム」とは、「一切はイエス・キリストの支配の下にある」という超越的信頼ゆえに、「一切」を相対化し得る地平にこそ現成する「リアリズム」であった。

したがって、「今ここでの具体的な事実に即しての『その都度決断』」が、無目的になされることはあり得ない。それは如上の〈絶対〉的事実に導かれるべきであり、具体的には、「犬と呼ばれた警官の話」で主張されているごとく、「自分の置かれた状況の中で、具体的に人間を守る[103]」こと、これのみを指針とし、「真にリアルに、平静に」、「真剣に、地上の出来事に対処」することが念じられていた。

一方、かの「賛美告白」は、「イエスが主であるという事実」を否定する現実への抵抗としてだけでなく、その〈絶対〉的事実を指し示す現実に与し、それに賛意を送ることによっても展開されていた。鍵となるのは、ここでもブルームハルト父子の言動だった。論考「ブルームハルト父子」で総括されているように、彼らにとって「主イエスの支配」は、「地上の国のかなたに人間の観念の投影として静かに浮かんでいるものではなく[104]」、「地上の国を襲撃し、震撼せしめつつ、終局的な勝利に向かって前進しつつあるものであった[105]」。そしてこの「前進」の様は、父ブルームハルトがゴットリービンの「いやし」について——「人間の全領域」を「その脅威のもとに置」く「暗黒の力」が彼女から退けられ、代わって、「魂とからだを含めた全人間の解放」がもたらされたことについて

──、「それは、やがて現れるより偉大な救いの時の予感だ。もはや教会だけに限定されず、全世界に及ぶ救いの時の予感だ」[106]と謳い上げ、また子ブルームハルトが「プロレタリアートの階級的抑圧に対する社会民主党のプロテストの中に」[107]「すべての者を憐み給う神の恵みを指し示す指を、見た」[108]ごとく、「私共の眼に見ゆる現実」に、いわば漸進的かつ可視的に現れるものと理解されていた。

このような「ブルームハルトにおける神の国と地上の国の関係、『究極的なもの』と『究極以前のもの』の関係」[109]を、井上はエドゥアルト・トゥルナイゼンを援用し、「『比喩』が『同一物』になるという危険に、しばしば脅かされている」[110]と批判した。しかし一方、「そのような危険を冒しつつ、その『説教術的先鋭化』をもって語ろうとしたことの真理性が見のがされてはならない」[111]となし、彼らはあくまで「『その真理をともなった神の国が、「主権領域」を打ち建てるために、この時間の中へ、この世俗の歴史の中に入りこむ』ことを語るのであって、『この世俗の歴史やその内在的展開から神の国が生じる』などということを語るのでない」[112]と強調してもいた。

こうした言葉が示唆するように、井上もまた、「主イエスの支配」の「前進」が「この時間の中へ、この世俗の歴史の中に入りこむ」との見解に「真理性」を見出していた。実際、井上が「六〇年安保闘争」直後の昭和三十六年、「キリスト者でない人々」[113]による「核兵器に対する抵抗を、神が私たち人間を最後の日まで保持しようとされる憐れみの徴しとして受け取ることができるし、受取るべきです」[114]となし、「たとえそれが無神論者によって推進されるものであっても」[115]、「核兵器反対の運動」[116]に与すべきと呼びかけた点は、「社会主義者が社会の現状に満足せず、社会正義を求めて前進し、奮闘している姿に、『神からのもの』を見る」[117]とした子ブルームハルトのまなざしに重なるものと言ってよい。

如上の視線が表すように、井上は、人々が擬似的な「世界の主」たる「核兵器に対する抵抗」をなし、あるいは

「社会の現状に満足せず、社会正義を求めて前進し、奮闘する姿」に、「主イエスの支配」の「前進」が「この時間の中へ、この世俗の歴史の中に入りこむ」その「徴し」を見たのであった。ゆえにこそ井上は、如上の「徴し」に与することにより、その可視的な現れの基底なる〈絶対〉的事実、すなわち「神は、今も、地上の歴史を貫いて、その勝利の戦いを続けていられる」こと、「主イエスにおいて獲得された暗黒に対する勝利の事実」が「一層偉大な勝利の時に向かって、今も前進しつつある」ことを「告白」し、その確かさを身をもって「証し」しようとしたのであった。その志は、「光のデモンストレーション」という印象的な表現で、次のように謳い上げられもした。

私たちもまた、もし私たちが神の真昼がすでに来ったことを信じ、その真昼の光がすべての人の前に照り出でる日を、真に待ち望む者であれば、それにも拘らずというのではなく、それ故にこそいよいよ、この世の発つ様々の小さな光を、喜ぶ者となるであろう。それがどのように小さな見すぼらしい光であるにしても、それを軽視したり無視したりはしないであろう。私たちは、この世にも決して無くはない様々の美しいもの、善いもの、真実なものを、喜ぶ者となるであろう。すべての人間的なものの真の味方となるであろう。人間が真に人間らしく生きることの出来る社会を喜び、そのような社会が建設されることのために働くものとなるであろう。戦争を憎み、平和を喜ぶ者となるであろう。そして更に、私たち自身がそのような小さな光となるように努めるであろう。そのことを私たちは、決して空しいこととは考えないであろう。私たちが、私たちの小さな光を通して、来るべき大いなる光のデモンストレーションを行うということは、決して空しいことではないからである。(118)

「戦争を憎み、平和を喜ぶ」と対比されているように、井上の〈実践〉は、「私共の眼に見ゆる現実」に応じ、二方向に展開される「光のデモンストレーション」としてあった。それは「現実」への抵抗・異議申し立てを導くのみならず、かの〈絶対〉的事実の「徴し」と見得る事態への賛意・連帯としても現れた。いずれにしても主眼とされたのは、「神の真昼がすでに来ったこと」の「デモンストレーション」、すなわち「イエスが主であるという事実」の「告白」と「証し」であった。

その先に井上が夢見たのは何か。最後に以下の叙述を紹介し、結びとしたい。「神の国が地上の国を『襲撃』し『震撼』し、地上において進展し、それに呼び覚まされた人間が、神の国の進展に参与し、神の国の到来の不可欠の要素となり、神の国を『推進』する――ブルームハルトにおけるそのような『彼岸』と『此岸』の動的な関係を、われわれは、『待ちつつ急ぎつつ』という彼が愛した言葉によって、今一度確認することができるだろう」(119)。この闡明は、その生涯をかけたブルームハルト論の総括であるのみならず、井上の〈実践〉を促した原点、かつ、井上が待望した世界を、共に表す宣言と言ってよいであろう。

5　結びにかえて――政治と実存をめぐる一視角

以上、本章では戦後日本のキリスト教史を視る際の一視角を築くべく、井上の思想的営為、特にその〈実践〉の核になる世界を概観してきた。従来、井上の思想は、初期の文芸評論への言及を別とすれば、圧倒的に「キリスト教」とその「神学」、あるいは「戦後教会史」の文脈に位置づけられてきた。しかし、以下に見るごとく、その若き日の希求に着目するとき井上は、「キリスト教」の枠を超え、むしろ近代日本精神史の底流なる、一つの〈水脈〉との関係で把握すべきと思われる。終わりに臨み、本章では、先行研究が全く触れていない、新たな見方を提示してみたい。

昭和二年に京都帝大に入学した井上にとり、圧倒的な存在感を伴って迫り来たった思潮とは、言うまでもなくマルクス主義だった。その印象は最晩年の著作にて、「真理はそこにあり、自分が今後生きてゆくべき道もそこ以外にはないように思われた」[120]と回顧されるほど強烈なものだった。しかしながら井上は、一方でこうも述べていた。いわく「在学中の三年間、共産党の活動家たちとは、対話や議論をしながらも、少し離れたところに身を置いて生活していた。それには、私の臆病さというものもあったに違いない。しかし、私を躊躇させていたのは、単に臆病さのためではなかったように思う」[121]と。末尾の「弁明」が示唆するように、井上はマルクス主義に惹かれながらも、飽き足りない思いをも明確に抱いていた。その核心は、昭和四十年二月『図書新聞』のインタビュー「井上さんを訪ねて」で次のように語られていた。

立派な世界ができても私自身のもっている問題——小さい時からの虚無感や死に対するおそれですね——は解決されないだろう、横光利一が日本のマルクス主義にとって一番の強敵は「諸行無常」という言葉だといってましたが、よくわかるんです。[122]

ここに明示されているように、井上において「立派な世界」を作り上げること、そして「私自身のもっている問題」を解決することは、それぞれ「領域」を異にする問題とは捉えられていなかった。別の角度から言うならば、井上は「立派な世界」を建設するという「政治」的な営みに、「虚無感や死に対するおそれ」といった私的・内面的な「問題」をも掬い上げることを期待してやまなかった。

これに対し、マルクス主義は「立派な世界」の構築を眼目とする理論であって、私的・内面的な「問題」を「解決」するものではないとの視座も成り立ち得る。すなわち、言うところの「小さい時からの虚無感や死に対するおそれ」が、マルクス主義に「解決されない」のは「当然」で、如上の私的・内面的問題は、別の次元で対処されるべきとなす見解である。実際、井上も「共産党の活動家たちとは、対話や議論をしながらも、少し離れたところに身を置いて生活していた」「在学中の三年間」、「私には、そのころいよいよ深く引き込まれていった文学の世界があった」(123)と述懐し、満たされない思いを「文学」に託していたことに触れていた。

しかし井上はこうも説いていた。いわく「その二つの世界を結びつけるものとしては、大正期に始まって昭和になってから盛んに活動するようになったプロレタリア文学なるものがあったが、しかし私は、それには、中野重治という唯一人の例外を別にすれば、何の関心も持つことができなかった」(124)と。この指摘は単に、井上の「プロレタリア文学」評、あるいは中野重治に対する見方を示すにとどまらず、はからずも、その希求の〈質〉を照射している点に注意を促したい。すなわち、井上の志向は「立派な世界」の建設と私的世界の「救済」、これら「二つの世界を結びつけるもの」にこそあった。別の角度から言うならば、「立派な世界の建設」はマルクス主義に、私的・内面的領域での「救済」は「文学」に、それぞれ別個に託していくという「割り切った」認識は、井上にあり得なかった。

このまなざしは、先に引いた井上の提言、「政治の世界では、人間のためにとか進歩のためにとかいう美しい言葉のもとで、いつも人間が犠牲にされて来た」となし、「自分の置かれた状況の中で、具体的に人間を守る」ことを説く姿勢にも貫かれていると言ってよい。すなわち、マルクス主義によっては「解決されない」「問題」を見すえる井上の眼は、「政治の世界」で、ともすれば切り捨てられる領域にこそ注がれることにもなった。換言すれば、井上は「政治」に対し、「人間のため」「進歩のため」といった、いわば「大きな」目的の実現のみならず、その過程で「犠牲にされ」る「具体的」な「個」を「守る」ことをも要求せざるを得なかった。

こうした「政治」認識は、「政治」の対象領域や役割を限定する見方とは対照的であるものの、近代日本精神史上、井上に特異なものではない[125]。「人間が犠牲にされ」ない「政治」への希求としては、たとえば「世界がぜんたい幸福にならないうちは個人の幸福はあり得ない[126]」と問いかけた宮沢賢治のそれを挙げ得るし、さらに、橋川文三がその「昭和維新」論[127]で取り上げた、「血盟団事件」の実行犯の一人・小沼正の実存も、以下に顕わにするとおり、井上とかけ離れてはいなかった。すなわち小沼は、事件の「上申書」でこう述べていた。いわく、「革命は自己を離れて空しいと云ふ事である。革命とは自己の生命に覚醒して而して自己本性その儘の世界を創造して行くと云ふ事で、欲望その儘赤裸に、人間は人間としての情に生き《ママ》ると云ふ事である。革命とは生ると云ふ事で、生る事は他より生ると云ふ事は絶対にない、生とは自己自身自ら生き《ママ》る事である[128]」と。

「革命は自己を離れて空しい」という表現が象徴するように、小沼もまた、「革命」=「立派な世界」を作る試みと、私的・内面的領域の問題を分離する見方は取らなかった。別の角度から言うならば、井上が「立派な世界」の建設と私的世界の「救済」、これら「二つの世界を結びつけるもの」を求めたように、井上の叔父を射殺したこの四歳年下の青年も、言うところの「革命」に、「自己本性その儘の世界を創造して行くと云ふ事」、すなわち「自己完成」を託していた。こうした希求を掬い上げる世界として、井上は「イエス・キリストは主で在す。単に教会の主であるだけでなく、世界の主で在す」と問いかけたカール・バルトの思想を発見し、小沼は、賢治同様、日蓮宗の教えに、なかんずく大洗は護国堂なる井上日召との出会いに見出した。[129]その信仰と生涯は、確かに、「見かけ」の上では隔絶してはいるものの、しかし、井上とこの「昭和維新」に棹差した青年は、政治と実存をめぐる希求の〈質〉において、意外と通底するものがあるのではないだろうか。

　こうした視角に対しては異論もあるかもしれない。しかし戦後日本のキリスト教とその課題を、精神の深みから捉え直すことを可能とするのみならず、かつ、それらを戦前からの連続性において把握する試みにもつながる点で重要と思われる。[130]

［註］

（1）井上良雄をめぐる先行研究としては、まず、初期文芸評論を集めた梶木剛編『井上良雄評論集』（国文社、一九七一年）が、平野謙、吉本隆明、編者・梶木による井上論を収めている。キリスト者・井上に関する論考としては、雨宮栄一、小川圭治、森岡巌編『井上良雄研究――「世のための教会」を求めて』（新教出版社、二〇〇六年）が多彩な視点から井上を論じており、雨宮栄一『評伝　井上良雄――キリストの証人』（同、二〇一二年）は、文字通り浩瀚な評伝として有益である。また笠原芳光「井上良雄の転向」（『キリスト教社会問題研究』二五巻、同志社大学人文科学研究所キリスト教社会問題研究会、一九七六年十二月）、碑文谷創『キリスト教界と東神大闘争』（論創社、二〇一二年）、赤木善光『イエスと洗礼・聖餐の起源』（教文館、二〇一二年）にも、それぞれ対照的な視点から、井上への興味深い言及がある。ただ、梶木の編著書を除くと、いずれも「教会」や「神学」への問題意識が強い。本章はそうした枠組みや論理を自明視するのでなく、逆に、「用語」や「概念」に盛られた井上の精神のありようをこそ詳らかにしようとするものである。その意味で、新保祐司、富岡幸一郎「対談　昭和文学史の虚点――井上良雄をめぐって」（『三田文学』七六号、三田文学会、二〇〇四年一月）には示唆を受けた。
（2）日本キリスト教史研究の現状については、坂井悠佳「《プロテスタント日本伝道一五〇年》に寄せて」（『史境』五九号、歴史人類学会、二〇〇九年九月）、拙稿「書評　賀川豊彦記念松沢資料館編『日本キリスト教史における賀川豊彦』」（『ピューリタニズム研究』六号、日本ピューリタニズム学会、二〇一二年三月）を参照。また、戦後日本のキリスト教をめぐる研究状況に関しては鵜沼裕子「シンポジウム『戦後日本におけるキリスト教』主題について」（『ピューリタニズム研究』五号、二〇一一年二月、四頁）に示唆を受けた。
（3）井上がかかわった〈実践〉を概観するにあたっては、前掲『評伝　井上良雄――キリストの証人』を参照のこと。
（4）井上「バルトにおける教会と国家の問題――国家の責任を負う教会」、『神学』Ⅱ、東京神学大学神学会、一九五〇年八月、一二〇頁。
（5）同、一二一頁。
（6）同。
（7）井上「プロテスタント教会と国家の権威」、『思想』三五八巻、岩波書店、一九五四年四月、一一頁。
（8）同、一四頁。
（9）同。
（10）同、一一頁
（11）同。
（12）井上「今日と称うるうちに――キリスト者の生活」、『福音と世界』九巻五号、新教出版社、一九五四年五月、六頁。
（13）同、六―七頁。
（14）井上「キリスト教的リアリズム」、『福音と世界』七巻四号、一九五二年七月（井上『戦後教会史と共に――一九五〇―一九八九』、新教出版社、一九九五年、一九頁）。
（15）前掲「今日と称うるうちに」、前掲『福音と世界』、九巻五号、五頁。
（16）同。
（17）同、七頁。

（18）前掲「キリスト教的リアリズム」、前掲『戦後教会史と共に』、一九頁。
（19）前掲「今日と称うるうちに」、前掲『福音と世界』、九巻五号、四頁。
（20）同、八頁。
（21）井上「平和に対する教会の責任」、『福音と世界』八巻一〇号、一九五三年十月（前掲『戦後教会史と共に』、三三頁）。
（22）同。
（23）同、三四頁。
（24）同、三四―三五頁。
（25）同、三一頁。
（26）同。
（27）井上「キリスト者平和運動の過去・現在・将来」、『福音と世界』一八巻五号、一九六三年五月（同、一四三頁）。
（28）同。
（29）井上「平和――すべての者のためのパン」（同、九〇―九一頁）。一九六一年六月、プラハでの「全キリスト者平和会議」における講演。ドイツの雑誌 ***Junge Kirche*** 一九六一年七月号に掲載されたものの翻訳（同、三五九頁）。
（30）前掲「キリスト者平和運動の過去・現在・将来」（同、一四二頁。なお赤岩に関しては、本書三章「松田智雄の思想――歴史とプロテスタンティズム」を参照のこと）。
（31）同。
（32）同。
（33）同、一四八頁。この言葉をめぐる井上の「決断」に関しては、前掲『評伝井上良雄』に収められた「脱会をめぐって――『句読点』と服従」を参照のこと。
（34）井上「世にありて」、一九五八年三月十六日　信濃町教会主日礼拝説教（井上『大いなる招待　キリスト教講話集Ⅰ』、新教出版社、二〇一二年、二七七頁）。なお本書と『エデンからゴルゴタまで　キリスト教講話集Ⅱ』（同）は、いずれも井上が遺した「講演等ノート」による。その内容や出版までの経緯については、『大いなる招待』巻末の戒能信生氏による「解題・解説」に詳しい。

(35) 前掲「世にありて」、前掲『大いなる招待』、二七七頁。

(36) 同。

(37) 同、二七六頁。

(38) 同、二七七頁。

(39) 同。

(40) 同。

(41) 同。

(42) 前掲「平和に対する教会の責任」、前掲『戦後教会史と共に』、四一頁。

(43) 前掲「キリスト者平和運動の過去・現在・将来」、同、一四七頁。

(44) 井上の最も早いブルームハルト論は、「ブルームハルト父子――イエスは勝利者なり」(『福音と世界』七巻三号、一九五二年五月)である。前掲「今日と称うるうちに」でも、中心的に言及されている。『戦後教会史と共に』所収の諸論文でも所々で取り上げられているが、言うまでもなくその集大成は『神の国の証人ブルームハルト父子――待ちつつ急ぎつつ』(新教出版社、一九八二年)である。なお本書と同時期に、同じくブルームハルトを扱った金井新二『「神の国」思想の現代的展開――社会主義的・実践的キリスト教の根本構造』(教文館、一九八二年)が出ている。この頃、吉本隆明『「反核」異論』(深夜叢書社、一九八三年)が公刊され、議論を呼んだ事実が象徴するように、世界的な「反核運動」の高まりを経験していたことを考え合わせると、キリスト者の社会的実践を中心にすえた作品が相次いで出版されたことは「偶然の一致」と見るべきでなく、思想史的な検討が加えられるべきと考える。

(45) 前掲「世にありて」(前掲『大いなる招待』、三〇一頁)。ゴットリービンの「病」とその震撼的な「いやし」に関しては、前掲『神の国の証人ブルームハルト父子』二章「戦い」で、詳細に述べられている。

(46) 前掲「世にありて」(前掲『大いなる招待』、三〇二頁)。同じ引用が前掲『神の国の証人ブルームハルト父子』にも見られる(同、七三頁)。

(47) 前掲「世にありて」、前掲『大いなる招待』、三〇三頁。
(48) 前掲『神の国の証人ブルームハルト父子』、一一八頁。
(49) 同、一一七頁。
(50) 同。
(51) 同、八〇頁。
(52) 同。
(53) 同、七四頁。
(54) 同、七六頁。
(55) 同。
(56) 同、七九頁。
(57) 同、七八頁。
(58) 同、七八―七九頁。
(59) 同、一一一頁。
(60) 同。
(61) 同。
(62) 同。
(63) 前掲「世にありて」、前掲『大いなる招待』、三〇三―三〇四頁。
(64) 前掲『神の国の証人ブルームハルト父子』、一二一頁。
(65) 同。
(66) 同、七五頁。
(67) 同、一一七頁。
(68) 同。
(69) 同、九三頁。

(70) 同、九二―九三頁。
(71) 同、八三頁。
(72) 同、一二五頁。
(73) 井上「教会は何のためにあるか」、一九七一年八月八日、東駒形教会主日礼拝説教、前掲『エデンからゴルゴタまで』、七一頁。
(74) 同。
(75) 同、七二頁。
(76) 井上は父ブルームハルトにおいて「主の来臨の遅延が大きな問題であったのは、当然である」(前掲『神の国の証人ブルームハルト父子』、一七七頁)として、彼がその問題をいかに解いたかを次のように敷衍した。いわく、「イエスの十字架の死による勝利によって、彼の支配はたしかに地上に確立されている。しかし、戦いは、まだ完了したのではない。残敵がまだ到るところに出没して、ゲリラ戦を行い、味方を苦しめている。したがって、そのような残敵の掃討が必要である。そしてその場合、その残敵掃討に従事するのは、キリスト者である。キリスト者はその戦いによって、いわばイエスを『助け』なければならない」(同、一九四頁)と。さらに、父ブルームハルトは、「そのようなキリスト者の戦いによって、最後的な勝利の日の到来を『促進』する」(同)となし、かつ「キリスト者が、そのような託せられた戦いを十分に戦っていないという事実に」(同)「主の来臨の遅延の根本的な理由をも見ていた」(同)とする。この、「キリスト者の戦いによって、最後的な勝利の日の到来を『促進』する」という言い方には、「『神人協力説』とも聞かれかねない」(同、一九七頁)微妙な問題が含まれているだけに、井上の叙述は慎重である。しかし「神の国の到来が自動的なこととして理解され、それを待つということが無為で怠惰な待望として理解されるところでは、彼は、(聖書に即し《ママ》て)『神人協力説』とも聞かれかねない言葉を、語らざるをえなかったのである」(同)と、井上が父ブルームハルトのために「弁じている」点が注目される。また井上は、父ブルームハルトが「最後的な勝利の日の到来を『促進』する」ための「キリスト者の戦い」として、「福音宣教」を重視していたことを併せて力説しているが(同、一九五―一九八頁)、それは本文でも触れた井上の「戦い」の「方法」、すなわち「イエスが世界の主であり勝利者だという事実」を、「まだ知らぬこの世の人々に証しするということ」に重なるだけに、井上は「主の来臨の遅延」という〈問題〉をめぐり、おそらくは父ブルームハルトとほぼ同じ理解に基づいて、「待ちつつ、急ぎつつ」、〈実践〉に勤しんだと言ってよいだろう。同時にそれは、時代と人間への深刻な〈絶望〉をふまえた、たとえば内村鑑三の再臨理解に比するとき、いささかオプティミスティックにも映ずると言うことは言葉に過ぎるであろうか。この点、松沢弘陽「内村鑑三の歴史意識」（一）～（三）（『北大法学論集』、一七巻四号、一八巻一号、一九巻四号、北海道大学大学院法学研究科、一九六七年三月、九月、一九六九年三月）、新保祐司『内村鑑三』（構想社、一九九〇年）を参照のこと。

(77) 前掲「教会は何のためにあるか」（前掲『エデンからゴルゴタまで』、七二頁）。同趣旨の内容をバルトの説として、『神の国の証人ブルームハルト父子』で紹介し（同、三四七頁）、「バルトにおいても神の国の到来は『信仰し認識し告白する者たちの群れが』どのように働くかということと無関係に起こることではない」（同）としている。

(78) 前掲「教会は何のためにあるか」、前掲『エデンからゴルゴタまで』、七三頁。

(79) 同。

(80) 同。

(81) 同。

(82) 同、七二頁。

(83) 井上「赤岩さんに問う」、『指』一五〇巻、一九六三年五月（前掲『戦後教会史と共に』、一三四頁）。

(84) 同。

(85) 前掲「平和——すべての者のパン」、同、九六頁。

(86) 前掲「赤岩さんに問う」、同、一三四頁。

(87) 前掲『神の国の証人ブルームハルト父子』の結語近くで井上は、バルトが「その都度の政治的現実の中で、神の救いの秩序に対するその関係が明らかになるものを区別し判断し選択し、それに味方する。そして、それを曇らせるものに反対する」（三四六頁）と説き、さらにそうしたありようをバルトみずから、「『含意的・間接的ではあるがリアルな証し』と呼び、教会の政治行動を『信仰告白』とも呼んでいる」（三四六―三四七頁）と特記している。こうした視座のゆえんを井上は、「その『証し』とか『宣教』とかいう言葉が、彼の場合に持つ特別長大な射程距離のゆえだと、言わねばならない」（三四六頁）と総括しているが、本文で引用した箇所に明らかなとおり、井上はまさにバルトにおける「その『証し』とか『宣教』とかいう言葉が」「持つ特別長大な射程距離」を学んだと言ってよいであろう。

(88) 前掲「平和に対する教会の責任」、前掲『戦後教会史と共に』、四一頁。

(89) 同。

(90) 同、四一―四二頁。

(91) 同、四二頁。

(92) 井上「犬と呼ばれた警官の話」、『福音と世界』二〇巻五号、一九六五年五月（同、一六七頁）。

(93) 同。

(94) 前掲「キリスト者平和運動の過去・現在・将来」（同、一四八頁）。なお、こうした「楽観」を井上が抱かなかった背後には、その信仰に加え、一九五六年のいわゆる「ハンガリー事件」に関する反省があったと思われる。実際、井上は事件の翌年「ハンガリーの動乱とキリスト者の平和運動――極めて個人的に」と題する論考をしたためているが、その中で「私共のソ連に対する認識は甘かった」（同、五九頁）、「国家がやはり国家であり、人間がやはり人間であることを示されたことは、少なくとも私共キリスト者の平和運動にとっては、貴重な教訓であった」（同、六〇頁）、「特別な国家に対する特別な期待があったとすれば、それは私共の誤りであったと言わなければならない」（同）と総括した。井上のこうした反応は、私見ではきわめて「誠実」なものに感じられる。同時代における「ハンガリー事件」に対する反響の諸相を考察した小島亮『ハンガリー事件と日本――一九五六年・思想史的考察』（現代思潮社、二〇〇三年。初出は中央公論社、一九八七年）を併せて参照されたい。

(95) 前掲「キリスト教的リアリズム」（前掲『戦後教会史と共に』、二〇頁）。なお、井上が時代における「酩酊や陶酔」をあえて言挙げせずにはいられなかった〈情況〉の証言として、丸山眞男「恐怖の時代」（『思想』三一八号、岩波書店、一九五〇年十二月［『丸山眞男集』五巻、岩波書店、一九九五年。松沢弘陽による解題も参照］）が示唆に富む。またこの一文をふまえ、やはり一九五〇年代の思想状況を概観した論考として、三谷太一郎「丸山眞男の政治理論――一九五〇年代の状況との関連とその普遍性」（『丸山眞男手帳』三八号、丸山眞男手帖の会、二〇〇六年七月

〔同『学問は現実にいかに関わるか』、東京大学出版会、二〇一三年〕も参照のこと。

(96) 前掲「犬と呼ばれた警官の話」、前掲『戦後教会史と共に』、一六五頁。

(97) 同。

(98) 前掲「平和に対する教会の責任」、同、三九頁。

(99) 同。

(100) 前掲「キリスト者平和運動の過去・現在・将来」、同、一四八頁。

(101) 同。なお同趣旨の主張は前掲「平和のための教会の責任」にても「大切なのは真にプラグマティックな態度だけだ」（前掲『戦後教会史と共に』、三九頁）として展開されている。この表現は三年前の『世界』に掲載された丸山の論考「ある自由主義者への手紙」（『世界』、一九五〇年九月〔『丸山眞男集』四巻、岩波書店、一九九五年〕）で示された「僕は少くも政治的判断の世界においては高度のプラグマティストでありたい」（同、三三二頁）を思い起こさせる。他にもみずから携わる「平和運動」を「永久運動」と称する（たとえば前掲「キリスト者平和運動の過去・現在・将来」〔前掲『戦後教会史と共に』、一四八頁〕、前掲「犬と呼ばれた警官の話」〔同、一六八頁〕）など、井上は丸山にかなり親近感を持っていたのではないかと思われる。丸山の「プラグマティズム」に対する考え方は笹倉秀夫『丸山眞男の思想世界』（みすず書房、二〇〇三年）を参照。

　なおその丸山は、信仰に促された「プラグマティズム」との関連で、ラインホールド・ニーバーに関心を寄せていた。たとえば「ニーバーについて」（『読書倶楽部』、日本出版広告社、一九四九年五月〔前掲『丸山眞男集』四巻〕）、座談「ニーバーの問題点と日本の現実」（武田清子、松田智雄、丸山、山本新による座談会、『基督教文化』一一号、新教出版社、一九五〇年一一月〔『丸山眞男座談』2、岩波書店、一九九八年〕）を参照。井上とニーバーの関係を問うことは、井上の特質を明らかにする上で重要と思われる。

(102) 前掲「キリスト教的リアリズム」（前掲『戦後教会史と共に』、一九頁）。井上のこうした強調は、宮田光雄氏が同じくバルトに依りつつ、「最後から一つ手前の真剣さ」（宮田『キリスト教と笑い』、岩波書店、一九九二年、二〇一一―二一〇頁）を繰り返す点に重なる。なお井上の思想の質を問う上で、宮田氏の言説とかかわらせて問うことは重要と思われるが本章では試みることができなかった。他日を期したいが、井上のバルト受容の特質を鑑みる上で、たとえば「バルト先生との対面」(『信徒の友』二一三号、日本基督教団出版部、一九六四年十月〔前掲『戦後教会史と共に』〕)のような一文は鍵になるように思われる。
(103)前掲「犬と呼ばれた警官の話」、前掲『戦後教会史と共に』、一六五頁。
(104)井上「ブルームハルト父子」、『実存主義』八六号、実存主義協会、一九七九年十一月、八六頁。
(105)同。
(106)前掲『神の国の証人ブルームハルト父子』、一一七頁。
(107)前掲「ブルームハルト父子――イエスは勝利者なり」、前掲『福音と世界』七巻三号、二四頁。
(108)同。
(109)前掲『神の国の証人ブルームハルト父子』、三四九頁。
(110)同。
(111)同。
(112)同。
(113)前掲「平和――すべての者のパン」、前掲『戦後教会史と共に』、九四頁。
(114)同。
(115)同、九五頁。
(116)同、九四―九五頁。
(117)前掲『神の国の証人ブルームハルト父子』、三四〇頁。
(118)前掲「今日と称うるうちに」、前掲『福音と世界』九巻五号、八頁。
(119)前掲『神の国の証人ブルームハルト父子』、一九八頁。
しかしかく言えばとて井上は、如上の「デモンストレーション」に傾注し、他を軽んじたわけではなかった。井上はむしろ日曜日の礼拝を、「光のデモンストレーション」の最たるものと位置づけていた。この点、前掲説教「教会は何のためにあるか」が示唆に富む。いわく、「教会とは一体何なのか。私どもが日曜日ごとにこうして教会に集まるのは何のためなのか」(前掲『エデンからゴルゴタまで』、六八頁)と。教会は「慰めのみ言葉を聞くところ、そういう慰めの言葉を求めて集まるところ、そのように理解されている場合が多い」（同）。しかし「単に何か良い話を聞いて宗教的な情操を養われるとか、人格を修養するとかいうようなことであれば、集まるということは便宜的なことであって、何ら本質的なことでは」（八四頁）ない。「ラジオで説教を聞いても、自宅で説教集を読んでもいい」（同）ことになってしまう。

井上はこう反問することで、キリスト者が「日曜日ごとに」「教会に集まる」ことの「本質」を次のように定義した。いわく、「私どもが教会に集まるのは何のためか。それは私どもが主に対して賛美告白をするため」（七〇頁）であると。井上は「この賛美告白の中心」（七六頁）をピリピ書二章一一節の「『イエス・キリストは主なり』という短い言葉」（同）に置く。そして「イエス・キリストは主なり」ということを知らされた者が「一定の時に一定の場所に集まって、イエス・キリストを礼拝するという事実」（八三頁）それ自体、「イエスは主であるという告白」（同）だとして次のように問いかけた。

私どもはいわばイエス・キリストを中心として結集するのです。イエス・キリストを中心とした共同体をここに形成する、そのことによって、イエス・キリストが主であるということを証しするのです。世界の主は金でも権力でもなくて、あの二千年前ナザレの片田舎で生まれたあの方が私どもの主であり世界の主であるということを証しするのです。そのことが、すべての者の目に明らかに示されるまで、すべての舌が「イエスは主なり」と告白する日まで、歩み続けるのです。（八五頁）

別の箇所で井上は、「私どもは集まることによって、私どもが主の民であることを世に対して示すのです」（八四頁）と言い、「そういう点で無教会主義の誤りもあるように思います」（同）とも述べていた。このような井上において、「日曜日ごとに」「教会に集まる」ことの「目的」が、「単に何か良い話を聞いて宗教的な情操を養われる」ことや「人格を修養する」ことではあり得ないのは自明であった。それは「金でも権力でもなくて、あの二千年前ナザレの片田舎で生まれた」イエスこそが「世界の主」であることを「告白」し、この事実を身をもって「証し」する試みとして、「平和運動」に勝るとも劣らない「光のデモンストレーション」にほかならなかった。

(120) 井上「『あとがき』に代えて――私の戦前・戦中」、一九九〇年(前掲『戦後教会史と共に』、三七二頁)。
(121) 同、三七一頁。
(122) 「井上さんを訪ねて」、『図書新聞』昭和四〇年二月二七日、二面。無論、これは井上の「個人」的な「感情」などでなく、より根源的には、彼の生きた時代に起因するものと見るべきである。この点、後掲註127の橋川文三の分析が示唆に富む。
(123) 前掲「『あとがき』に代えて」、前掲『戦後教会史と共に』、三七二頁。
(124) 同。
(125) 「西欧」「近代」における抑制的な「政治」観と異なって、個人的・実存的な希求と不可分な形で構想された近代日本の「政治」観の諸相を、内在的に考察した論考として、橋川文三著、筒井清忠編『昭和ナショナリズムの諸相』(名古屋大学出版会、一九九四年)、池田元『日本国家科学の思想』(論創社、二〇一一年)に示唆を受けた。
(126) 宮沢賢治「農民芸術概論綱要」大正十五年、『宮沢賢治全集』一〇巻、筑摩書房、一九九五年、一八頁。
(127) 橋川「昭和超国家主義の諸相」(橋川文三編『現代日本思想体系31 超国家主義』、筑摩書房、一九六四年)、同「昭和維新の論理と心理」(橋川文三・松本三之介編『近代日本思想史体系4 近代日本政治思想史Ⅱ』、有斐閣、一九七〇年)。いずれも前掲『昭和ナショナリズムの諸相』所収。
(128) 小沼正「血盟団事件上申書」昭和八年、『現代史資料』(5)国家主義運動(二)、みすず書房、一九六四年、四九六頁。
(129) 井上日召と「血盟団事件」を考察した論考として、前掲橋川の諸論考ほか、安田常雄「『血盟団事件』の発想と論理」(同『暮らしの社会思想――その光と影』、勁草書房、一九八七年)が、現時点においても、理解の内在性の面で際立っている。
(130) 井上に対する如上の見方は、たとえば山本義隆と滝沢克己の〈交流〉、すなわち戦後史を画する事象の一つである、いわゆる「全共闘」運動と、戦後日本のキリスト教の交錯と分岐を考える上でも、一つの示唆を与えるのではないだろうか。山本と滝沢の「往復書簡」に関しては、『朝日ジャーナル』一九六九年六月二十九日号、七月六日号を、また滝沢の人と思想に迫った作品として三島淑臣監修『滝沢克己を語る』(春秋社、二〇一〇年)を参照。山本は同書にも寄稿している。

第三部　「近代の超克」とカトリシズム

第八章　吉満義彦の「近代批判」

1　問題の所在

昭和十七年秋、雑誌『文学界』に掲載された座談会「文化綜合会議シンポジウム――近代の超克」は、今なお議論の対象たり得るほどに、思想的な磁力を放つ〈出来事〉である。しかし従来、「近代の超克」を論じた研究書において、参加者中、唯一のキリスト者である吉満義彦（明治三十七年～昭和二十年）は、ほとんど論究（論及）の対象とされてこなかった(1)。むしろ「近代の超克」をめぐるこれまでの論考は、このカトリック思想家を「問題」にしないことにより展開してきた感さえある。

しかし一般論として見ても、複数からなる問題提起を、一部の立場に整理・集約することは無理がある上に、〈近代〉をめぐる論点の性質上、プロテスタントならぬカトリックの思想家なる吉満のまなざしは、「近代の超克」という〈問題〉を問う上で、原理的に無視し得ないはずである。そこで本書では以下三章にわたり、吉満が「近代の超克」に託した世界を詳らかにすべく、次の考察を試みたい。第一に、吉満の「近代批判」の内実を明らかにする。それを承け、第二に、吉満が「近代の超克」に託した世界を、その人間観を手がかりに解明する。そして第三に、その言説が時代の中で持ち得た意味を読み解いていく。したがって本編は、座談会「近代の超克」を直接の考究の対象にするものでも、また、如上の座談会における吉満の思想的位相を見究めようとするものでもない。吉満についての理解が必ずしも十分でない状況下、まずなすべきは吉満自体を解析することであり、他との比較検討は、論理的には次の段階に属すると考えるからである。

2　吉満の「近代批判」――西欧精神史への視座をめぐって

吉満の「近代批判」は、思惟の原理レベルからなされているという点で根源的である。たとえば最初期の論考『現代の転向』と『カトリックへの転向』で「近代思想の根本動向は中世的基督教的超自然―自然、神―所造の関係認識の破棄に存する」(2)と闡明されていたごとく、吉満の「近代批判」は、「神―所造の関係認識の破棄」に向けられており、問題の所在は以下に見るとおり、「中世的基督教」からの神観の転回、具体的には人間の思惑を超絶する、絶対的に〈自由〉な存在としての神発見に求められていた。

如上の超絶神観を、吉満は当然ながらプロテスタンティズムに帰していた。しかしその眼は「宗教改革」にとどまらず、同じく最初期の作品「現代における『カトリックへの転向』の意義」において、「中世ノミナリスムの堕落より生れたルタｰ的思想の根本に近代の主観主義的方向を汲み得るのである」(3)と述べられているように、吉満は問題を「ルタｰ的思想」さらには「中世ノミナリスム」にまで遡って問うていた。

ここで「中世ノミナリスム」一般を詳述することはできないが(4)、吉満の理解を捉えるにあたっては、翌昭和七年の長大な論考「聖トマスにおける神概念の形而上的構成について」の一節、「一切の実在『本質認識』のノミナリスト的放棄はルター的『娼婦なる理性』（Hure Vernunft）の中に、また『本質』と『規範』の彼方に任意気随の神はルター的『審判・恩寵』の神と『予定』の神に展開(5)」したとのくだりが注目される。ここに繰り返される「任意」「気随」の表現が表すように、吉満は「中世ノミナリスム」の根底に神の絶対的な「任意」「気随」、すなわち人間理性の把握の「彼方」なる、絶対的に〈自由〉な存在としての神を見出していた。

吉満はこの神観をルターにかかわらせていくが、実際、如上の神観が、人間理性の限界意識と「信仰のみ」の主張に帰結するのは必然だった。まず、神の絶対的な「任意」「気随」は人間理性を凌駕するものと捉えられることにより、理性は信仰の探究に「不適格」であり、強いて信仰の領域に立ち入ることは「反信仰的」と見なされていく。いわく「娼婦なる理性」と。かくして信仰が理性による探究とは何ら関係のないものとされるとき、「審判・恩寵」の逆説も「予定」の教義も、もはや理性の「対象」ではあり得ない。神の「任意」「気随」の前に、理性は信仰から切り離されて、代わって、信仰が意志的なものと解されていくのは必至であった。

ただ、注意すべきことは、吉満が「中世ノミナリスム」に遡る如上の転回を、元来は信仰の維持目的に端を発する試みとして位置づけている点である。たとえば前掲「現代における『カトリックへの転向』の意義」にていわく「ルッター的『信仰のみ(6)』Sola fide もカルヴィン的『神にのみ栄光』Sola Deo gloria も信仰なる限りにおいては単なる主観主義でもなく」、かつ「超自然的実在の真理の否定などではなく、寧ろ原始信仰の提唱である(7)」と。また昭和十一年「カトリック哲学の概念」でも吉満は、「近世宗教革命以来その精神を継ぐ信仰主義的な理性無能をあるいは『理性即不信仰』を呼ばわる信仰的プロテスト(8)」に説き及び、その源泉を、「中世ノミナリスム」を超え、「ancilla theologiae の標語(9)」を生んだ「ペトルス・ダミアヌス(10)」の「反弁証主義的な信仰強調(11)」、あるいは「『十字架につけられたキリストのほかを知るまじ』(nisi Jesum Christum et hunc crucifixum)との聖パウロ的熱心をもって一切の過度の主知主義に対して自ら愚ならんとせる聖ベルナール的態度[12]」にまで遡及して問うた。「理性即不信仰を呼ばわる信仰的プロテスト」との表現は、吉満が「近世宗教革命」の「精神」を、信仰と理性の「分離」に見出していることを示すとともに、かつその目的が、理性の信仰からの「解放・自立」それ自体を目指した試みとしてでなく、むしろ「過度の主知主義」から信仰およびその「生命」を守ろうとした「プロテスト」にこそあったとする理解を照射するものである。

このように吉満は、「宗教改革の精神」における「任意気随の神」ならびに「理性即不信仰」の強調を、「キリスト教の純粋把持[13]」を目指すがゆえの主張として位置づけていた。しかし吉満は、この「信仰的プロテスト」がもたらした精神史上の画期をこそ注視した。示唆に富むのは吉満のデカルト論である[14]。ここで「宗教改革者」とデカルトの関係を詳述することはできないが[15]、以下に見るように、吉満はデカルトもまた、「宗教改革者」同様の課題意識に基づいて信仰と理性の分離をはかったことを指摘するとともに、まさにそこから、デカルトの目論見を凌駕する深刻な逆説が持ち来された様相を描写していった。

(1) デカルトにおける理性把握とその帰結

吉満はその最も大部なデカルト論、「デカルト的思惟の限界」において、デカルトが「その死の二年前ビュルマンに語るごとく『よし理性は信仰真理が哲学的真理に矛盾しないということは証明せねばならぬとしても』『信仰そのもののうちにわれわれの理性はいかにしても透入しないのである』と言い、信仰は単に絶対権威への従順の対象であり、われわれの理性に絶対に不可知なるもの[16]」と述べる点に触れ、その帰結として「信仰をもって単に救済の真理への意志的従順なる承認となし、それによって『救い』（gagner le ciel）の道を安全に保証して、後は結局理性をして自らの領域において信仰真理に容喙せしめざらんとして、同時に信仰から理性を分離して、ただ両者の間に一種の協定《コンコルダート》を結ばしめる」[17]に至ったと結論づけていた。

一方、「十七世紀の善意のカトリック者デカルト」[18]との評言、さらに、デカルトは「自らの学説が信仰に矛盾するものとは考えなかったのみでなく、信仰を受けしめるための最も確実な護教に役立つ哲学であると確信していた」[19]との敷衍が表すように、吉満はデカルトにおける信仰と理性の分離の試みが、「理性的学の自律的積極発展」[20]と信仰の調和を目指すところの、あくまで「護教」的な意図に根ざすものであることを強調してもいた。

しかしながらデカルトをめぐる吉満の主張の眼目は、デカルトにおける如上の意図の指摘にはなかった。吉満のまなざしは、デカルトが「護教」のために「信仰から理性を分離して」「哲学」[21]を営み、「学はただ理性の自然的光（lumen naturale）によって形成されるのみ」[22]としたことで、以後、逆説的にも理性をめぐる決定的な視座転換がもたらされた点にこそ注がれていた。

示唆に富むのは、吉満が「デカルト的思惟の限界」において、「デカルトが信仰をもって意志の働きとなすとき他面において彼は信仰の真理によって理性そのものの高揚され照らされる関係を否定しているのではないか」[23]、また「デカルトにおいては聖トマスの解するごとき恩寵によって動かされた意志の決定の下になされる理性そのものの高揚、つまり理性の働きとしての信仰が根本的に見失われているのである」[24]と述べる点である。後に九章で詳述するように、吉満は人間とその理性における、自己超越的な可能性を繰り返し問いかけていた。しかしながら如上の提唱は、理性への楽天的「信頼」、あるいはその「万能性」の闡明を意図するものでは全くない。注意すべきは、吉満が上記と併せ以下のように説く点である。いわく「デカルトは聖トマスのごとく自然理性そのものの神学的

habitus（存在状態）による完成、すなわちそれ自体は自然的であるが起源において超自然的なる知性の一つの完成状態なるものを考えない[25]」と。

ここでトマスに依拠して述べられたことは、吉満の理性認識を考える上できわめて枢要である。というのも吉満にとり理性とは、神とのかかわりにおいて「高揚」され、「完成」を待つべき存在であること、別の角度から言うならば、理性は神との連関を断ち切って自存し得るほど、「完成」された存在とは捉えられていないことを含んでいるからである。

実際、吉満は「デカルト的思惟の限界」において、信仰から切り離された「理性の漸次的虚弱化[26]」「思弁的認識の漸次的低劣化[27]」を指摘するとともに、最晩年の論考「カトリシスムと弁証法神学」にても、「カトリック神学は……人間理性に捕捉不可能ならぬものも、現在の人間的条件においては、すべての人によって確実になんらの誤謬を混ずることなく知り得るためには、天啓に負うところあるべきを指摘しているのである[28]」と書いていた。こうした叙述が表すように、吉満は人間理性を独立自存の存在とは見ておらず、あくまで「天啓に負うところあるべき」存在として、すなわち神との内在的な〈関係〉の内においてのみ存立し得る、相対的で未完成な存在として位置づけていた。

これに対し、デカルトは「信仰そのもののうちにわれわれの理性はいかにしても透入しない」との限界意識に則って、理性を信仰から切り離したにもかかわらず、その試みは逆説的にも理性の絶対視、すなわち単独でも「学」を「形成」し得るほど、「完成」された存在としての理性把握をもたらしたと吉満は考えていた。別の角度から言うならば、「信仰の真理によって」「高揚され」た理性が否定されたことにより、理性は「信仰の真理によって」「高揚され」る必要があるとの見方、すなわち、理性を未完成で相対的な存在となす見方も併せて退けられることとなり、かえって、理性は神の「援け」や「導き」なしでも存立し得る、独立自存の存在として把握されるに至ったと吉満は見なしていた。

如上の視座は、たとえばデカルトが「理性の自然的光（lumen naturale）によって形成される」「学」と位置づけた「哲学」を、吉満が「神学の支配を免れて自らの営みをなにものにも妨げられざる絶対の独立において営まんとするもの」[29]と描く点、また昭和十六年「哲学者の神――デカルトとパスカル」において、「デカルトにとって哲学するということは分かるものと分からぬもの、可能と不可能との区別が身についてわかってくるということ」[30]であり、「われわれ自身に依存しないどうにもならぬものと、自己の意志の支配に属するものとを区別して、われわれの意志の支配する領域において、神々のごとく自らの主となること」[31]だと描写している点、そして昭和十九年の論考「自然科学と宗教性の形而上学」におけるデカルトへの言及で、「人間的自己能力の創造的意識発揮はそれ自身は反神学的ではないが、それが『神々のごとくならん』とする人間神化のヒュブリスにつながるところが問題である」[32]と言明する点にそれぞれ明らかであるが、吉満がかの「ヒュブリス」をかくも「問題」と見なすのは、それが、人間理性を神格化し、デカルト以降の哲学史を無神論へと決定づける淵源となったという理解に基づいていた。[33]

たとえば昭和十四年「天使」と題する論考で、吉満は「近代哲学の父と言われるデカルトの考え方をマリタンは一種の『天使主義《アンゼリスム》』だと言っている」[34]と説き、そのデカルトに起因する「近代哲学は神や天使を否定したのではなく、人間を神や天使として考えようとしている」[35]と述べていた。吉満は「近代哲学」のこの傾向、特に理性の絶対化・自己神格化がヘーゲルに至って頂点に達したと捉えており、ごく初期の文章「ヘーゲル復興とヘーゲル批判」において、「ヘーゲルの絶対観念論的弁証法」[36]を「所詮此神自身の自存的完全現実性（Aseitas, Actus purus）の観念を棄て丶、之を近代的内在主義と合理主義とを以て完き論理的一元論（Monisme）において解消する試である」[37]

となしていた。これらの叙述が示唆するごとく、吉満はデカルトに端を発する如上の理性観は、ついにヘーゲルにおいて、神を理性の内に「内在」、「解消」するまでに絶対化されたと結論づけていた。

吉満はその先をも凝視して、次のようにも述べていた。たとえば前掲「自然科学と宗教性の形而上学」において、「ヘーゲル的理性」に基づく「論理的一元論」を、それが「マルクス的唯物論的無神論に置き換えられても論理的に仕方はなかったのである(38)」と総括するように、吉満は「ヘーゲル的理性」とその「論理的一元論」は、神を理性のうちに内在化させたのみならず、「マルクス的唯物論」へと反転することで、はからずも〈神〉の喪失を招く一過程となったと捉えていた。こうした見方が示唆するように、吉満はデカルトの試み、すなわち「信仰から理性を分離して、ただ両者の間に一種の協定を結ばしめる」ことで「理性的学の自律的積極発展」と「護教」を意図したその営みは、逆説的にも、「護教」ならぬ無神論を招くことになったと解していた。

(2) 「デカルト的人間」の危機

同様の逆説を、吉満はデカルトの人間観にも見出していた。後にも触れることになるが、吉満はたとえば昭和七年の論考「聖トマスにおける人間概念の形而上的構成について」の中で、「トマスにとって人間は結局何らか『超越さるべきもの』にほかならぬのである(39)」と述べ、さらに昭和十一年の一文「新しき秩序――充足的ヒューマニズムの立場」にても、「人間は単に人間的なるものによって充足され得る何ものかであるのではなく、神自身に向かって造られたなんらかそれ自身超克さるべきもの(40)」と説いていた。

ここに明らかにされているとおり、トマスに依拠する吉満にとり、人間は既に「完成」された「充足」的存在ではあり得ずに、逆に、「自身」を「超克」すべきものとされている点で、あくまで不完全な存在と見なされていた。

別の角度から言うならば、吉満にとっての人間は、単独で存在し得る絶対的存在ではなくて、あくまで「神自身に向かって」存在すべき、その意味で神との〈関係〉においてこそ存立し得る、相対的な存在として理解されていた。

これに対し吉満は、「デカルト的思惟の限界」末尾近くで、「デカルト的人間の拠り所はひたすらにこのego cogitansの知性のうちにある」[41]と説いていた。「ひたすらに」との形容が示唆するように、吉満はデカルトにおいて人間は、神との〈関係〉を問題にしなくとも、「ego cogitans」の事実のみで存立し得る、独立自存の存在と見なされるに至ったと解していた。別の角度から言うならば、デカルトにおける人間は、その理性認識と同様に、神との〈関係〉において在る相対的存在から、ただ「ego cogitans」によることで自存し得る、絶対的な存在と目されるようになったと吉満は捉えていた。

しかしながら、同時に吉満はこうも述べていた。いわく「デカルト的cogitoは一方において確実性探究の不安の人間の姿であるとともに他方においてこの確実性を『考える我れ』のうちにつなぐ姿である」[42]と。この表現が示唆するように、吉満の眼に「ego cogitans」の「確実性」により恃む「デカルト的人間」は、その根底に「不安」を潜めてもいると映じていた。したがって、この「確実性」が揺らぐとき、「デカルト的人間」が封印してきた「不安」の噴出は必然だと吉満は見なしていた。

実際、吉満において、「デカルト的人間」が自明視する「cogito」の「確実性」なるものは、時代の思想潮流の只中で、深刻な危機に陥っているものと位置づけられていた。たとえば前掲「『現代の転向』と『カトリックへの転向』」において吉満は、フロイトとハイデガーに言及し、その画期性を以下のように説いていた。いわく「フロイドがLibido theorie転倒Inversion等における、凡ゆる人格的なるもの精神的なるものの性欲複合への分解と、ハイデッガーが常に自己と他の前に『あるもの』として見えんとする『なきもの』（Nichts）の面蔽を去つた『無』

としての、常に有限になる所の人間性の本質の根本規定とは共に之れ日常の忘れられたる埋もれたるもの、指摘発見によつて『人間本性』の虚無性を非理念化を追究するものである[43]」と。

吉満にとり「ハイデッガー」は、前掲「自然科学と宗教性の形而上学」において「デカルト＝カント＝ヘーゲル的哲学の別途なる遂行[44]」と位置づけられているように、ヘーゲル同様、デカルト起源の思想家として理解されていた。しかもその「ハイデッガー」は、「フロイド」ともども、「デカルト的人間」がひたすらに依り頼む、「『あるもの』として」の「ego cogitans」の「面蔽」を剝ぎ取って、「確実性」ならぬその「虚無性」を暴露した存在と解されていた[45]。

如上の認識は、昭和十一年「新スコラ哲学と現代ヒューマニズム」でも次のように示されていた。いわく「今日の人間性の意識は、決してかつてのごとき安易なる問題なき自己確実性のうちにある人間性の限界内に安らえる憩えるそれではなく、有限的存在としての人間の歴史的時間宿命性の重圧において新しく自らの宿命への自覚的超越を志向するものであり、そこに積極的にしろ消極的否定的にしろ、人間性への一つのヒロイクな決意(Entscheidung)が求められているのである[46]」と。ここでも説かれているとおり、吉満は「有限的存在としての人間」の「宿命」が暴かれた今、もはや「人間性の意識」は、「かつてのごとき安易なる問題なき自己確実性」、すなわち「ego cogitans」の「確実性」に「安ら」い「憩」うことはできなくなり、したがって、神との〈関係〉を問わずして「自立」したはずの「デカルト的人間」は、「デカルト＝カント＝ヘーゲル的哲学」の「別途なる遂行」として登場した現代の思想家に、皮肉にもその「自立」の根拠を突き崩されたと見なしたのであった。

ここにおいて「デカルト的人間」の危機は必至であるが[47]、如上の危機は、以下に見る「合理主義」によっても深刻化されたと吉満は捉えていた。しかも吉満においてその淵源は、やはり、デカルトによって明確化された信仰と理性、神と人間の分離にこそ求められていた。

(3)「合理主義」とその「文化」をめぐって

そもそも信仰が意志的なものと捉えられ、理性の目的が神から切り離されるとき、その働きの〈場〉も限られてくるのは自明であった。具体的には、「自然科学と宗教性の形而上学」における一節「認識の究極的目的性格において形而上学的認識との知的遮断(48)」、あるいは「認識の妥当領域を経験世界に限定(49)」との形容が象徴するように、デカルトにおいて、理性は信仰の領域からいわば「締め出され」、その働きの〈場〉は信仰の領域とは別の場所、すなわち「経験世界に限定」されていったことを吉満は注視した。

この結果、「経験世界」に「信仰真理」を「容喙せしめ」ずに、それ自体で完結したものとして捉える見方が成立する。別の角度から言うならば、理性による「経験世界」の認識・探究が、「信仰真理」を「容喙せしめ」ずに遂行されていくことになる。実際、「デカルト的コギトの形而上学的思考は……結局プラトン＝アリストテレス的な形而上学的存在観より全然解放された自然の唯物的数学図式的な把握を確保せんとするものなる点においてむしろ新しき『自然の学』への転回を意味するものであった(50)」との叙述が示唆するように、吉満はデカルトにおいて明確化された信仰と理性の分離が、「経験世界」への「信仰真理」の内在・浸透といった捉え方を排除して、代わってそれを単なる「現象」、単なる「事実」的存在として捉えるに至った点に注意を向けていた。

かくして単なる「現象」、単なる「事実」的存在と化した「経験世界」を認識し、「意味」付与するのは、もはや〈神〉ではあり得ない。それは結局のところ、「経験世界」と二元的に対峙せしめられ、「経験世界」をいわば「外」から眺めやる人間理性以外にない。然らばその「鍵」となるデカルト的理性とはいかなるものか。吉満は言う、

「このcogitoの主体なるratio[51]」とは「古典的なアリストテレス＝トマス的な形而上的類比性［傍点原文、以下同じ］思惟の理性ではなく、一切を一義的に科学的幾何学的思惟に規制する一義的合理主義の理性であった[52]」と。そして「結局においては理性的理論学としての形而上学の否定に帰するところの実証的ないし必至的数学的合理主義の世界像および人間像の宿命的支配に道を開くこととなった[53]」と。

ここに〈世界〉と〈人間〉が、「一切を一義的に科学的幾何学的思惟に規制する一義的合理主義」に還元されゆく端緒が開かれるが、その結果成立する「世界像」、ことに「人間像」は、当の〈人間〉にいかなる帰趨をもたらすか。この点、吉満の理解は明確だった。最初期の論考「聖トマスにおける人間概念の形而上的構成について」にて吉満は、如上の「合理主義」の問題性を次のように説いていた。いわく「実に『人間』の理解は精神の事実を、しかり探究者自らの精神の事実を逃避して、一切を量と数に帰属せしめんとする、それ故に『全自然を説明するでもあろう……がしかし自ら自身《ジヒゼルプスト》を理解しない』（キルケゴール）合理主義的自然主義的方法の能くし得るものではない。また人間は単なる法則や理念の形式的機能においてのみ理解さるべきものでもない[54]」と。

「探究者自らの精神の事実」を除外して、「一切を量と数」また「法則や理念の形式的機能」に「帰属せしめんとする」類の「合理主義」とは、「一切を一義的に科学的幾何学的思惟に規制する一義的合理主義」と言ってよい。すなわち吉満は、如上の「合理主義」の〈問題〉を、〈人間〉への適用が不適格である点に見出していた。別の角度から言うならば、吉満において〈人間〉は、「一切を量と数」「法則や理念の形式的機能」に「帰属せしめ」られる時、その存在を「能くし得るものではない」と把握されていた。

そのまなざしは、前掲「現代における『カトリックへの転向』の意義」でも以下のように示されていた。いわく、「人々は必至的機制的自然主義的唯物論的人生観から逃れ出でんとして、如何にもがいた事か。進化論と実証主義と科学万能主義と自然主義の世界に長く魂は堪へられなかった」[55]と。人間はかような「方法」にさらされ、「量と数」に「帰属せしめ」られるとき、「長く魂は堪へられ」ず、そこから「逃れ出でんとして」、「もが」かずにいられない存在であることを吉満は見通していた。

無論、吉満は如上の「合理主義」の実りを「全否定」したわけではない。「自然科学と宗教性の形而上学」にて吉満は、「ベーコンにしてもデカルトにしても経験科学の豊かな発達への方法を開拓し刺戟した点は認める」[56]となし、「『実験性』ないし実証性と『合理性』ないし論理性の科学的思惟」[57]は「その自己限定的立場において正しく評価さるべき」[58]と述べていた。しかし吉満は、件の「合理主義」に基づく「経験科学の豊かな発達」のみでなく、その「発達」が今や「魂」だけでなく、人間の〈生〉そのものに強いつつある苛烈な現実をも凝視していた。別の角度から言うならば、吉満は「一切を一義的に科学的幾何学的思惟に規制する一義的合理主義」が生み出した「文化」の帰結をこそ、問い質そうとしたのであった。

その視座は、初期の論考「倫理性への定位」の一節、「近代的人間の第一関心が永生の問題より物質支配と物質獲得に転向してより、次第に人間を物質化するに至って、いかに技術性の全能率集注をもってしても、そは人間を扱う所以でなくかえって殺すものである」[59]に既に読み取り得るものの、ここでは「自然科学と宗教性の形而上学」における次の叙述に注意を促したい。

十九世紀的唯物論やコント的実証主義精神においては、近代科学的精神のもたらしたものはいまだいわば「知性の改造」というか「哲学の転倒」にすぎなかったものが、総じて二十世紀的文明意識においては、近代的科学の結実としての技術的機械的生条件規定から、あまねく技術主義《テクノロジック》的な生活感覚的唯物主義がむしろ不知不識に人間的生そのものを窒息せしめるに至った点である。物理学や生物学の知識的展開は、文明の構造を変革せしめ、かくてデカルトが学の結実として目指したmécaniqueとmédecineは帰するところ生の機械主義、技術主義的分解の危機をもたらす結果となり、二十世紀的「知性の不安」を現出するに至ったのである。(60)

注視すべきは、吉満が「十九世紀的唯物論」と「二十世紀的文明意識」を分け、両者がいわば自乗化されたものとして、「二十世紀的『知性の不安』」を位置づけている点である。すなわち吉満にとって「二十世紀」を生きる人々は、たとえば「ハイデッガー」の手になる「『人間本性』の虚無性」の暴露、あるいは「一切を量と数」また「法則や理念の形式的機能」に「帰属せしめんとする」類の「合理主義」によって、「自己確実性」の動揺やそれに伴う「不安」に陥れられているだけではなかった。右記に加えて「物理学や生物学の知識的展開」が「変革せしめ」た「文明の構造」とその「技術的機械的生条件規定」に組み込まれることにより、もはや「知性」のレベルを超えて、「人間的生そのもの」までも「窒息」「分解の危機」に直面させられていると捉えられていた。

かくして吉満の眼に同時代の人間は、〈神〉を喪失したのみならず、その存立基盤の「確実性」を揺さぶられ、さらに「文明の構造」に苦悶させられてもいる点で、相乗的な危機にさらされているものと映じていた。しかも最終章で詳述するように、吉満は人々がみずからを苛む「哲学」、「合理主義」、「技術的機械的生条件規定」の「埒外」なる「神話」等、非合理的な価値世界に「救済」を求めゆく様相を理解しつつも認めることはしなかった。吉満が求めたのは「民族」の「神話」に依り恃む擬似的な「近代超克」の試みでなく、それとは異なる原理に基づいた、まったく別の途に依ることで、苦悶する人間を救うことだった。

3　神観の転回とその射程――吉満の「近代超克」

吉満の「近代批判」は、思惟の原理レベルからなされているだけに、「近代超克」の試みも、同様の深みから始められたのは必然だった。具体的には「近代思想の根本動向は中世的基督教的超自然―自然、神―所造の関係認識の破棄に存する」となし、その「破棄」の根源的要因を、「任意」「気随」の超絶神に求めていた吉満において、「近代超克」の出発点は、何よりも、如上の神観の刷新に求められていった。その構えを解する上で、ここでは吉満がカール・アダムの論考「審判の神学、危機の神学（Die Theologie der Krisis）[61]」を「訳出紹介[62]」するかたちでバルトを問うた、その最晩年の論考「カトリシスムと弁証法神学」に注意を促したい。

吉満によればバルトにおいて、神は「一切の対立の彼岸に王者のごとく自由であり、われわれの此岸的可能性よりしてはただ不可能者の範疇においてのみ捕捉されるもの[63]」、したがって「いかなる仕方においても地上的なるものより積極的規定を得しめぬもの[64]」と捉えられていた。それはまた「いわゆる『絶対他者《ガンツアンデレ》』であり、『絶対者』『実存者』一切の可視者に対する『不可視者』、一切の所与性に対する『前提』」、一切の『此処』に対して隔絶せる『彼処』である[65]」と力説されもした。かくしてバルトが「王者のごとく自由」な神を説き、そのような「神と世界との質的な本質差別（qualitative Wesensunterschied）[66]」、神と「所造」の「極的対立[67]」を強調するのは何ゆえか。吉満はそこに、時代の中で信仰の純粋性を守ろうとするバルトの「神学的奮戦[68]」を見出していた。

すなわち、神が「一切の対立の彼岸に王者のごとく自由」な存在であるならば、「此岸」に神の「介入」が現れ出るにせよ、その「介入」は、神の行使する絶対的な〈自由〉の部分的現れと解さざるを得ない。然らば、「此岸」

の様がどうであれ、それを根拠に「神意」を揣摩し、「規定」するのは無意義である。「一切の対立の彼岸に王者のごとく自由」な神は、「此岸」を根拠に推し量られた「神意」など、遥かに超えると捉えられるからである。しかも人間存在は、「王者」たる「神に対して奴隷の反抗をなして以来」(69)、「罪の力」(70)の隷属下に置かれ、「一切は縁までリビドーによって、生への渇望によって満たされたエロス者である」(71)。かくして「人間そのものが……実存的に神無き」(72)存在である以上、「人間は人間として神を認識することはできない」(73)、バルトは理性に対しこう宣告すると吉満は提示した。

ここにおいて、「此岸」から神へと認識を進める道は閉ざされることになるのは論を俟たない。いわく「この絶対超絶神観が、論理的思惟の道も、また倫理も宗教の道も一切『此処より彼処に』導き得ぬ、絶対不連続観となる」(74)、否むしろ「かかる(連続的《ママ》な)道が存するならば、人間が(神との《ママ》)距離の怖るべき看却によって、彼自らそこに関係し得ざるものに関係せんとするならば、もはや神ではなく、その世界の事物中の一事物に過ぎぬものとなるであろう」(75)と。かくしてバルトは、たとえば「ヘーゲル的理性」や「マルクス的唯物論」に還元された「神」のごとく、「神と世界」「神と人間」が「混交」された「神学」、あるいは「神と世界との質的な本質差別」を忘却・弛緩した信仰を厳しく批判したのであった。

この批判が、「人間化された神学」(76)「歴史的心理主義的なる神学」(77)を退け、代わって「天啓の超絶性と『神の言』の絶対性と不動性とを再び良心のうちに刻みこ」(78)むのに資するのは言うまでもない。かくして吉満は、ブルンナーの言葉「一切の合理的な神認識の努力はまさしく哲学的な『神反逆《ティタニズム》』であり罪である」(79)を併せて紹介し、バルトをこう評価する。いわく、バルトの「神学的奮戦」は、「近代的世俗化に対抗して立った古き信仰精神の勃興であり更新であったのである」(80)と。

このように吉満は、バルトが「王者のごとく自由」な神を説き、そのような「神と世界との質的な本質差別」「絶対不連続」を力説することが、「近代的世俗化に対抗し」「古き信仰精神」を再定位することを認めた。しかし吉満は、バルトの批判する「近代的世俗化」の根源的な要因を、「神と人間」すなわち「信仰と理性」の「分離」に求めただけに、結局、「神と人間」「神と世界」の分離徹底を推し進めるバルトの「奮戦」は、「近代的世俗化」とその侵蝕をこうむった「神学」および擬似的「神」の批判にはなり得ても、その現象を帰結した〈原理〉の批判にはならないと位置づけていた。別の角度から言うならば、「近代思想の根本動向は中世的基督教的超自然―自然、神―所造の関係認識の破棄に存する」と見る吉満にとり、「近代超克」の方向性は、「神―所造の関係認識の破棄」をもたらした超絶神観を徹底する線になく、「神―所造の関係」を再建させる別個の神観の探究にこそ定められていった。

かくして吉満が試みたのは、バルトのごとく神を「一切の対立の彼岸に王者のごとく自由」な存在、すなわち端的に〈自由〉な存在と捉えるのではなく、神の絶対的な〈自由〉を、具体的なその〈意志〉と相即不離なものとして問いかけることだった。その視座は、「カトリシスムと弁証法神学」における次の一節、「神の『絶対他者性』（ganz Andere）をわれわれは対立（Gegensatz）として理解するのではなく、……所造の創造者への根本的《ラディカル》な関係性（Bezogenheit）、すなわち全存在の神に向かっての秩序づけ（Hinordnung）を排除するのでなく包括するところの『他者性』として理解するのである」[81]との叙述ほか、ごく初期の論考、昭和七年「聖トマスにおける神概念の形而上的構成について」における次のくだりが照射するものだった。

神は自らの本質を認識して自らと異なるものを認識するごとく、自らの善を意志して他者を意志すべく

（S.th.I,q.19,a.3,ad 2）そは善の広がる本性に従って、神が他者に自らの善の類似を分かつ業である。……しかも神は自らの善なる本質を目的として、他者をすなわち所造を欲するとも、自らの善のために（propter finem）欲するものを、必然的に欲するというわけではない（ibid.,a.3,10）。しかしここに同時に示さるるごとく神は自らの本質なる善を欲するので、神の意志の故に神の善が言われるとなすノミナリスト的任意神の観念は形而上的秩序を転倒せるものである。(82)

先のバルト評価に明らかなごとく、吉満も、バルト同様、神の〈超越性〉〈他者性〉の堅持に与しており、したがって、「この世界」のありように、神の〈意志〉が現れ尽くすとは考えていなかった。別の角度から言うならば、「現実」を根拠とし、神の〈意志〉を揣摩することは不可能と捉えていた。しかし吉満は、認識上のそうした懸隔を、「この世界」なる人間を凌駕する、神の「任意気随」に帰そうとはしなかった。吉満において如上の懸隔は、神が「自らの善のために（propter finem）欲するものを、必然的に欲するというわけではない」からこそ生じる事態として、あくまでもその「善なる本質」とかかわらせて、解き明かされていた。

ここで吉満の説く神の「善なる本質」が、「所造」との関係形成的な内実を有することは明らかであるが、「他者を意志」し「他者に自らの善の類似を分かつ」との表現が既に示唆しているように、吉満は神の「善なる本質」を、「所造」との「並存」以上の関係を志向するものとして打ち出していた。(83) それは神観の刷新に起点を持つ吉満の「近代超克」が、神観の刷新に伴って、件の神観と関係づけられた「所造」認識を新しくすること、具体的には、「二十世紀的『知性の不安』」に立ち至って苦悶する「デカルト的人間」を乗り越える、新しい人間観の提唱を必然化することを意味していた。

実際、吉満は座談会「近代の超克」に先立ち著した論考「近代超克の神学的根拠――いかにして近代人は神を見出すか？」においてこう述べていた。いわく、「この近代救済ないし超克の道」[84]は「人間性を具体的全体性においてその精神可能性と精神要請を全的に生かし秩序づけるものとして人間性の別途なる肯定を意味する神中心的ヒューマニズムないし充足的ヒューマニズム（humanisme intégral）とマリタンが名づけるカトリシズムの宗教性にある」[85]と。この闡明は吉満の言う「近代超克」が、「充足的ヒューマニズム」の提唱に集約されていくことを示すものである。別の角度から言うならば、繰り返される「人間性」の語が象徴するように、吉満において「近代超克」は、神観の転回にとどまらず、「人間性」の見方すなわち人間観の転回と不可分視されるものだった。然らば吉満の説く「近代超克」を理解するにあたっては、神観の転回を跡づけるのみならず、言うところの「充足的ヒューマニズム」を、その人間観に遡及して明らかにすべきは論を俟たない。その内実を次章にて詳らかにしていきたい。

［註］

（1）近年の研究として、子安宣邦『「近代の超克」とは何か』（青土社、二〇〇八年）、石塚正英・工藤豊編著『近代の超克――永久革命』（理想社、二〇〇九年）、酒井直樹・磯前順一編著『「近代の超克」と京都学派――近代性・帝国・普遍性』（以文社、二〇一〇年）、菅原潤『「近代の超克」再考』（晃洋書房、二〇一一年）など。ほぼ毎年「近代の超克」研究が上梓されているが、吉満はほとんど触れられていない。ただ最近、半澤孝麿『近代日本のカトリシズム』（みすず書房、一九九三年）に迫る、吉満個人についての本格的研究が、相次いで著されていることが注目される。一例として鶴岡賀雄「吉満義彦と『近代日本カトリシズム』」(『季刊日本思想史』七二号、ぺりかん社、二〇〇八年一月)、また文芸評論の立場から、若松英輔「吉満義彦」(『三田文学』一〇四号[冬季号]~連載中)。

(2) 吉満「『現代の転向』と『カトリックへの転向』」、『カトリック』一一巻五号、公教青年会、昭和六年五月号、四九頁(『吉満義彦全集 全五巻』[講談社、昭和五十九年、以下『全集』]該当箇所を記さない場合は『全集』未収録。以下同様)。なお西欧精神史への視角に関しては、稲垣良典氏の以下の著作に教示を得た。『信仰と理性』(第三文明社、一九七九年)、『神学的言語の研究』(創文社、二〇〇〇年)、『問題としての神』(同、二〇〇二年)、『人間文化基礎論』(九州大学出版会、二〇〇三年)、『トマス・アクィナス「神学大全」』(講談社、二〇〇九年)。

(3) 吉満「現代における『カトリックへの転向』の意義」、『宗教研究』八巻二号、宗教研究編集部、昭和六年五月号、五〇頁。

(4) 中世ノミナリズムに関しては稲垣良典『抽象と直観——中世後期認識理論の研究』(創文社、一九九〇年)を参照。

(5) 吉満「聖トマスにおける神概念の形而上的構成について」、『宗教研究』九巻五号(なお初出時は「トーマス」と表記)、昭和七年九月号(『全集』四巻、三八七頁)。

(6) 前掲「現代における『カトリックへの転向』の意義」、前掲『宗教研究』八巻二号、五〇頁。

(7) 同。

(8) 吉満「カトリック哲学の概念」、『カトリック』一六巻六号、昭和十一年六月号(『全集』一巻、二五〇頁)。

(9) 同。

(10) 同。

(11) 同。

(12) 同、二五〇—二五一頁。

(13) 吉満「中世精神史の理念」、理想社版『世界精神史講座』四巻其一、昭和十五年九月(『全集』三巻、一〇頁)。

(14) 吉満と同時代におけるデカルト受容の位相について、中川久定「デカルトと西田——二つの哲学の言語的前提」(『思想』九〇二号、岩波書店、一九九九年八月)、小林道夫「西田とデカルト——『懐疑』と『我の存在』把握をめぐって」(『日本の哲学』一〇号、昭和堂、二〇〇九年十二月)、熊野純彦『和辻哲郎——文人哲学者の軌跡』(岩波書店、二〇〇九年）等を参照のこと。
(15)「宗教改革者」とデカルトの関係については、前掲『信仰と理性』を参照。
(16) 吉満「デカルト的思惟の限界」、『カトリック研究』一九巻四号、五号、カトリック研究社、昭和十四年七・八月号、九・十月号、（『全集』三巻、二九頁）。なおビュルマンへの言葉の原文は煩雑になるので引用を省略。
(17) 同、二二頁。
(18) 同、二〇頁。
(19) 同。
(20) 同、二六頁。
(21) 同、二四頁。
(22) 同。
(23) 同、二一頁。
(24) 同。
(25) 同、二四頁。
(26) 同、二六頁。
(27) 同。
(28) 吉満「カトリシスムと弁証法神学」、カール・アダム著、伊藤庄治郎訳『我等の兄弟なる基督』序文、中央出版社、昭和十九年三月（同、二九四頁）。
(29) 前掲「デカルト的思惟の限界」、同、二五―二六頁。
(30) 吉満「哲学者の神――デカルトとパスカル」、『文学界』八巻四号、文藝春秋社、昭和十六年四月号（同、三八〇頁）。
(31) 同、三八三頁。
(32) 吉満「自然科学と宗教性の形而上学」、『カトリック研究』二四巻二号、昭和十九年三・四・五・六月号（『全集』四巻、一四七頁）。

(33) こうした見方において、吉満は「京都学派」に近しいものが感じられる。この点、本書九章、特に「3 おわりに」を参照のこと。
(34) 吉満「天使」、『帝国大学新聞』昭和十四年七月三日号(『全集』五巻、二四五頁)。
(35) 同。
(36) 吉満「ヘーゲル復興とヘーゲル批判」、『カトリック』一二巻六号、昭和七年六月号、一二頁。
(37) 同。
(38) 前掲「自然科学と宗教性の形而上学」、『全集』四巻、一五四頁。
(39) 吉満「聖トマスにおける人間概念の形而上的構成について」、『倫理研究』二二号、三省堂(なお初出時は「トーマス」と表記)、昭和七年十・十一月号(『全集』二巻、三〇一頁)。
(40) 同「新しき秩序――充足的ヒューマニズムの立場」、『創造』昭和十一年七月(『全集』五巻、四一三―四一四頁)。
(41) 前掲「デカルト的思惟の限界」、『全集』三巻、五五頁。
(42) 同。
(43) 前掲「『現代の転向』と『カトリックへの転向』」、前掲『カトリック』一一巻五号、五二頁。
(44) 前掲「自然科学と宗教性の形而上学」、『全集』四巻、一五五頁。
(45) 本文中で示したハイデガー理解については、量義治『緊張 哲学と神学』(理想社、一九九四年)に、また同時代日本におけるハイデガー受容の位相については、嶺秀樹『ハイデッガーと日本の哲学――和辻哲郎、九鬼周造、田辺元』(ミネルヴァ書房、二〇〇二年)、および苅部直『光の領国 和辻哲郎』(岩波書店、二〇一〇年、一七六―一八八頁)に示唆を受けた。
(46) 吉満「新スコラ哲学と現代ヒューマニズム――上智大学哲学会公開講演のために」、上智大学哲学会公開講演、昭和十一年十一月(『全集』五巻、四三〇頁)。
(47) 吉満の如上の見通しは、あまりに決定論的な捉え方として、反論も示されよう。具体的には、「信仰から理性を分離して、ただ両者の間に一種の協定を結ばしめる」というデカルトの試みが堅持されたなら、そのデカルトが意図したように、「理性的学の自律的積極発展」と「護教」が成立した可能性の強調である。しかし吉満は、そうした言挙げを予期したかのように、「近代超克の神学的基礎」で次のように述べていた。いわく「私はこの弁証法の過程の一契機にとどまり得るとなすでもあろう幾多の読者を思わないではない。しかし歴史の現実はもっと過酷なもっと論理的なものであることを考えねばなるまい」（吉満「近代超克の神学的根拠――いかにして近代人は神を見出すか？」、『文学界』昭和十七年九月号〔『全集』一巻、一八九頁〕）と。「この弁証法」とは、既述のとおり、デカルトによる信仰と理性の分離が、逆説的にも理性の絶対化、神格化をもたらし、「神の人間化」と「唯物論的無神論」という否定的帰結を持ち来たすプロセスと言ってよい。吉満は如上の「弁証法の過程の一契機にとどまり得る」道が、可能性としては成り立つことを認めてはいるものの、それが所詮「可能性」に過ぎないことを「歴史の現実」は「過酷」なまでに証拠立てていると見たのであった。

(48) 前掲「自然科学と宗教性の形而上学」、『全集』四巻、一四七頁。
(49) 同。
(50) 前掲「デカルト的思惟の限界」、『全集』三巻、三四頁。
(51) 前掲「自然科学と宗教性の形而上学」、『全集』四巻、一五三頁。
(52) 同。
(53) 前掲「デカルト的思惟の限界」、『全集』三巻、三五頁。
(54) 前掲「聖トマスにおける人間概念の形而上的構成について」、『全集』二巻、二七三―二七四頁。
(55) 前掲「現代における『カトリックへの転向』の意義」、前掲『宗教研究』八巻二号、四八―四九頁。
(56) 前掲「自然科学と宗教性の形而上学」、『全集』四巻、一四七頁。
(57) 同、一四九頁。
(58) 同。
(59) 吉満「倫理性の定位」『読売新聞』昭和九年五月、日付不詳（『全集』五巻、三九二頁）。
(60) 前掲「自然科学と宗教性の形而上学」、『全集』四巻、一四九―一五〇頁。
(61) 前掲「カトリシスムと弁証法神学」（『全集』三巻、二八〇頁）。なお、まさにこの論考と同じ頃、その最後の論文でバルト批判に筆を振るっていた一人が、西田幾多郎であった。西田の遺稿「場所的論理と宗教的世界観」におけるバルト批判については、浅見洋『西田幾多郎とキリスト教の対話』第一部五章「逆対応と終末論――場所論的神学」、第二部五章「弁証法神学との対話――終末論を中心に」(朝文社、二〇〇九年、初版、二〇〇〇年)が示唆に富む。同時代におけるバルト受容の位相に関しては、バルト神学受容史研究会編『日本におけるカール・バルト――敗戦までの受容史の諸断面』(新教出版社、二〇〇九年)を参照。なお、西田前掲論文におけるその意図も、吉満同様、新しい神観の提示にあったことは殊更に注意されねばならない。この点、関根清三『旧約聖書と哲学――現代の問いのなかの一神教』(岩波書店、二〇〇八年)に収められた同「旧約的一神教の再構築――旧約学と哲学との対話から」(『日本の神学』、日本基督教学会、二〇〇五年九月)、同「イサク献供の哲学的解釈」(『旧約学会雑誌』四号、日本旧約学会、二〇〇七年十月)を参照のこと。

(62)前掲「カトリシスムと弁証法神学」、『全集』三巻、二八〇頁。

(63)同、二八三頁。

(64)同、二八四頁。

(65)同、二八三頁。

(66)同、二九五頁。

(67)同、二八三頁。

(68)同、二九二頁。

(69)同、二八二頁。

(70)同、二八三頁。

(71)同。

(72)同。

(73)同、二八六頁。

(74)同。

(75)同。

(76)同、二九二頁。

(77) 同。
(78) 同。
(79) 同、二八七頁。
(80) 同、二九二―二九三頁。
(81) 同、三〇五―三〇六頁。
(82) 前掲「聖トマスにおける神概念の形而上的構成について」（『全集』四巻、四〇四頁）。なおこうした神観の解釈について、稲垣良典「中世思想原典集成一八　後期スコラ学　総序」（上智大学中世思想研究所編『中世思想原典集成一八　後期スコラ学』、平凡社、一九九八年）から多大な教示を得た。
(83) この点、より踏み込んだ表現として、たとえば昭和八年「ニューマン的敬虔の本質」（E・プシュワラ編、杉田英一郎訳『ニューマン宗教体系』序文、新生堂、昭和八年七月〔『全集』四巻〕）で吉満が、「なべての所造に普く臨在して、しかも個々の所造はそを包括し得ないものは、まさに神の本質自身である……神はその無限性の故に、すべての所造の中にさまざまに自らを反映し、ただ所造のいや増す相互協力・相互理解のみが、神に対する深き眼を供するものとなる」（同、四四六頁）と述べている点に注意を促したい。これらの叙述が示唆するように、吉満は神と「所造」との関係を、単なる並立としてでなく、「所造」を超越しつつもそれへの〈内在〉を「意志」するものとして問いかけていた。そして吉満が如上の内実を、神の「本質」として力説するのは、「一切を一義的に科学的幾何学的思惟に規制する一義的合理主義」に還元された〈世界〉に対する認識を転回させるためでもあった。この点、たとえば最初期の論考「カトリック世界観の根本理念」（『理想』三九号、理想社、昭和八年四月号〔『全集』四巻〕）において、「世界は神の『愛』」の所産であり」（同、二九六頁）、「その有る限りその本質において神よりのもの」（同）と述べ、「聖トーマス世界観の根本概念」（『理想』二四号、昭和六年六月号）の中で、「いと微かなる存在をも蔑視する事なく、寧ろ愛を以て、その価値をその自らの秩序において肯定し、神の創造に一個の無駄あらしめざらんとする」（同、六一頁）トマスにおいて、「一切の実在と一切の価値とは神より出で神に依つてあり神に向つてある所のもので、神こそは一切の真善美の根源である」（同、五九頁）と強調するように、吉満は「なべての所造に普く臨在」し「所造の中にさまざまに自らを反映」する神においてこそ、「いと微かなる存在」も「有る限りその本質において神よりのもの」として肯定される点を注視していた。すなわちそれは、「経験世界」を「外」から眺めやる人間理性、具体的には「一切を一義的に科学的幾何学的思惟に規制する一義的合理主義」によって存立を左右されてきた〈世界〉を、単なる「事物」「事象」から転回させる試みでもあった。

(84) 前掲「近代超克の神学的根拠――いかにして近代人は神を見いだすか?」、『全集』一巻、二〇三頁。

(85) 同。

第九章　吉満義彦の人間観

――「近代の超克」と〈ヒューマニズム〉

1　目的論的存在としての人間

吉満のいわゆる「ヒューマニズム」、なかんずくその基底なる人間観を詳らかにするにあたっては[1]、ごく最初期の論考「『現代の転向』と『カトリックへの転向』」の中の次の一節に注意を促すことから始めたい。いわく「宗教の問題は永遠の問題である超時間の、一切所造に依存する事なき其自身充足完全なる『ありてある』(ipsum esse)永遠の実在に関する問題である。而かもそれは造られたる有らされてある、理性的存在たる人間が此の創造者に対する問題である[2]」と。ここには吉満における人間が、何よりも「造られたる有らされてある」「所造」なること、すなわち人間は「一切所造に依存する事なき其自身充足完全」な存在でなく、あくまで相対的な存在、すなわち〈関係〉においてのみ存立し得る存在として捉えられていることが明らかである。

同様の認識は昭和八年の「カトリック世界観の根本理念」にも示されている。いわく「神の完き自由意志に基づいて『無』より(ex nihilo)創造されたもの、すなわちそはその有る限りその本質において神よりのもの、神への依属においてのみ世界はある[3]」と。ここでも明示されているように、吉満は人間を「創造者」たる「神への依属」

においてのみ存立し得る、「造られたる有らされてある」存在と見た。言い換えれば吉満は、この原理的な〈関係〉から逸れてしまっては、存立し得ない〈無〉なるものとして人間を把握した。

このように、人間のいわば〈起点〉として「創造者」との〈関係〉を置き、その〈関係〉にあるべく「造られたる有らされてある」存在として人間を捉える吉満は、人間の〈起点〉ならぬ〈終点〉、すなわち人間が目指すべき〈目的〉に関しても、各人の恣意に委ねられた問題として処理せずに、あらかじめ「造られたる有らされてある」ものとして位置づけた。たとえば最初期の論考「聖トーマス世界観の根本概念」では、「全宇宙体系は此の神への秩序づけにおいて目的論的に構成された一大コスモス〔傍点原文、以下同じ〕[4]」となし、「人生の終局目的最高価値は所謂人間文化価値や精神生活（Geistes-Leben）の位置に留るものでなく宇宙一切の所造的価値を超絶せる創造者自身である[5]」と断じており、人間の〈目的〉をその〈起点〉同様に、あらかじめ万人に課せられたものとして説いていた。

晩年の論考「文化と宗教の理念」にても同様であった。いわく「アウグスティヌスがその『告白録』の劈頭において『神に至るまでわれらの心は憩うことなし』と言い、それは神が神自身に向かって人間を造りたもうたからだというのも、すでに人間は超自然的な恩寵の関係に当初より置かれてあったその超自然的な恩寵秩序への救い出しに至るまでは不安なるを意味する[6]」と。右表現が示唆するように、吉満において人間の〈目的〉は、「超自然的な恩寵の関係に当初より置かれてあ」るものとして、生涯不変の視座となっていた。

ここにおいて、「人生の終局目的最高価値」を「創造者」に置くとは具体的に何を指すかが問われねばならないが、この点、吉満は「聖トーマス世界観の根本概念」右引用に続き、トマスによりつつ、「人間本性の究極目的としての神の観想（Contemplatio Dei）乃至神の本質の直観（Visio divinae essentiae）[7]」と明言し、また後にも触れていくとおり、別の箇所でも如上の趣旨を繰り返す。この意味で吉満は、「人生の終局目的最高価値」を、一貫して神の「visio」に、すなわち神の〈直視〉に据えていることは明らかであった。

しかしながらここにこそ重要な問題がわだかまる。というのも上記引用部「造られたる有らされてある、理性的存在たる人間が此の創造者に対する問題である」との表現が表すように、吉満において「一切所造」の「創造者」とは何よりも〈超越者〉であった。また吉満の神は「一切所造に依存する事なき其自身充足完全なる」点で、「一切所造」とは一線を画す〈絶対他者〉でもあった。それだけに、「所造」たる人間がそのままで、かような〈絶対他者〉の「visio」、すなわち神の〈直視〉を「人生の終局目的最高価値」にすることは矛盾、否、「不遜」とさえ言わなければならない。

この一見理解しがたい主張を解析するにあたっては、如上の視座が、トマスを通じて獲得された、人間への形而上的な洞察に裏づけられていたことを看取する必要がある。たとえば吉満は前掲「聖トーマス世界観の根本概念」で、「人間精神は理性なる限り、可能的には一切の有を包括し得るもの」[8]ゆえに、理性は「その充足的な対象」[9]として、個々の有限かつ特定の対象を超え、「最普遍有即ち神」[10]に至るまで充たされないものとされていた。同様に、昭和七年の「聖トマスにおける人間概念の形而上的構成について」では、「理性は普遍性の認識能力であり、普遍善をもってでなければ理性的本性は満足され得ない」[11]と説き、「人間本性の究極目的」は特定かつ限定的な「善」ではなく、「理性的本質の故に神自身の造られざる善自身の他にな」[12]いこと、すなわち「人生の終局目的最高価値は所謂人間文化価値や精神生活（Geistes-Leben）の位置に留るものでなく宇宙一切の所造的価値を超絶せる創造者自身」以外にない必然が主張されていた。その意味で「理性的存在」たる人間は、「人生の終局目的最高価値」を、おのずから「創造者自身」に求めざるを得ないものと吉満は見通した。[13]

さらに吉満は、かくして必然化された形而上的目的は、人間において現実化する可能性をはらむと捉えていた。そもそも吉満の人間観は、たとえば前章で見たバルトのそれ、すなわち「一切は縁までリビドーによって、生への渇望によって満たされたエロス者である」とする視点とは異なって、何よりも、神による深甚なる肯定を経た存在として把握されていた。たとえば最晩年の論考「カトリシスムと弁証法神学」の中で、吉満は「所造性の深淵にまで、人間本性の中核にまで浸入してそれを自己の有となし給うた『受肉の神』(Deus incarnatus)[14]」と述べ、「人間本性」が神によって「自己の有」とされたこと、すなわち神によって肯定されたことを「受肉」を根拠に主張していた。昭和十二年の論考「マティアス・ヨゼフ・シェーベンと現代カトリック神学の問題」にても、「キリストにおいて人間的本性は神の子の神的光栄と聖と実体的に一体となり給うたということは、やがて神人において人性は神性と同一無限愛をもって愛されたことを意味する[15]」、「Incarnatio なしにこの人間の尊厳は人間の側からは基礎づけられないこととなり、その価値においても多少不完全なものとなるであろう[16]」と、「受肉」において「人性は神性と同一無限愛をもって愛されたこと」を重視した。

しかしながら吉満は、そのように神が「人性」を「神性と同一無限愛をもって愛されたこと」のみを根拠とし、〈絶対他者〉の「visio」可能を説いたわけでは無論なかった。さらに吉満が恃むのは、前章で見た神の本質、すなわち「他者を意志」し「他者に自らの善の類似を分かつ」神が必然化する人間観だった。この点、前掲「カトリシスムと弁証法神学」にていわく、「我れらの上に超絶する神は同時に我れらの内に内在し給う神[17]」であり、かつ「自然のうちに自らを現していく創造物を通じて進展してゆく、すなわちソロモンの栄華よりも美しく野の百合を装い給うイエズスの神[18]」であると。この描写が明示するとおり、吉満において「我れらの上に超絶する神」は「創造物」に「自らを現していく」神、すなわち「所造」とその性質を分かちあう神として理解されていた。

これを人間の側から言うならば、神は如上の本質に基づいて「自らの善を所造に通与[19]」するゆえに、人間は神の「霊の息吹を保[20]」ち、ことに人間理性は〈認識〉をその本質の一つとする神の「息吹[21]」に浸透されていると確信されていた。たとえば「聖トーマス世界観の根本概念」では「能動理性」を称し、「実にトーマスに取つて能動理性は人間における一種の神性の光りの分有であり神の似姿であり、従つて此れによつての理性の活動は神の活動への分有である[22]」と述べ、また「聖トマスにおける神概念の形而上的構成について」にても、「聖トマスは……理性的存在においては本然的神欲求と竟極の祝福（beatitudo）の神直観とを可能ならしむべき理性の光の類似（similitudo ex parte visivae potentiae）を認める[23]」と、いずれも韜晦な表現ながら、トマスの主張にことよせて、神が人間に「通与」した「息吹」としての〈理性〉把握と、そのような〈理性〉に秘められた「神直観」を「可能ならしむ」力への信頼を強調した。

とはいえ、吉満は人間の〈理性〉がそのままで「神直観」を「可能」とするとは考えていなかった。繰り返しになるが、吉満はバルトのように、人間とその理性の「無能力」を揚言することはなかったが、しかし、人間に備えられた自己超越的な可能性は、そのままではあくまでも、「可能性」にとどまるとの見方を堅持していた。示唆に富むのは、吉満が「神の認識」を中心に論じた最晩年の長大な論考「聖アウグスティヌスにおける理性と信仰」において、「われらはその顕れんときわれらが神に似奉るべきを知れり、それはこれをあるがままに見奉るべければなり[24]」とヨハネ第一書三章二節に注意を促している点である。この事実が示唆するように、吉満は人間が神を「あるがままに見奉る」には、原理的に「われらが神に似奉るべき」必要があると考えていた。実際、以下に見るとおり、吉満において神を「あるがままに見奉る」こと、すなわち神を「visio」すること、神を〈直視〉することは、人間が「神に似奉る」に至ること、そのために神と「一致」「一体化」することと不可分視されていた。

たとえば吉満は、「聖トマスにおける神概念の形而上的構成について」の中で、「[聖トマスと十字架の聖ヨハネに おいて　引用者注]ともに人生竟極の目的は『愛における神との一体化』――Qui adhaeret Deo, unus spiritus est ――にほかならない[25]」と述べ、かつ「神への愛における一致における神性直観という竟極目的[26]」と記していた。こうした表現は、吉満において「人生の終局目的最高価値」である「神の本質の直観」が、「神への愛」とそれに基づく「神との一体化」「一致」において成立すると考えられていること、別の角度から言うならば、「神の本質の直観」は、「人生の終局目的最高価値」という点で、「愛における神との一体化」と同義に捉えられていることを示している。

この「神への愛における一致」について吉満は、昭和九年「マリテンと神学的人間学の政治倫理」の中で「キリスト教は人間が神となるべく召されてあることを肯定する。しかもそれは超絶的神の本性への聖寵の分与に、神との愛の一致による[27]」とも述べている。これらは、「神との愛の一致」すなわち「神への愛における一致」という表現に託された意味世界が、「人間が神となる」こととして捉えられていること、そして「人間が神となるべ」きことは、神の「visio」同様に、人間の「造られたる有らされてある」目的としても位置づけられていることを表すものである。

さらに吉満は、「聖トマスにおける人間概念の形而上的構成について」の中で、「理性的存在は特別にも神を認識し愛することによって神に達するために秩序づけられてある[28]」と記述している。「理性的存在」とは人間のことであり、また吉満において「人間本性の究極目的」は先験的に「秩序づけられてある」ものと解されるから、この一節は、吉満が「神に達する」ということを、「神の本質の直観」、「愛における神との一体化」、「人間が神となる」こととともに、「人間本性の究極目的」と見なしていることを証拠立てている。

以上、これらの叙述を総括するならば、吉満において「人間本性の究極目的」は、「愛における神との一体化」であり、「神への愛」において神と一つになるという意味でそれは「神に達すること」、また人間が「神となる」ことであり、而して吉満はそのことを「神の本質の直観」と表現しているということである。それはまた既述のとおり、人間が神を〈直視〉するには、人間が「神に似奉る」に至ること、そのために神と「一致」「一体化」することが不可分であるとする主張に重なる点に注意を促したい。

しかしながらこうした言明に対しては、さらなる問題が指摘されよう。何より人間が「神となる」「われらが神に似奉る」といった表現は、人間の「神格化」「自己絶対化」の容認として、歪な自己理解、誤った聖書把握を闡明するものとも受け取られるからである。それだけに吉満が「神に達する」「神となる」という表現に込めた意味世界が詳らかにされねばならないが、ここでは如上の疑問を解くポイントとして、吉満が言う「神への愛」に焦点を当てることとしたい。というのも「神を認識し愛することによって神に達する」、「神への愛における一致における神性直観」という表現が示唆するように、吉満において「神に達すること」も「神との一体化」も「神の本質の直観」も、人間がその形而上的目的に近づいていくにあたっては、すべて「神を愛すること」「神への愛」が根源に据えられているからである。別の角度から言うならば、「神に達すること」「神との一体化」「神の本質の直観」は、「神への愛」を媒介とすることで現成するものと解されているからである。

かくして「神への愛」こそが、「神の本質直観」をはじめとする〈目的〉の起点であることは明らかである以上、件の「神への愛」はいかにして生ずるものなのか、この問題が問われる必要がある。その場合、「神への愛」とは、物質や観念としての「神」、〈偶像〉としての「神」ではなく、真に愛すべき存在としての神を、それにふさわしい仕方で愛することを意味するのは言うまでもない。この根源的な〈起点〉が明らかにされるとき、先に見た人間の形而上的目的、なかんずく吉満が「人間の神化」という表現に込めた意味世界を解く端緒が得られると考えられるのである。

2 「謙虚《クノシス》」からの出発・「謙虚《クノシス》」への出発

「神への愛」の〈起点〉について吉満の主張は明確である。たとえば昭和十六年「倫理性と宗教性との実存的関連」において、「神との超自然的愛[29]」という表現をはじめ、「超自然的愛」との言い方が繰り返されているように、「神への愛」はまず第一に、断じて自然的な感情ではないものと位置づけられていた。然らば、「超自然的愛」としての「神への愛」はいかにして生ずるものなのか。この点、吉満は昭和十七年「現代における神秘主義の問題」で次のように説いていた。いわく「神の愛が告白されるためには、まず浅き古き人間主義の無力が魂の深遠から告白されねばならない[30]」と。同じく最晩年にあたる昭和十八年の論考「神秘主義の形而上学」にても、「新しき神愛の燃やされる道[31]」として、「魂は自らの悲惨を知り、いよいよ神に忠実ならんとの熱に燃え、愛の信頼をもって神に委ねる[32]」ことの必要性を強調し、「自らの悲惨」の自覚からのみ「神愛」の始まるべきことを力説した。

然らばなぜそのような自覚から「神の愛が告白され」、また「新しき神愛の燃やされる道」が開始されるのか。それはかような「無力」の「深遠」においてこそ、人間は物質や観念ではない、いわば〈愛〉そのものである神に触れ得ると考えられるからである。この点、「聖アウグスティヌスにおける理性と信仰」にていわく「自らの精神のミゼールが自らの解放者を求めるところにのみ、また、自らと万有の創造者をそれとして認め、それに栄光を帰し感謝を致すところにのみ、すなわち所造的実存の有限性と救済要請的本質の自覚が存するところにのみ宗教的認識ははじまる」(33)と。また昭和十五年の一文「パスカル的思惟の性格」にても、パスカルは「自然界を通じてその創造主を証明せんとする道は信仰の光を失える人々にとってはかえって信仰の証拠の薄弱を思わしめ軽侮を招くのみであるとなし、聖書の語るごとく『隠された神』（Deus absconditus）をこそ言わるべく、イエズス・キリストの救済によるほかにぬけ出づる術なき原罪的盲目の顕わにされるところより神の真理が証明さるべきを強調する（Frg.242）」(34)点に注意を促している。

ここに明言されているように、吉満は「自らの精神のミゼールが自らの解放者を求めるところにのみ」、人間は「神の真理」、すなわち物質や観念ではない、〈愛〉そのものである「隠された神」を、真に愛すべき存在として見出すと捉えていた。別の角度から言うならば、同じく「聖アウグスティヌスにおける理性と信仰」にて、「このことを看却した合理主義的ないし実用主義的内在人間主義的宗教性の基礎づけの試みとしての宗教哲学はキリスト教的宗教の最本質的なるものを（而して可能的に一切の宗教性の実存本質に存する根源的なるものを）把握し得ていない点において誤れる宗教哲学である」(35)と力説する事実が示唆するように、吉満の言う「神の認識」は、「宗教の哲学への還元」(36)「信仰真理（秘儀《ミステリウム》）の合理主義的な人間精神への同化解消」(37)「単なる教理内容の合理的思弁的意識」(38)とは一線を画すものとして捉えられるものだった。

しかしながら、真に愛すべき存在として「隠された神」を開示されても、人間は神ならぬものへの執着から自由ではあり得ない。すなわち人間は、真に愛すべき存在としての「神への愛」に覚醒させられはするものの、そうした神をそれにふさわしい仕方で愛することからは、依然、隔絶しているのである。この問題に関し吉満は「聖アウグスティヌスにおける理性と信仰」で次のように述べていた。いわく「信仰は『信ぜよ』は超自然的生命にむかって神の直観に向かって心を清める愛の律法なのである。『心の清き者は神を見る』というごとく、その神のvidereに向かって心を清めるものが信仰であり（Fide corda mundantur—Act.XV,9）、『信ずる信仰によって心癒されていよいよ豊かに知るに至るのである』。（Ipsa fide qua credit, sanatur, ut intelligat ampliora—En.in.Ps.CXVIII,Ser.18,3）。信仰によって心の思いを新たにし（Reformamini in novitate sensus vestri—Rom.XII,2）この清き心が内的条件となって神認識と神愛は展開進展するのである」[39]と。

ここに明らかなように、吉満において、人間がその形而上的目的である「神の直観」「神のvidere」に至るには、「神の愛が告白され」るのみではいまだ十分でなく、「愛の律法」による「心」の「清め」が求められると理解されていた。別の角度から言うならば、「神への愛」は一回的に完遂するものでなく、以後の「展開進展」が期待されるほど未完成なもの、そのために生涯が費やされるべきものと位置づけられていた。然らば「心を清める」ことは、具体的に何を為すことなのか。この点、右論考で吉満は、アウグスティヌスの言う「信仰」を「心を清める愛の律法」と明言するだけに、それはまず「信ぜよ」への応答としての「信仰」、その意味での「愛の律法」の主導下にある営みと言うことができる。さらに「キリスト教と道徳の問題」において、「聖アウグスティヌスの言う『愛の律法』（amoris lex）」[40]と説明し、その内容を「自らよりも神を愛するところに真に自らをも健全に愛する所以があり、やがてまた隣人にも神を全き愛をもって愛せしめるごとく努むるところに隣人愛があり、社会的義務もそこより生ずる」[41]と説いているから、言うところの「愛の律法」は、「自らよりも神を愛する」こと、すなわち「自ら」を「神」とせず神のみを神とすることへの促しと約言できる。別の角度から言うならば、人間が物質や観念ではない真の神を、それにふさわしい仕方で愛するためには、「浅き古き人間主義の無力が魂の深遠から告白されe」ることに始まり、「愛の律法」により「心を清め」て、「自らよりも神を愛する」こと、すなわち「自ら」を

「神」とせず神のみを神とすることを、その生涯をかけて、深化・徹底させなければならないということである。

それはまた吉満において、イエスに従う道としても捉えられていた。示唆に富むのは吉満が「神秘主義の形而上学」において、「神愛の完成とミスティクの実りは十字架の主に従う道のほかはない」[42]と明言している点である。言うところの「ミスティク」について吉満は、「神との『愛の一致』の問題である」[43]と説き、さらに「十字架の主に従う」ことを「キリストの苦悩に倣い、『キリストの患難の満たされざるところを補う』ことのほかを意味しない」[44]と述べている。いずれの表現も、人間が「神愛」を完成し、そのことを通じて「神との愛の一致」を現実化させるには、「十字架の主に従」い、「キリストの患難の満たされざるところを補う」「道のほかにはない」とする吉満の理解を浮き彫りにするものである。

それでは、かくして「心を清め」「神への愛」を深めるに至るとき、その先に期待されるものは何なのか。別の角度から言うならば、人間の形而上的目的とされた神の〈直視〉は、「神への愛」の深まりといかに関連づけられるのか。この点、結論を先取りして言うならば、吉満は「神への愛」が深化・徹底されるとき、「神の認識」もまた、おのずから深化・徹底されていくものと捉えていた。換言すれば、吉満は人間の形而上的目的である「神に達すること」も「神との一体化」も「神の本質の直観」も、如上の「清め」すなわち「神への愛」の深化・徹底を経る中で果たされるものと考えていた。

この、「神への愛」と「神の認識」の連関に関しては、「聖アウグスティヌスにおける理性と信仰」の中で吉満が「『信仰』はその意味において神の認識に至り神の愛に至る心の『戒律《おきて》』として、試練として課せられたもの、一個の代価であり、認識と愛とが希望され忍耐され獲得され報いられる」[45]と述べる事実が示唆に富む。この表現が表すように、吉満は如上の「清め」によって「神愛」が「展開進展」するほどに、神を愛する人間は、「普遍善をもってでなければ理性的本性は満足され得ない」というその「人間本性」に促され、愛の対象なる神をより「豊かに知」りたいとの「希望」、すなわち一層の「神認識」が「獲得され報いられる」ことを「希望」するに至るものと捉えていた。そしてこの「神認識」への「希望」は、「聖アウグスティヌスにおける理性と信仰」の中で、「今われらの見るは鏡をもってして朧なれども、かのときには顔と顔とを合わせ……わが知らるるごとく知るべし」[46]とコリント前書の一節に注意を促す事実が表すように、ついにはこの愛の対象に近づいて「顔と顔とを合わせ」相まみえることへの「希望」、すなわち愛の対象と「一体化」し、そのことによって相手を〈直視〉するという〈認識〉の徹底にまで「展開進展」するものと見なされていた。

ここにおいて、吉満が「神に達すること」「神との一体化」「神の本質の直観」を、いずれも「神への愛」の完成と不可分な〈出来事〉としたゆえんが見えてくる。すなわち、吉満において「神への愛」を完成させる道程は、「神への愛」の深化・徹底のゆえにこそ、「神の認識の完成」という「人生の終局目的最高価値」完遂への契機を胚胎するものと捉えられていた。別の角度から言うならば、「神の認識の完成」は、「神への愛」に原理的にはらまれている、愛の対象たる「神の認識」への「希望」と「期待」の実現そのものなのだった。ゆえにこそ吉満は、「神の認識」を主軸に据えた論考「聖アウグスティヌスにおける理性と信仰」の中で、「いかにアウグスティヌス的宗教性が『神の認識』に注がれ、『神の認識完成』がすなわち『神の愛の完成』であるかを端的に知らされるものである」[47]と強調したのであった。

しかしながら最後に看取したいのは、「神への愛」の深まりゆえに神と「一体化」すると言う場合、吉満が想定したのは観照的な「神秘的合一」の境地、もしくは「自己絶対化」「神格化」の道ではなかった点である。ここでは吉満が、みずから「従う」べきとなす「十字架の主」に関し、以下のごとくに具体的な相貌を描き出している事実に注意を促したい。昭和十七年の一文「世界史と教会史の秘儀――カトリック学生の集いに寄せて」にていわく「『キリストに倣う』とはキリストの十字架に倣うということとキリストの苦難《パシオ》に参与するという意味でしか聖書および教会用語では用いられていないことを思わねばならない[48]」、「三位一体の第二位としてのキリストの神性にあやかるというのではなく、人となりて歴史の世界に十字架を負いて人類の贖いを完うしたもう『貧しきキリスト』に、『フィリッポ書』に最も印象的に記さるるキリストの死に至るまでの謙虚《クノシス》に倣う[49]」と。

「三位一体の第二位としてのキリストの神性にあやかるというのではなく」とする吉満の敷衍は、「謙虚」の語を「クノシス」と訓ませる事実ともども、「人間本性の究極目的」とされている「神に達すること」、「神との一体化」そして「人間が神となる」といった表現を解する上できわめて重要である。というのも「『フィリッポ書』に最も印象的に記さ」れているのは、「自己神格化」「自己絶対化」とは対極の相貌を示す神、すなわち〈超越者〉にして〈絶対他者〉でありながら「人類」を志向し、その「人類」のため「人となりて歴史の世界に」降り立ち、「十字架を負い」て当の「人類の贖いを完うした」神、すなわち「人類」のために「死に至る」神、他者のために自己の命を捧げる「謙虚《クノシス》」の神にほかならないからである。

　したがって、「神に達すること」「神との一体化」そして「人間が神となる」という言い方に託されたのは、「三位一体の第二位としてのキリストの神性にあやかるということでなく」との付言が既に象徴するように、人間の「神格化」などでなく、「『フィリッポ書』に最も印象的に記さるるキリスト」なかんずくその「謙虚《クノシス》に倣う」道を歩ましめらるることとして、「自己絶対化」の対極なるあり方の提唱と言わなければならない。別の角度から言うならば、「愛における神との一体化」「神との愛の一致」といった表現が示唆するとおり、吉満において「神への愛」というものは、その愛ゆえに、みずからの身も「キリストの苦悩に倣い、『キリストの患難の満たされざるところを補う』こと」、その意味における「神との一体化」を「希望」するまでに「展開進展」すべきものと捉えられていた。つまり、「人間が神となる」とは「人間を神とする」ことではなく、かつまた観照的な「神秘主義」に溶け入ることでもなく、あくまで「謙虚《クノシス》」への〈決意〉に始まる自己超越的な人間観への招きであることを看取する必要がある。

吉満の言う〈ヒューマニズム〉とはかようなものだった。実際、吉満は〈ヒューマニズム〉を冠した論文において、「十字架の主に従う道」を繰り返してやまない。たとえば「カトリシズムとヒューマニズム」では「永遠に新しきヒューマニズムはただ十字架につけられたるものへの『従範《イミタチオ》』としての愛のヒロイズムにほかならない[50]」と述べている。「新しき秩序――充足的ヒューマニズムの立場」にては、「真正のヒューマニズム[51]」をこう説いている。いわく「神的真理を寸毫も減ずることなくして全的に受け取り、人間的なるもの一切を挙げてことごとく『十字架の狂愚』に、贖罪の血の神秘に秩序づけることによって、この十字架の『王』に従い倣うことによって(imitatio Christi)、やがて神の大いなる愛の中に神化さるる(theiopoiesis)に至らしむるもの、かくてまた贖罪の業の神秘《ミステール》に参じつつ『時間』の続く限り終末時に至るまで『主の苦悩の欠けたるを補う』(コロサイ書一ノ二四)を自らの行動の唯一の意欲たらしめんとするものである[52]」と。

ここであらためて明らかにされているように、吉満において人間は、「十字架の主に従う道」を歩むことにより、「主の苦悩の欠けたるを補」わしめられてゆく、そのことにより「心を清め」て「神への愛」を深め、而して愛の対象なる「謙虚《クノシス》」の「神と一体化」することで神を〈直視〉すべく「造られたる有らされてある」存在だった。別の角度から言うならば、神との如上のかかわりによる、自己超越的人間観への転回を、吉満は「近代の超克」の語に託したのであった。しかも人間観の転回は、必然的に、神と人間(ないし信仰と理性)との捉え方、換言すれば両者の関係づけの転回を伴う。それだけに吉満は、神と人間の「分離」に始まる〈近代〉を思想の問題として問い質し、そのような「近代の超克」を、「十字架につけられたるものへの『従範《イミタチオ》』」たる〈ヒューマニズム〉として打ち出したのだった。

3　おわりに

最後に本章の到達点をふまえ、吉満の提言の意義を確認しておきたい。まず吉満における理性と信仰への視座であるが、既述のように吉満は、人間が「キリストの死に至るまでの謙虚《クノシス》に倣う」という〈試練〉を通じ、神に「似奉る」者と成り行くことで、その「神の認識」を不断に深化徹底させていくべきものと考えていた。この志向は、たとえば吉満と同時代人である丸山眞男が、昭和十五年、かの「近世儒教の発展における徂徠学の特質並にその国学との関連」で示した「近代的合理主義[53]」および理性への見方、すなわち「理性的認識の対象[54]」を「専ら経験的＝感覚的なもの[55]」に「制限[56]」し、「形而上学的なもの[57]」を「信仰の領域に割譲する[58]」視座転換への〈注目〉の仕方とは真正面から対立する。現代のみならず、同時代でも丸山の視座に共感する向きは少なくなかったろう。しかし神の〈直視〉を説く主張の眼目は、人間とその理性の「万能性」の強調などでなく、逆に、「愛の律法」による「清め」と〈試練〉の不可欠なることを言う点で、人間とその理性とが、生得的には「矮小」で「不完全」なることの提唱でもある点を看過すべきでない。

一方、上記丸山の示唆する視座は、人間の認識能力に広範な制限があることを認めはするものの、「経験的＝感覚的」な「領域」での人間の認識に関しては、その能力についても作用にしても、自律的で過不足なきものと自明視しているかに見える。この点、理性のはたらく「領域」の如何を問わず、信仰による「援け」「導き」の必要を説く吉満の提言は、如上の「自明」のいわば「虚を突く」ものとして、意義深く思われるのである。(59)

上記に関連する問題として、「形而上学的なもの」を「信仰の領域に割譲する」見方それ自体に対しても論点を指摘できる。かような視座は、「形而上学的なもの」の究極たる〈神〉を、「近代的合理主義」によっては把握し得ない〈絶対他者〉となす見方に基づくものと言ってよい。そのような〈神〉=〈絶対他者〉観は、万象を「近代的合理主義」の内に取り込んで省みない志向への原理的な抑制として、「近代批判」の契機を胚胎することは論を俟たない。

ところでこの視座にては、〈他者〉として定義された内容を、何らか「わかり得る」ものとして論じ切ろうとする試みは、〈他者〉の〈我有化〉として退けられることになる。まして、「神の直視」など論外とされざるを得ない。しかし、かくして〈他者〉を、「近代的合理主義」によっては表象し得ない「何ものか」としてとどめおくスタンスは、結局、「近代的合理主義」による表象・対象化とは異なった、別個の釈義の可能性には思い至っていないという点で、はからずも「近代的合理主義」を「思惟の唯一の可能性」と同一視していることを露呈してしまっている。この意味で、如上の〈他者〉定義を支えるまなざしは、「近代批判」の契機を包蔵しながらも、その実、〈近代〉を支える認識フレームの相対化・克服に道を開き得るものでなく、かえってその強化に寄与するものと言わなければならない。(60)

これに対し、〈近代〉において自明となった「ものの見方・考え方」の相対化・克服を目指し、〈神〉―〈人間〉―〈世界〉の新しい釈義を追究した試みが、「京都学派」の哲学や吉満の思索であったと言える。〈近代〉を支える認識フレームとは別個の思惟の可能性を、「京都学派」は〈東洋〉の思惟に求め、吉満は同じことをトマスに代表される〈中世〉の思惟に遡及して問うた。したがって、「京都学派」や吉満の思想的射程は、同時代の丸山の視座と併走しつつ、思惟の原理レベルにおいて、丸山を「超える」一面を持っていたことを看取する必要がある。(61)

その他、吉満がその目的論的人間観をふまえ〈文化〉を定義し直している点も顧慮に値する。たとえば「文化倫理における神学的問題」では「『文化』はそれが人間的展開なるものとして取られるかぎり、人間的行動の対象領域一般にわたるものであり、……それが人間的主体的行為に関連するかぎり、行為する主体の側において、あるいはそれが主体を完成するものとして行為として取られるかぎり、文化は特に優れて倫理的なるものとして取られうるものである」(62)と述べられ、前掲「文化と宗教の理念」にては「人間の文化的営みはかかる人間性の究極的目的への基礎づけにおいて初めて全き意味における人間文化としての意味をもたされる」(63)と説かれている。

一般に文化と倫理・道徳は、「芸術と倫理」「政治と倫理」「科学と倫理」等の図式が含意するように、相互に対立的なものと捉えられがちである。しかし文化を「人間文化」として把握する如上の見方においては、倫理は文化を「外部」から規制する原理にとどまるものではない。文化は「人間の根源的自然性そのものの創造的活動の所産ないし創造的活動」(64)として、「その本質において人間における神の似姿の自己実現」(65)であるだけに、それ自体の内に、内的な倫理性＝自己規制性を含むことになるからである。(66)なおこの問題は、本章で明らかにした目的論的人間観をふまえ、吉満がいかなる社会・国家のあり方を構想していたかという重要な論点(67)につながっていくことを付言しておきたい。(68)

［註］

（1）本章作成に際しては稲垣良典氏の以下の著作に教示を得た。『信仰と理性』（第三文明社、一九七九年）、『神学的言語の研究』（創文社、二〇〇〇年）、『問題としての神』（同前、二〇〇二年）、『人間文化基礎論』（九州大学出版会二〇〇三年）、『トマス・アクィナス「神学大全」』（講談社、二〇〇九年）。

（2）吉満「『現代の転向』と『カトリックへの転向』」、『カトリック』一一巻五号、公教青年会、昭和六年五月号、四八頁（『吉満義彦全集　全五巻』［講談社、昭和五十九年、以下『全集』］該当箇所を記さない場合は『全集』未収録。以下同様）。なお本文でも触れているように、引用部から吉満の神が、〈絶対他者〉にして〈超越者〉であることが理解できる。この把握は一貫しており、私見では一九四〇年前後から特に強調されていく。一例。「宗教はもともと人間の罪の意識と救済の要求をほかにしてはないのである。神の実在的威厳の深い意識なしに真実の宗教性は存在しないのである。神の前に己を主張する、あるいは己の中に神を包摂し尽くすところには、宗教性はその本質を見失われ、神はその姿を見失われていく。神あっての世界であり、神あっての人間であるという意識の中にこそ宗教性は存するので、人間のための、人間の故の神という意識の中には、神は実在的には臨在しないのである」（吉満「文化と宗教の理念」、『カトリック研究』二二巻五、六号、上智学院出版部、昭和十七年九・十月号［『全集』一巻、一四―一五頁］）。吉満「近代超克の神学的根拠――いかにして近代人は神を見いだすか？」末尾「付言二則」における吉満の回顧「近代の超克問題が所詮『いかにして近代人は神を見いだすか』の問題に帰することは、期せずしてこのたびの会合すべての人々にそれぞれの意味で認められたごとくに思えたのは本懐であった」（『文学界』九巻九号、文藝春秋社、昭和十七年九月号［同、二〇七頁］）が照射するように、「神」が求められ「宗教」が論ぜられる知的状況にあるほどに、単に「神を見いだす」ことだけでなく、いかなる神を〈神〉として「見いだすか」が問われなければならない。右記は吉満がこの問題をも射程に入れていることを表す点で示唆に富むとともに、同時代の「京都学派」の神観を捉え直す上で意義深い指摘と考えられる。本書六章、八章も参照のこと。

（3）吉満「カトリック世界観の根本理念」、『理想』三九号、理想社、昭和八年四月号（『全集』四巻、二九六頁）。

（4）同「聖トーマス世界観の根本概念」、『理想』二四号、昭和六年六月号、五九頁。

（5）同、六〇頁。
（6）前掲「文化と宗教の理念」、『全集』一巻、二二三―二二四頁。
（7）前掲「聖トーマス世界観の根本概念」、前掲『理想』二四号、六〇頁。
（8）同、六六―六七頁。
（9）同、六七頁。
（10）同。
（11）吉満「聖トマスにおける人間概念の形而上的構成について」、『倫理研究』二二号、三省堂、昭和七年九・十月号（『全集』二巻、二九七頁）。
（12）同、三〇一頁。
（13）以下の表現も、本章で触れた人間への形而上的洞察に基づく。「われわれは古今東西を通じて人間の精神の究極の志向があたかも北極星のごとく不動に『永遠者』に注がれていることを忘れることは許されない。人類は数々の礼拝において一つの実存する者神《ママ》を拝しているのである。偶像は真の神の代わりに拝せられるもの、人間の精神の偉大さを証する人間のミゼラブルな姿の反響にほかならない」（吉満「所造的実存の形而上学」、『理想』一二〇号、昭和十六年五月号〔『全集』三巻、三四五―三四六頁〕）と。如上の視点に立つ吉満は、ファシズム、マルキシズム共に、「人間神化＝偶像崇拝」の問題として、その〈神学〉および〈人間学〉的視点から批判した。
（14）吉満「カトリシスムと弁証法神学」、カール・アダム著、伊藤庄治郎訳『我等の兄弟なる基督』序文、中央出版社、昭和十九年（『全集』三巻、二九八頁）。
（15）同「マティアス・ヨゼフ・シェーベンと現代カトリック神学の問題」、『神学研究』二八巻四号、昭和十二年八月号（同、二七二頁）。
（16）同、二七三頁。
（17）前掲「カトリシスムと弁証法神学」、同、三〇八頁。
（18）同、三〇九頁。
（19）吉満「聖トマスにおける人間概念の形而上的構成について」、『全集』二巻、二八〇頁。

(20) 前掲「カトリシスムと弁証法神学」、『全集』三巻、三〇六頁。

(21) 吉満は神の本質を〈認識〉と〈愛〉に見た。同「聖トマスにおける神概念の形而上的構成について」、『宗教研究』昭和七年九月号（『全集』四巻、四〇二—四〇五頁）。

(22) 前掲「聖トーマス世界観の根本概念」、前掲『理想』二四号、六九頁。

(23) 前掲「聖トマスにおける神概念の形而上的構成について」、『全集』四巻、三九二頁。

(24) 吉満「聖アウグスティヌスにおける理性と信仰」、『季刊　宗教研究』五巻三、四号（なお初出時には「精神史的宗教哲学序編の一章」との副題がある）、日本宗教学会、昭和十八年九月、十二月号（『全集』二巻、九九頁）。

(25) 前掲「聖トマスにおける神概念の形而上的構成について」、『全集』四巻、四〇六頁。

(26) 同、三九三頁。

(27) 吉満「マリテンと神学的人間学の政治倫理」、『理想』四八号、昭和九年五月号（『全集』一巻、三五五頁。なお『全集』収録にあたり「ジャック・マリタンの文化哲学」と改題）。

(28) 前掲「聖トマスにおける人間概念の形而上的構成について」（『全集』二巻、二八〇頁）。また註21も参照のこと。

(29) 吉満「倫理性と宗教性との実存的関連」、『季刊　宗教研究』三巻四号、昭和十六年十二月号（『全集』四巻、二三五頁）。

(30) 同「現代における神秘主義の問題」、『理想』一三七号、昭和十七年十月号（同、四三頁）。

(31) 同「神秘主義の形而上学」、『カトリック研究』二三巻一号、上智学院出版部、昭和十八年四月号（同、一〇九頁）。

(32) 同。

(33) 前掲「聖アウグスティヌスにおける理性と信仰」（『全集』二巻、八七頁）。ただ吉満において神の愛を受け容れることは、「個人」レベルの経験や内面的決意表明にとどまるものとは捉えられていない。「聖アウグスティヌスにおける理性と信仰」における次の一節参照。「キリスト教的宗教真理は歴史的全体信仰現実への自己肢体化として成立するもの、歴史のただ中に現在する超自然的恩寵の天啓ロゴス生命への分有参与として意味をもつもので、われわれ自らの個人的発見または霊感啓示として与えられるものではない」（同、八九頁）。

(34) 吉満「パスカル的思惟の性格」、『カトリック研究』二〇巻六号、昭和十五年十一・十二月号（『全集』三巻、九八頁）。
(35) 前掲「聖アウグスティヌスにおける理性と信仰」、『全集』二巻、八七―八八頁。
(36) 同、一一四頁。
(37) 同。
(38) 同、一一五頁。
(39) 同、一二〇頁。
(40) 同「キリスト教における道徳の問題」、『思想』二〇三号、岩波書店、昭和十四年四月号（『全集』四巻、二三八頁）。
(41) 同、二四四頁。
(42) 前掲「神秘主義の形而上学」、『全集』四巻、一一三頁。
(43) 同、八七頁。
(44) 同、一一三頁。なお吉満は「神への愛」の究極を、パスカルの「イエズスのミステール」および「病の善用を求むる祈り」に見た（前掲「パスカル的思惟の性格」、『全集』三巻、一二九―一三〇頁）。さらにパスカルは吉満において、「狭き苦しき人間性の神秘への集注によって生けるアブラハムの神、キリスト者の神の最人格的内面現在への近代的道を証示した」（同、九五―九六頁）点で「近代の回心の象徴」（同、八六頁）であり、「いかにして近代人は神を見いだすか？」を問う際に鍵となる存在でもあった。後掲註68も参照。
(45) 前掲「聖アウグスティヌスにおける理性と信仰」、『全集』二巻、一一九頁。
(46) 同、九九頁。
(47) 同、一〇〇頁。
(48) 吉満「世界史と教会史の秘儀――カトリック学生の集いに寄せて」、『声』八〇〇号、カトリック中央出版部、昭和十七年十一月（『全集』第一巻、一五八―一五九頁）。
(49) 同、一五八頁。
(50) 同「カトリシズムとヒューマニズム」、『読売新聞』昭和十年十月五日（『全集』五巻、四二五頁）。
(51) 同「新しき秩序――充足的ヒューマニズムの立場」、『創造』昭和十一年七月号（同、四一五頁）。また同年十一月

「新スコラ哲学と現代ヒューマニズム」（上智大学哲学会公開講演）には「人々は聖トマスの経済倫理政治倫理をもって、マルクス的人間性解放の倫理の真理なるものを真に形而上的な正当性と可能性をもって生かし基礎づけ得るはずであった。……無神論的ヒューマニズムが求め戦ったものは、真実には神中心的ヒューマニズムによってのみ完成され実現されるのである」（『全集』五巻、四四六―四四八頁）との記述がある。ここに明らかなとおり、吉満の人間観はマルクス主義弾圧後の閉塞の時代にあって、「人間性解放」の論理でもあり得たことを看過すべきでない。昭和十年代、吉満の周囲に若き魂が集うたゆえんは、まさにそこにある（垣花秀武「詩人哲学者、吉満義彦とその時代」、『全集』四巻解説、また本書十章参照）。

(52) 前掲「新しき秩序」、『全集』五巻、四一五頁。

(53) 丸山眞男「近世儒教の発展における徂徠学の特質並にその国学との関連」、『国家学会雑誌』五四巻五号、国家学会事務所、昭和十五年五月（『丸山眞男集』一巻、岩波書店、一九九六年、三〇一頁）。なお丸山が波多野精一『宗教哲学』（昭和十年）に強い印象を刻み込まれていたことは、丸山自身の回想にも見られるが（笹倉秀夫『丸山眞男の思想世界』、みすず書房、二〇〇三年、一二八頁）、その波多野を同時代の吉満が、思惟の原理レベルで批判していた点にも注意を促したい。吉満「聖トマス的立場の理解のために――波多野博士『宗教哲学序論』の書評に因んで」（『上智大学論叢』一輯、上智大学、昭和十六年五月〔『全集』三巻〕）および後掲註62参照。昭和精神史における〈神〉―〈人間〉―〈世界〉把握の諸相として、意義深い磁場を活写できると思われる。別稿を期したい。

(54) 前掲「近世儒教の発展における徂徠学の特質並にその国学との関連」、前掲『丸山眞男集』一巻、三〇一頁。

(55) 同。

(56) 同。

(57) 同。

(58) 同。

(59) 前掲『問題としての神』（特に一一六―一一九頁）に示唆を受けた。また前掲「カトリシスムと弁証法神学」の一節「カトリック神学は……人間理性に捕捉不可能ならぬものも、現在の人間的条件においては、すべての人によって確実になんらの誤謬を混ずることなく知り得るためには、天啓に負うところあるべきを指摘しているのである」（『全集』三巻、二九四頁）も参照のこと。

(60) 轟孝夫「戦後の『京都学派』像——あるいは戦後における『哲学』の不在」（大橋良介編『京都学派の思想——種々の像と思想のポテンシャル』、人文書院、二〇〇四年。特に七六—七八頁）に示唆を受けた。

(61) ただし「京都学派」や吉満においては、「ヨーロッパの『近代』が強行的に移植される過程でひき起こされた諸問題が、『近代』そのものの生み出す問題と二重映しにしてとらえられ、日本の近代化への批判は、ただちに『近代』そのものへの批判に転化する」（橋川俊忠『近代批判の思想』、論創社、一九八〇年、一二九—一三〇頁）きらいがある。この点、〈日本〉〈近代〉への眼は、丸山の方がより厳密であったと言わざるを得ない（池田元『丸山思想史学の位相——「日本近代」と民衆心性』、論創社、二〇〇四年）。

(62) 吉満「文化倫理における神学的問題」、『哲学雑誌』五一巻五八七号、哲学会、昭和十一年一月号（『全集』一巻、二一八頁）。なお吉満のこうした視座は、同時代の南原繁、波多野精一、和辻哲郎らが〈文化〉に向けたまなざしをふまえて捉え直すとき、如上の思想家群における交錯と分岐を精神の深みから照射するよすがになると思われる。

(63) 前掲「文化と宗教の理念」、同、二二二頁。

(64) 同、二二六頁。

(65) 同。

(66) 前掲『人間文化基礎論』（九州大学出版会、二〇〇三年、特にその一〇七—一一三頁）に示唆を受けた。なお、紙幅の都合上、割愛せざるを得なかったが、拙稿「吉満義彦の思想——その『近代批判』と『近代超克』をめぐる一考察」（『聖学院大学総合研究所紀要』五五号、聖学院大学総合研究所、二〇一三年三月）では、吉満の「人間文化論」を、〈文学〉、〈科学〉、〈国家〉との関係で論じている。併せて参照されたい。

(67) 吉満にとって〈社会〉は〈人間〉と対立的なものでなく、逆に、〈人間〉は他者を志向し他者に己を献げることを本質とする点で、〈社会形成的〉な主体として把握されていた。この点、稲垣良典「全きヒューマニズム——J・マリタンの政治思想」（佐々木毅他編著『近代政治思想史（5）』有斐閣、一九七八年）を参照。また国家は、「現実政治に対してただ聖トマスとともに『人間の目的を知らざれば最上の政治の何たるかを決し得ざる』所以を言わんと欲するのみ」（吉満「倫理性の定位」、『読売新聞』昭和九年五月　日付不詳［『全集』五巻、三九六頁］）との評言が表すように、「人間の目的」を全ての礎に、「人間文化」の問題として構想されていた。註66拙稿も参照のこと。

(68)「超克」論文副題が照射するように、吉満は「近代人」に神は「自明」でないこと、あらためて「見出」される必要があることを認識していた。しかし論文末尾で「魂の改悔が近代の超克の第一条件である」(『全集』一巻、二〇五頁)と、神を前提とした「条件」を示すのは、時代への提言として無効ではないか。この「疑念」に対しては吉満が「現代キリスト者の思想的立場――特に学生に与える言葉」(『声』七七四号、昭和十五年八月号)において「人間的知性の難破の上に自らの無力を告白し形而上的絶望の深淵に臨んで戦慄している」(『全集』五巻、二六七頁)現代は、「カトリシズムを受容する知的困難を客観的にはほとんど除去」(同)されており、その意味で「現代と二十世紀を思想的に悲しい暗い時代とは考えない」(同、二六五頁)と述べ、また「ドストエフスキー『悪霊』について」(『創造』昭和十二年十一月)では「徹底的無神論は真実のその魂の憧憬と渇望をたずさえて、それが真剣なる人間性の理想のための苦悩であればあるほど、知らずして神に奉仕し神に接近するであろう」(同、九七頁)と逆説的希望を説いていることを指摘したい。この「苦悩」と「希望」の媒介として吉満はパスカルを意識した。前掲「パスカル的思惟の性格」の一節「パスカルにおいては宇宙的自然の中における人間の認識の限界と、存在の位置に対する驚きは直ちに人生の目的を知らぬ宇宙の迷子(égarés)としての倫理的宗教的不安の主体的実存的問題となる。而してこの不安と不確実性のうちに麻痺せる盲目なる人間の自己忘却に対する驚きよりして、また直ちに人間性の実存状態の真理の探究に導かれるのである」(『全集』三巻、九六頁)を参照のこと。

第十章　時代の中の吉満義彦

1　吉満の時代認識――「生命への渇望」と「決死の世代」

吉満研究の先蹤者である半澤孝麿氏は、「吉満は気質においては常に革命家であった」[1]と述べている。この指摘が示唆するように、吉満は決していわゆる「学究」にとどまった人ではなかった。吉満は同時代日本の〈現実〉を見すえるなかで、信仰に基づく〈実践〉を試みていた。別の角度から言うならば、八章、九章で跡づけたその学的構想は、単に「書斎」で生まれ、「学界」にのみ向けられた言説にとどまらなかった。「近代批判」もその「超克」としての人間論も、同時代への〈実践〉の一環としてあった。

この点、結論を先取りして言うならば、吉満の同時代認識は、時代の特質を〈生命〉の危機、〈存在〉の危機の噴出に見出すものだった。たとえば昭和十一年「文化倫理における神学的問題」において吉満は、「生命への渇望」[2]を現代の傾向となし、また同年「新しき秩序――充足的ヒューマニズムの立場」では、論壇の話題であった「新しきヒューマニズム」[3]について説き、その底に「抑圧された生命（bios）の強烈なるあるいは悲痛なる権利回復」[4]の希求を指摘した。昭和十三年「ヨハン・アダム・メーラーとカトリック的思惟の理念」にても、「現代的思惟の根本的範疇とも言うべきものを問わば人々は等しくそは『生《レーベン》』ないし『生命的』ということであると答えるであろう」[5]との総括を見せていた。

これら「生命への渇望」を、吉満は時代の必然と位置づけていた。ここでは詳述できないが、本書八章にて論じたように、吉満がその淵源として指摘したのは第一に、「ego cogitans」[6]の「確実性」[7]に依り恃むデカルト以来の人間観の帰結、具体的にはハイデガーやフロイトによる「『人間本性』の虚無性」[8]の暴露がもたらした、人間の存立基盤の形而上的危機だった。第二に、「探究者自らの精神の事実」[9]を除外して「一切を量と数」[10]また「法則や理念の形式的機能」[11]に「帰属せしめんとする」[12]類の「合理主義」、そして、その上に築かれた「文明の構造」[13]と「技術的機械的生条件規定」[14]の自乗化が強いる、「人間的生そのもの」[15]の「分解の危機」[16]だった。

しかし吉満は「生命への渇望」という表現に、如上の原理的問題のみならず、同時代日本における、より具体的な「渇望」を託してもいた。たとえば前掲「新しき秩序」で吉満は、特に「若き魂」の現状を以下のように問いかけていた。いわく「今日われわれ自らの生の環境を一つの苦悩と一つの憂愁となしに感じ得るであろうか。いかに多くの若き魂が断念と順応の徳を牧羊のごとくに強いられていることか、……その憂いその断念が深ければ深いほど、それは眼前に提供されたポリスの現実的秩序志向によっては均衡され得ぬところの苦悩を感ずるであろうし、あるいは『パンを求むるに石を与えんとする』に対する憤りと反感の沈殿に胸塞がることであろう」[17]と。

「眼前に提供されたポリスの現実的秩序志向」を「パンを求むるに石を与えんとする」ことにたとえる事実が示唆するように、吉満は「眼前」の「若き魂」が、政治状況に因する「苦悩」に苛まれていると見なしていた。実際、右が書かれた昭和十一年、「ポリスの現実的秩序志向」は、前年の「国体明徴声明」に始まって、この年二月の二・二六事件、そして翌十二年の『国体の本義』発行へと至る、きわめて統制的な「生条件規定」構築の只中にあった[18]。しかもそれに先立つ、佐野学ら共産党幹部の「転向」ならびに党員の「大量転向」が表すように、もはや如上の「志向」を相対化して、別個の地平を指し示し得る希望的な世界観は封じられていた[19]。彼ならずとも、「今日われわれ自らの生の環境を一つの苦悩と一つの憂愁となしに感じ得るであろうか」との呻きを必然とする「生条件規定」であった。

さらに吉満は、如上の「規定」が「若き魂」に宿命づけた、より深刻な課題を見すえてもいた。たとえば吉満没して十年後、雑誌『世紀』で「吉満義彦教授を偲ぶ」との特集が編まれたが、寄稿者であり、吉満に私淑した岡田純一・広瀬京一郎両名の生年は、共に一九二一年だった。『吉満義彦全集』編纂にかかわった垣花秀武も、一九二〇年生まれの同世代であった。この一九二〇年を起点とし、たとえば『戦艦大和ノ最期』の著者たる吉田満、あるいは自身も吉満に師事した遠藤周作らの生年である一九二三年までに出生した人々は、太平洋戦争にて最も戦没者を出した世代として、「決死の世代[20]」と称される一群を形作っていた。

こうした事実が示唆するように、吉満の周囲に集うた「若き魂」は、遠からず「国家のための死」を宿命づけられていた点で、観念としてでなく文字通り、「ego cogitans」の「確実性」を揺さぶられ、みずからの「虚無性」との対峙を強いられていた。実際、広瀬は上掲の追悼文「吉満先生の想い出」にて、「私が先生に代父をお願いして受洗したのは入営の三ヶ月ほど前であった[21]」と、時代の息吹をしたためているし、また垣花は吉満への師事と前後して、無教会キリスト者・三谷隆正の周りに形成された集いにも出入りしていたが、その交わりに連なった一人には、当時「戦争工学部」として、眼前の戦争に奉仕することを決定づけられていた、東京帝国大学第二工学部に在籍の学生も含まれていた[22]。

さらに遠藤も、この点で注目すべき一人であった。彼は戦後間もなく著した論考の一つ「堀辰雄論覚書[23]」で、

〈死〉をめぐる堀の汎神論的傾向を内在的に批判したが、それが可能になったのは、戦時中の遠藤が堀の如上の作風に心酔していたからでもあった。その回顧にていわく、「召集令の赤紙がやがて来ることも予想していたし、毎夜の空襲でいつ死ぬかわからなかった。そんな切迫した生活の中で、私は月に一回は朝暗いうちから起きて駅の行列にならび、やっと手に入れた切符をもって、信濃追分《しなのおいわけ》に行くことをただ一つの救いのようにしていた……堀辰雄氏の話を少しでもうかがえるのが精神のよりどころだったからである」(24)と。この述懐は遠藤個人の経験を超え、「月に一回は朝暗いうちから起きて駅の行列にならび、やっと手に入れた切符」のその先に、「ただ一つの救い」、「精神のよりどころ」を見出すほどに追い詰められていた「決死の世代」の実存の証言となっている点に注意を促したい。

吉満が対峙したのは如上の希求を携えた青年たちだった。彼らと吉満が真摯に向き合っていたことは、前掲岡田純一による回想「吉満先生なき空虚さ」の次の一節に明瞭である。いわく「生前、先生は青年や学生のいうことを全身全霊をあげて受け止めて下さっていたように思う。思想家であり、学者であったと同時に、先生は実に類のまれな青年のよき共感者であり、先輩であり、教育者であった。聖フィリッポ寮のお仕事を先生がどれ程心にかけておられたかを渡辺秀さんからおききするにつけても、先生が青年たちとともに生きることに、どんなに御自分の使命を感じておられたかを推察できるように思う」(25)と。

ここで言われている「青年や学生」は、回顧する岡田自身が「決死の世代」に属するように、「平和」な時代の「青年や学生」ではなかった。吉満が舎監をつとめた「聖フィリッポ寮」に、件の遠藤が入寮したのは昭和十八年のことであるが、学生・生徒の徴兵猶予が停止されたのはこの年十月、いわゆる「学徒出陣」の強行は、その二カ月後のことだった。

かような時代の息吹を呼吸していた「青年や学生のいうことを全身全霊で受け止めて」いた吉満が、「召集令の赤紙がやがて来る」宿命、出征の宿命、そしてついには戦場における死すらも宿命づけられていた「決死の世代」の実存を意識しないはずがない。実際、吉満はその死の五カ月前、デュモリン著『告白録における聖アウグスチヌス回心への道』に序文を送っているが、この事実上の「絶筆」で吉満が呼びかけた相手こそ、前線にある学徒、すなわち死にさらされた「若き魂」だった。その末尾にていわく「特にも今日若き学徒等に、而もその大多数は前線陣中にある学徒等に、精神の糧として贈らるゝを心より感謝し祝福し度く思ふ所以である（昭和二十年五月聖母月に当りて認む）」と。(26)

このように、吉満がその最期まで気にかけたのが「若き学徒」「而もその大多数は前線陣中にある学徒」であった事実は、言うところの「生命への渇望」が、既述の原理的危機に対応した「渇望」を指すのみならず、「眼前」の「決死の世代」が抱え込まざるを得なかった、迫真的な「生命への渇望」をも射程に入れた表現であったことを証しするものである。吉満はそうした具体性と対峙していただけに、同時代日本の「若き魂」が、「抑圧された生命の強烈なあるいは悲痛なる権利回復」の希求を殊更に募らせることを同情的に捉えていた。しかし以下に見るように、吉満は「生命への渇望」が向かうその対象を無批判に認めたわけではなかった。吉満はそこで内在的な理解とともに、明確な批判を示していた。

2 「ミュトス」との対峙――擬似的「神」の批判

吉満は前掲「文化倫理における神学的問題」において、「民族的現実における文化はその神々を文化の魂として持つ」[27]となし、「今日かかる傾向が実証主義的唯物論的合理主義の妖怪の荒らした後に顕れ至るところにおいて国の守護神が新しき生命への渇望に呼応しているごとくである」[28]と説いていた。昭和十五年「中世精神史の理念」でも、「二十世紀的知性の自意識のさまざまの神話的自己把持」[29]に説き及び、「人為的に抽象的に合理化技術化された人間環境の自殺的状況から新しく生命の可能を求める人間性が古き『神々の復活』を求むるいわば地霊の声」[30]としてそれを位置づけていた。

このように吉満は、時代を生きる「生命」が、みずからを苛む「哲学」、「合理主義」、「生条件規定」の「埒外」なる「神話」等、非合理的な価値世界に「救済」を求めゆく様相を、内在的に捉える深みを有していた。しかし吉満は、如上の動向を決して認めはしなかった。結論を先取りして言えば、吉満はいずれの「神々」も「自然」的な存在、すなわち真の〈神〉ではなく、それらへの没入は人間の自己追求、自己神化に過ぎないものと位置づけていた。

たとえば「倫理性への定位」において吉満は、世を席巻する「血」および「民族」の「ミュトス」[31]の本質を以下のように説いていた。いわく「そは最も深き根底において人間神化の非倫理的ナチュラリズムである。拝すべき神を失い祈るべき祭壇を失った人間が、神を狂い求め祭壇を築かんとして所詮このミゼラブルな『怪物』の人間を拝するとは！」[32]と。引用部に明らかなとおり、吉満は「生命への渇望」の「拝する」対象が、所詮、「ナチュラリズム」と切れてはおらず、〈神〉を求めつつも神ならぬ「人間を拝する」倒錯に陥っていると指摘した。前掲「中世精神史の理念」にても、「新しく自然的生命の血のうちに、衝動的生命のうちに神話を創造せざるを得ず、『二十世紀のミュトス』が『精神の危機』を通じて発生する[33]」と述べ、「二十世紀のミュトス」は所詮、「自然的生命」のうちに「創造」されたものに過ぎず、それは「神」を称しながらも、原理的に〈超越性〉や〈他者性〉とは縁のない擬似的「神」であることを喝破した。

如上の批判の基底には、最晩年の論考「自然科学と宗教性の形而上学」における一節、「求められた神と絶対はこの歴史的世界であり人間的精神のうちに、有限と相対のうちに矛盾的に同一化される、神自らの悲劇である[34]」との神観に加え、人間の自己追求、自己神化によっては〈生命〉の危機、〈存在〉の危機は回復されず、したがって、「生命への渇望」は満たされないとの確信が据えられていた。たとえば前掲「倫理性の定位」において吉満は、「人間を拝する」道の帰結について、次のような断定をなしていた。いわく「時間性と有限性との人間を無の内に自ら把持せんとする限り、人間を人間に限らんとする限り、人間は永久に『不安』にとどまるのほかない[35]」と。また昭和十一年「新スコラ哲学と現代ヒューマニズム」では人間の自己追求、自己神化の宿命をドストエフスキーの『悪霊』におけるキリーロフの言葉とその命運に引き寄せて、以下のように説いていた。いわく「人間をして単に有限なるもの、人間的なるものをもって満足せしめんとすれば人間を結局神化せずんばやまず、かくて人間を『真の神』無しに神化せしめんとすれば人間を狂気せしめるか、人間をその自由自らをもって自殺せしめるのほかない[36]」と。

さらに昭和十五年「リルケにおける詩人の悲劇性」でも「リルケの初期の作品がすべて一つの神探究であった[37]」、「否な神探究の姿における人間と実在の、死と生の探究であった[38]」となし、しかしその「神探究」は「自らのうちに神を創造し、神の生命を自らのうちにならせんとする」[39]点で人間の自己主張に過ぎず、結局、「タンタロス的神の渇きに自己を蝕む悲劇」[40]に終わることを指摘していた。

このように吉満は、「生命への渇望」が時代の必然であり、その「渇望」が「ミュトス」や「神々」等、非合理的世界に奔りゆくことを理解しながらも、そうした「神々」への没入が、結局、人間の自己追求、自己神化に過ぎず、そこにどれほど真面目にかかわろうとも、〈生命〉の危機や〈不安〉、死の問題は克服されないことを繰り返し説いていた。吉満は如上の自覚に基づいて、まず学者としての視座からは、眼前の事態を持ち来たした原理的問題を、ヨーロッパ精神史に遡及して見究めることで、神観および人間観の転回を提起した。ただ、この点は本書八章および九章にて論じたので省略し、ここでは吉満における「近代の超克」を解明するために、その「信仰者＝キリスト者」としての課題意識と〈実践〉に分析の眼を向けたい。

既述のとおり吉満は、時代における「生命への渇望」が、みずからを磨耗せしめた原理の「埒外」に、己の価値や存在の「根拠」を求めゆく必然性を理解した。しかし、それならばなぜ、さまよえる「渇望」は、キリスト教という、同じく如上の原理の「埒外」なる価値世界には背を向けて、逆に「自然的生命」のうちに「創造」された「ミュトス」や「ミゼラブルな『怪物』の人間」に拝跪するばかりなのか。この点、吉満に特徴的な課題設定は、「生命への渇望」が「ミュトス」に奔るその事態の根底に、人間を超えた超現実的な〈力〉――それもキリスト教に敵対する〈力〉――の存在を指摘して、〈実践〉の最初の射程をこの〈力〉との対峙に定めたことだった。

3　吉満における〈実践〉その1――「悪霊」との「闘争」

たとえば昭和十七年「カトリシズムと現代人」における一節、「今日キリスト教の困難は十九世紀的知的苦悶のあとを受けた、行動的無神論の一般的社会的精神状況にある」[41]が象徴するように、吉満は「キリスト教の困難」を「行動的無神論」の隆盛に求めていた。この「行動的無神論」として吉満が想定していたものは、続く一節「いうところの『二十世紀の神話』は、『神なきミスティク』の知的自意識不安と、『信仰なきカトリシズム』の審美的司祭意識と絶望的精神を共有する、新しき『行動的無神論』にほかならないであろう」[42]との敷衍が示唆するように、「生命への渇望」の「二十世紀の神話」への没入を含意することは明らかだった。

ここにおいて、吉満が時代における「キリスト教の困難」の主要因を、「二十世紀の神話」の隆盛に見ていたことは明白であるが、吉満はその根底に「知的自意識不安」と「絶望的精神」の存在を指摘しながらも、問題のさらなる淵源を、超現実的な地平に見出していた。いわく「カトリシズムにとっては現代の自意識的行動的無神論の躓きはそれ自身、ヒロイックな信仰の超自然的自意識を要請するものとして、いわば使徒パウロの言う『天空の悪霊』との闘い、使徒ヨハネの言う『この世の長』（人間事を支配する悪天使）との対面を意味する」[43]と。これらの叙述が表すように、吉満は民族神話に象徴される「行動的無神論」が、「生命への渇望」を捕えゆく事態の根底に、聖書的な文脈における「悪霊」のはたらきを指摘していた。別の角度から言うならば、吉満は時代における「ミュトス」の跳梁を、「悪霊」にもらされた宗教的事態として捉えていた。

同様の見解は、ほかの論考でも繰り返されており、その時代認識の要をなしていた。たとえば昭和十三年「マリタン先生への手紙」の中で吉満は、「人間の歴史の究極の意義は人間と人間との戦いではなく、特にキリスト者にとっての精神の戦いは人間的悪とではなく、天空の悪霊つまり聖書に言う『この世の長』としての悪天使との闘争であるということを考えるようになりました[44]」と、「人間の歴史」への「悪霊」の介入を説いていた。また昭和十四年「道徳の将来」にては、「歴史神学的に見て全人類は今や『恩寵の時代』に入っていよいよ人間本性の限界内の特性では支配しきれない大いなる世界苦と悪霊の試練に臨んでいるとも言えるのではないのだろうか[45]」と述べていた。さらに昭和十二年「ドストエフスキー『悪霊』について」では、より直截に、「信仰なき社会と人間との一切の現象が結局悪鬼に憑かれたる者の絶望的な宿命である[46]」と述べ、眼前の「現象」の根源的要因が「社会と人間」に「憑」いている「悪鬼」にこそあるとの解釈を指し示していた。

このように、時代における「キリスト教の困難」すなわち「ミュトス」跋扈の淵源を、究極において「悪霊」のはたらきに求めていくことは、〈生命〉に飢える時代人心への〈実践〉を以下のように規定した。まず「人間の歴史の窮極の意義は人間と人間との戦いではなく」と明言されているように、キリスト者の「戦い」は、「二十世紀の神話」に奔る「生命への渇望」に対してではなくて、かように奔らしめている「悪霊」にこそ向けられるべきとの理解が示されていった。それは吉満の、時代に対する眼、なかんずく「民衆」理解にかかわる論点と言い得るが[47]、ここでは如上の対象設定が、「マリタン先生への手紙」の一節「私たちキリスト者の歴史的な戦いの場は人間的文化圏内においてあるよりも、まず『天空の悪霊』なる『この世の長』なる超人間的悪魔との戦いの場たる『魂の領域』においてあるのでなければならない[48]」が照射するように、「人間的文化圏内」を超えた〈実践〉をこそ構想させていく点に注意を促したい。

その第一は、同じ「マリタン先生への手紙」における次のくだりが照射する〈実践〉だった。いわく、「今日私たち日本の若きキリスト者の真実の歴史的使命は、……キリストの啓示の所在をその可視体として今日なおわれらの間に恩寵的真理と生命を媒介する『キリストの神秘体としての教会』のうちに高くかかげ、普く証示することでなければならない(49)」と。「キリストの啓示」を「『キリストの神秘体としての教会』のうちに高くかかげ、普く証示すること」とは、「『キリストの神秘体としての教会』のうちに」との強調から察するに、具体的には「キリストの神秘体としての教会」における〈共同〉の〈礼拝〉を表すものと言ってよい。別の角度から言うならば、昭和十五年「復活よりの世界観――歴史的世界の神学的意味」の一節「キリスト教的人間は本質的にこの世界を旅人として渡るもの、否な戦闘者としてキリストの軍勢として生きるものであり、復活を望んで最後の勝利に向かって万軍の王の勝戦に参与する者である(50)」が明示するように、キリスト者の〈実践〉として重要なことは、「キリスト教の困難」にもかかわらず、かの「悪霊」との「闘争」を既に「万軍の王の勝戦」に決したものとして、それを「『キリストの神秘体としての教会』のうちに高くかかげ、普く証示すること」として理解されていた。

この姿勢は、吉満における「祈り」の位置づけに顕著であった。この点、昭和十五年「現代キリスト者の思想的立場――特に学生に与える言葉」における次の一節は、吉満の〈実践〉理解を最も象徴する叙述となっている。

> われわれは現代の世紀にあって最も深く祈りを知る者でなければならない。……キリスト者のこの歴史的人間社会において貢献し得る超自然的特権は実にわれわれの地上的共同体社会への祈りによる超自然的奉仕であり、第二次的なる他のいかなる手段によってもこれより大いなる奉仕をなすことはできないことを確信せねばならない。
>
> われわれが歴史においてなんらか思想し得るならば［傍点原文、以下同じ］、それは歴史において祈り得ると

いうことにほかならない。われわれは祖国のために人類のために深く祈り得んためにもわれらの信仰の深められんことを祈り求めねばならない。われわれの信仰はわれわれ自らのためのみではなく、われわれの兄弟のため、われわれの祖国のため、全人類のためにある。この歴史的世界は悪霊の支配に対する絶えざる闘いを意味するとすればわれわれは、この悪霊との戦いにおいて人間的社会への最高の奉仕をいたすのである。[51]

ここに明示されているように、吉満は「祈り」を「無力」な営みとは見なかった。むしろ「祈り」こそ、「悪霊」の跋扈する〈現代〉の只中で、キリスト者にのみ遂行し得る、「人間的社会への最高の奉仕」と見なしていた。この明言の基底には、「人間の歴史の窮極の意義は人間と人間との戦いではなく」「天空の悪霊つまり聖書に言う『この世の長』としての悪天使との闘争である」との自覚に加え、眼前のありように「悪霊」の「介入」のみならず、それに対する神の介入の現在を確信するまなざしがかかわっていた。

この点、吉満は「マリタン先生への手紙」において、次のように述べていた。いわく「私たちは歴史世界の文化の問題を知らず知らず自然主義者のごとく人間的要因のみで理解しようとし処理しようとする（しかも学問の名において理性の名において）無神論的不信的思惟におちいる危険を今にして真に醒めて知るべきではないでしょうか。ニューマンが“Angels are among us”と言い『見えざる実在を計算に入れるときわれわれの歴史記述は変わるであろう』と言った言を私は以前から頭に刻んで忘れることができないのです」[52]と。同じことは昭和十四年「シャルル・ペギーの追憶に因んで」にても主張されていた。いわく「キリスト者は人々が『神は死せり』と考え、神の霊の働きかけを計算に入るることを忘れ果てんとしている二十世紀の最中に断固として『否な』を醒めて祈る夜の予言者のごとく宣する光栄ある使命があるのである」[53]と。

吉満の言うごとく、「人間の歴史の窮極の意義は人間と人間との戦いではなく」て「天空の悪霊つまり聖書に言う『この世の長』としての悪天使との闘争である」ならば、そのような「闘争」を、「人間」が「単独」で戦い得ないことは自明である。しかし同じく吉満が説くように、この「歴史世界」への「神の霊の働きかけ」が確信されるとき、「悪霊」相手の「闘争」で最も求められる試みは、如上の「闘争」を諦めることでも、あえて「人間」に依り恃むことでもなく、「神の霊の働きかけ」を「祈り求め」ることと解されるのは必然だった。吉満はかく捉えればこそ、「神の霊の働きかけ」を「祈り求め」る営みを、かの「闘争」下にある「歴史世界」への、キリスト者による「最高の奉仕」と闡明したのであった。

時折りしも祖国の命運が極まりつつあった頃、吉満は司祭への決意を語りだしていた。この立志に関しては、かつて疑問が呈されもした(54)。しかし眼前の「歴史世界」に如上の超現実的なはたらきを見出す吉満にとり、司祭への志は「現実逃避」ではあり得なかった。それは「二十世紀の神話」が席巻し、「生命への渇望」が惑わされる状況下、その「根源」なる「悪霊」との「闘争」の「最前線」に赴いて、如上の〈実践〉すなわち「キリストの啓示」を「『キリストの神秘体としての教会』のうちに高くかかげ、普く証示すること」および「神の霊の働きかけ」を「祈り求め」ることへの専心として、同時代の〈預言者〉的キリスト者にも通ずる、超越的な〈実践〉への志の表明だった。

4　吉満における〈実践〉その2――「謙虚《クノシス》」を通じて〈生命〉へ

前節で見た吉満の〈実践〉が、「闘争」とは言え「悪霊」への対処として、いわば「受身」のそれであるならば、より積極的な〈実践〉は、時代における「生命への渇望」に向け、「ミュトス」の代わりに真の〈神〉を指し示すこと、換言すれば偽りの「生命」でなく真の〈生命〉の所在を指し示すことだった。その試みは既述のとおり、「召集令の赤紙がやがて来る」こと、そして戦場における死を宿命づけられていた「若き学徒」の深刻な実存を意識していた吉満にとり、切迫した促しでもあった。

この促しは、昭和十七年の座談会「近代の超克」における自身の発言、「近代人は無邪気な無信仰者ぢやない。信仰を失つた悲劇人なのです。そこで見失つた神を自意識を通じて再び見出さねばならない」[55]に込められた自省に規定され、以下のような闡明を帰結した。すなわち、吉満が「再び見出さねばならない」〈神〉として時代に指し示したのは、雄々しく〈歴史〉をつかさどる超越的存在ではなくて、この「世」において十字架上で苦しみ抜いて、惨死に至ったイエスであった。別の角度から言うならば、吉満が時代における「生命への渇望」に求めたものは、「ミュトス」への陶酔でなく、かようなイエスを「再び見出」すことにより、みずからもまた、イエスに倣う〈生〉の意義を「再び見出」すことだった。その主張は、たとえば論考「キリスト教における道徳の問題」の次の叙述が典型的に表すものだった。

キリスト者はこの愛の律法の可能性の源泉自らなるものの十字架の苦悩を分けもち、「キリストの艱難の欠けたるを補わん」（コロサイ書一ノ二四）がために「キリストとともに十字架につけられ」（ガラテア書二ノ一九）、「キリストとともに甦らせられた」（コロサイ書三ノ一）、「キリストの心を心とし」（ピリピ書二ノ五）、「常にイエズスの死を身に負う」（コリント後書四ノ一〇）ものとして、単に人間的にこの世に死し、道徳的に諸悪より身を守るのみでなく、実に「天空の悪霊」（エペソ書六ノ一二）また「この世の長」（悪天使のこと、ヨハネ十四ノ三〇）との超人間的霊魂戦闘をまさに超自然的ヒロイズムをもって戦い貫き「聖なる都新しきイエルサレム」（ヨハネ黙示二十一ノ二）の終末時的実現を望んで生きるものでなければならない[56]。

後述するごとく、吉満はパスカルの「イエズスのミステール[57]」に依拠しつつ、世の終わりに至るまで苦悶のうちにあるイエスを説きもした。しかし、いずれにせよ吉満が描き出したのは、「苦悩」「艱難」「死」に彩られたイエスであった。換言すれば吉満は、如上のイエスを「再び見出」すことにより、「キリストの艱難の欠けたるを補」うこと、「キリストとともに十字架につけられ」ること、「常にイエズスの死を身に負う」ことを諾う〈生〉を問いかけようとしたのであった。

かくして吉満が、「苦悩」「艱難」「死」と不可分なイエスを指し示し、併せて、かような存在に倣う〈生〉のありようを、「二十世紀の神話」が席巻する同時代へ示したことには理由があった。それは、如上のイエスとそれに基づく〈生〉のありようが、擬似的な「生命」の「神話」に囚われた「生命への渇望」、ことにイエスさながら無残で理不尽な死を余儀なくされていた「眼前」の「青年や学生」に対し「精神の糧」を与えるものと捉えられていたからだった。この点、前掲「復活よりの世界観」において吉満は、パウロの言葉を根拠とし、次のごとくに〈生命〉への〈希望〉を問いかけていた。

ロマ書六章にあるごとく「けだしわれらはその死に倣わんために洗礼をもって彼とともに葬られたるなり。これキリストが父の光栄をもって死者の中より復活したまいしごとく、われらもまた新しき生命に歩まんためなり。けだしわれらは彼に接れてその死の状態にあやかりたればその復活にもまたあやかるべし」（ロマ書六ノ四－五）とあるごと《ママ》く、またピリピ書にあるごとく「キリストを知り、キリストの復活の能力を知り、キリストの死にかたどりたる者となり、その苦しみにあずからんためいかにもしてその死者の中より復活せんためなり」（ピリピ書三ノ一〇以下）と記さる《ママ》るごとく、キリスト教的人生の有り方はキリストの死と復活とにその原型を有するものとして説かれる。(58)

同様の主張は前掲「リルケにおける詩人の悲劇性」でも次のように展開されていた。いわく「『われらもしキリストともに死したれば、キリストとともに生くべく』（テモテ後書二ノ一一）『常にイエズスの死を身に負うもの』（コリント後書四ノ一〇）『常にイエズスのために死に付さるるもの』（コリント後書四ノ一一）として実にキリストにおける死のヒロイズムを日々に生くるのがキリストの使徒のヒロイズムであり、この使徒の『されば死はわれらのうちに働き、生命は汝らのうちに働く』（コリント後書四ノ一二）と言えるごとく、すべてのキリスト者は救済を求める世紀の子らに対して言い得るごとき福音の故の復活の希望において日々にキリストの死を死する実に大いなる死のパトスをこそ生のイデアルとせねばならないのです(59)」と。

既に見たように、吉満は「ミュトス」が所詮「人間神化の非倫理的ナチュラリズム」に過ぎず、かつ、「人間神化」によっては〈生命〉は得られずに、むしろ「人間を狂気せしめるか、人間をその自由自らをもって自殺せしめるのほかない」と結論づけていた。これに対し吉満が試みたのは「救済を求める世紀の子らに」、ことに「若き学徒」「而もその大多数は前線陣中にある学徒」に対し、聖書に基づき〈生命〉への〈希望〉を開示することだった。その〈希望〉とは、右引用が示唆するように、イエス「に接れてその死の状態にあやか」り、「常にイエズスの死を身に負うもの」とされ、「キリストの死にかたどりたる者となり、その苦しみにあずか」る〈生〉を歩ましめられること、まさにそのことが、かつてそうした〈生〉をたどったイエスに起きたこと、すなわち「その復活にもまたあやかる」ことの証しとして捉え得るとの〈希望〉であった。換言すれば、同じ「復活よりの世界観」にて述べられているように、「キリスト教的人生の有り方」は、十字架上で惨死したイエスに倣う〈生〉として、まさに『死への存在』の仕方であるが、しかしそれはキリストとともに、キリストにおける『死への存在』の仕方であって、したがってそれはキリストの復活への参与、つまり『復活的生への存在』にほかならぬのである[60]」との〈発見〉に根ざした〈希望〉であった。

無論、右に続けて吉満は、「キリスト教的な生と死と再生命（survive）との観念は単なる、生命の存在的進化持続というごとき意味の概念ではなく……あくまでも倫理的性質の良心的人格的生命の範疇に属する概念である[61]」と強調し、「ここにおいて説かるる復活がいかに罪と救済と審判とをもって指示されているか[62]」を問いかけていた。しかし「見失つた神を自意識を通じて再び見出さねばならない」と力説する吉満にとって、「苦悩」「艱難」「死」に彩られたイエスをふまえた如上の展望は、同じく「苦悩」「艱難」「死」を刻印された同時代の「自意識」を一転させる、意義深いものと捉えられていた。ここでは示唆に富む文章として、前掲「リルケにおける詩人の悲劇性」の次の一節に注意を促したい。

信仰は一度限り不安を消去するものでもなく、一度限り人を英雄化するものでもなく、いわんや一度限り探究を静止せしめ愛の努力と苦悩を吸収し去り解消し去るものではありません。自然人の思わぬ不安が神による神における不安が、真理における真理のための真理の生命自らの故の戦闘が、神の愛故の苦悩と貧しさが、恩寵の故の弱さの継続が、肉の棘の連続が、全く新しき超自然的戦闘の開始とともにパラドックスに充ちて提示されてくるのです。しかもこの不安とこの苦悩は、使徒パウロのごとく言うならばこの世の不安ではなく生命に至る不安なのです。この使徒のロマ書八章から九章にかけて聖霊におけるこの宇宙的苦悩の激情を思いみてもご覧なさい(63)。

ここで吉満は、「福音の故の復活の希望」の信仰が、「不安」「戦闘」「苦悩と貧しさ」「弱さ」「肉の棘」を「吸収し去り解消し去るもの」ではないとした。しかし、「福音の故の復活の希望」の信仰にては、いずれの「苦悩」も「神における」「神の愛故」のそれとして、「パラドックスに充ちて提示」されることにより、如上の「不安」「戦闘」「苦悩と貧しさ」「弱さ」「肉の棘」は、「この世の不安ではなく生命に至る不安」として、すなわち〈復活〉を確約する「神の愛」を光源とするものとして、希望的に受け取られることを問いかけていた。吉満がこの「パラドックス」に現代的な意義を認めていたことは、その名も「現代における神秘主義の問題」において、「キルケゴールが自らも解し得なかった自らの憂愁の苦悩の謎を、次第に『神はその愛し給う者を苦しめ給う』という、神愛の最内面的啓示として理解(64)」し、その「生の秘密をすべて神関係(Gottesverhältnis)として理解する(65)」「神愛のパラドクス(66)」において、「感謝の祈り(67)」と「キリストへの従範実践のヒロイズム(68)」を現成させたことに触れ、「それが広く現代の自意識的信仰者の精神に生かされ、志向される所以は認め得るであろう(69)」と結論づけているなかに明らかであった。

この展望はまた、個々の「自意識」のみならず、「苦難」「艱難」「死」に彩られた時代を見るまなざしを、同じく希望的に一変させ得るものとも捉えられていた。たとえば吉満は、昭和十年「時間の変貌――歴史と詩と行動」において、「われわれは決してわれわれの存在を取り巻く『夜』を怖ることなく、むしろこの夜を通じて歴史のうちにわれらの日常性のうちに彼の大いなる『夜』を自ら苦しみまた黙想せねばならぬのである(70)」と述べ、「われわれの存在を取り巻く『夜』」を「彼の大いなる『夜』」すなわち「神が神自らを見放したもうてしかも人間を見棄てたもうことをあえてなしたまわなかった恩寵の苦悩の夜(71)」と重ねて問うことの必要性を説いていた。同様の認識は、前掲「新しき秩序」にても次のごとく開示されていた。いわく「人間とその歴史とを十字架の愛の深淵において最も神学的に、聖金曜日の夜と復活の朝とを貫く全道程において、まさにかかる救い主との超自然『同時性』の故に『祝福されし夜』（O beata nox!）として讃美し、歴史の内面的意味そのものを黙想するものでなければならない(72)」と。

ここで言う「神が神自らを見放したもうてしかも人間を見棄てたもうことをあえてなしたまわなかった恩寵の苦悩の夜」こそは、「復活の朝」を約束された「聖金曜日の夜」「祝福されし夜」を指すものだった。吉満はそうした「夜」に「われわれの存在を取り巻く『夜』」を重ねるべく促すことにより、「苦難」「艱難」「死」に彩られた〈現代〉という「夜」を、〈復活〉の〈希望〉を内在させた「夜」として受けとることを呼びかけたのだった。それは人生と時代への諦観を導くものでなく、前掲「時間性の変貌」の中で、「われわれの日常的な愛と苦悩の現実をこの救済史の縮図において忍耐をもって生きんこと見んこと(73)」、すなわち「一切の歴史的および個人的倫理性の究極的理解を『十字架につけられたる者』においていたすこと(74)」と力説されているように、なべての「不安」「戦闘」「苦悩と貧しさ」「弱さ」を、「神による神における不安」、「真理における真理の生命自らの故の戦闘」「神の愛故の苦悩と貧しさ」「恩寵の故の弱さの継続」として、まさに「聖金曜日の夜」における「生命に至る不安」として、「忍耐をもって生きんこと」を促すものだった。

ただし吉満は、如上の〈生〉が、ただ〈復活〉への〈希望〉に根ざす「忍耐」においてのみ生きられるべきとは位置づけていなかった。本節冒頭でも少しく触れたとおり、吉満はパスカルの「イエズスのミステール」に依拠することで、イエスの〈復活〉のみならず、今なお「人間と共に苦しむイエス」を問いかけていた。この点、たとえば前掲「現代における神秘主義の問題」で「パスカルが『イエズスの秘儀《ミステール》』に言うごとく、『キリストは世の終わりまで苦悩のうちにあるであろう』ならば、『われらはその間眠ってはならない[75]』」とその言葉を紹介し、また同時期の文章「神秘主義の形而上学――宗教的実存の秘儀」にても、「パスカルは『イエズスの秘儀』に『イエズスは世の終わりに至るまで苦悶のうちに在すであろう。その間眠ってはならない』と言い、『ただその苦悩につながる』(Il ne faut nous unir qu'à ses souffrances)と言う[76]」と、「世の終わりに至るまで苦悶のうちに在す」イエスをこそ説いていた。

こうした事実が示唆するように、吉満においてイエスという存在は、いわば「天上」にて超然たる存在としてでなく、人間とともに今なお「苦悩」し続ける存在として捉えられていた。したがって、「キリストの艱難の欠けたるを補」うこと、「キリストとともに十字架につけられ」ること、「常にイエズスの死を身に負う」ことを諾う〈生〉こそは、イエス「の死の状態にあやかりたればその復活にもまたあやかるべし」との〈希望〉によるのみならず、「世の終わりまで苦悩のうちにある」、「世の終わりに至るまで苦悶のうちに在す」イエスが、みずからといわば〈共苦〉しつつあるとの〈希望〉によっても支えられるものとして吉満は説いていた[77]。

吉満はこれら二重の〈希望〉を強調することで、「二十世紀の神話」に囚われた時代人心に対し、ことにイエスさながら無残で理不尽な死を余儀なくされていた「眼前」の「青年や学生」、「前線陣中にある学徒」に向けて、イエスに倣う〈生〉が確約するものとして、〈復活〉の希望に裏打ちされた真の〈生命〉のありかを問いかけたのだった。それは第九章で詳らかにした吉満の主張、すなわち「キリストの死に至るまでの謙虚《クノシス》に倣う(78)」という〈試練〉を通じ、「神に似た者」と成り行くことで、その「神の認識」を不断に深化徹底させていくことを人間の〈目的〉となすその思想に合致するものでもあった(79)。

5　おわりに――思想形成期への問い

以上、本章では吉満の思想の「展開」のありようを探るべく、その時代認識とそれに基づく〈実践〉を内在的に跡づけてきた。本章に先立つ八章、九章で、吉満の思想の構造と特質を論じてきたので、筆者の「吉満論」には、その思想形成の解析が残されていることになる。そこで本章を閉じるにあたり、今後の課題について、現時点での見通しを述べておきたい。

従来、内村門下のプロテスタントであった吉満のカトリック改宗に関しては、その最初期の文章「私の改宗」等を資料となし、師・内村と若き吉満の内なる齟齬・葛藤の生成に帰せられてきた感がある(80)。しかし吉満における如上の画期を、内面的な文脈に引き寄せて解析することは一面的に過ぎると思われる。そもそも吉満のカトリック改宗は、昭和改元から間もない一九二七年春のことだった。その夏、芥川龍之介が自殺した年でもあるが、この事実は吉満の改宗を問う視座に、一つの示唆を投げかけるものではないだろうか。

顧みて吉満が内村に師事したのは一九二〇年代前半であり、周知のごとく、それは第一次世界大戦を機に急激な資本主義化・都市化が進行するなかで、「近代」を彩る諸思潮への批判が高揚しつつあった時期だった。当時の吉満は、第一高等学校にて学生生活を送るなか、一高基督教青年会の熱心な会員として、賀川豊彦に倣いつつ、関東大震災の被災者救援にあたるほか、革命後のロシア民衆に想いを寄せる「時代の子」であった。[81] かくも熾烈な〈時〉を生きた若き吉満が、その騒然たる時代思潮とかかわらず、ただ内村との「内なる自問」によってのみ、精神の歩みをなし終えたとは考えがたい。それだけに若き吉満の精神史は、「プロテスタントからカトリックへ」という内面的・信仰論的視座からのみ解釈するのでなく、二十歳前後の年齢で「戦争と革命」および関東大震災[82]という一大カタストロフに遭遇し、さらに芥川の死の意味をシンボリックに受け止めた、「不安」の世代の実存を遠景にしてこそ解さるべきと考える。

［註］

（1）半澤孝麿「近代日本思想史の中のカトリシズム――吉満義彦との対話」、同『近代日本のカトリシズム』、みすず書房、一九九四年、五六頁。

（2）吉満「文化倫理における神学的問題」、『哲学雑誌』五一巻五八七号、哲学会、昭和十一年一月号（『吉満義彦全集（以下全集と略記）』一巻、講談社、昭和五十九年、二二三頁）。

（3）同「新しき秩序――充足的ヒューマニズムの立場」、『創造』昭和十一年七月（『全集』五巻、四〇六頁）。なお同時代の「ヒューマニズム」論ならびにその勃興の思想史的背景に関し、黒田俊太郎「彷徨える〈青年〉的身体とロゴス――三木清〈ヒューマニズム論〉における伝統と近代」(『三田國文』五二号、慶應義塾大学国文学研究室、二〇一〇年十二月)を参照。ちなみにそのパスカル論やヒューマニズム論からも察せられるとおり、吉満は同時代の思想家として、三木清を意識していたと想像される。両者の交錯と分岐の様を内在的に問うことは、吉満論のみならず三木研究にも資するものがあろう。三木に関しては、津田雅夫『人為と自然――三木清の思想史的研究』(文理閣、二〇〇七年)、清眞人他編『遺産としての三木清』(同時代社　二〇〇八年)、伊藤徹編『作ることの日本近代――一九一〇～四〇年代の精神史』(世界思想社　二〇一〇年)を参照のこと。

(4)前掲「新しき秩序」、『全集』五巻、四〇六頁。

(5)吉満「ヨハン・アダム・メーラーとカトリック的思惟の理念」、『カトリック』一八巻八号、公教青年会、昭和十三年九・十月号(『全集』三巻、二三二頁)。

(6)同「デカルト的思惟の限界」、『カトリック研究』一九巻四、五号、カトリック研究社、昭和十四年七・八月号、九・十月号(同、五五頁)。

(7)同。

(8)同「『現代の転向』と『カトリックへの転向』」、『カトリック』一一巻五号、昭和六年五月号、五二頁(『全集』該当箇所を示さない場合は『全集』未収録。以下同様)。

(9)同「聖トマスにおける人間概念の形而上的構成について」、『倫理研究』二二号、三省堂、昭和七年十・十一月号(『全集』二巻、二七三頁)

(10)同。

(11)同、二七三―二七四頁。

(12)同、二七三頁。

(13)同「自然科学と宗教性の形而上学」、『カトリック研究』二四巻二号、昭和十九年三・四・五・六月号(『全集』四巻、一五〇頁)。

(14)同。

(15)同。

(16) 同。
(17) 前掲「新しき秩序」、『全集』五巻、四〇一、四〇四頁。
(18) 河合栄治郎の『学生叢書』の刊行開始は昭和十一年、また古典古代やルネサンス期の「人間賛歌」を描いた羽仁五郎『ミケルアンジェロ』（昭和十四年）、出隆『ギリシアの哲学と政治』（昭和十八年）等の公刊は、日中戦争～太平洋戦争期だった。「眼前」の苛烈な現実と縁遠い、如上の世界が求められた事実は、時代の「若き魂」が置かれた閉塞的な精神状況を逆照射して余りある。
(19) マルクス主義弾圧後、昭和十年代の知的状況に関しては拙著『三谷隆正の研究――信仰・国家・歴史』（刀水書房、二〇〇一年）所収「三谷隆正の求心力」を参照。
(20) 森岡清美『決死の世代と遺書　補訂版』（吉川弘文館、一九九一年）。なお文中で言及した諸氏の生年は、それぞれの著作奥付等による。
(21) 広瀬京一郎「吉満先生の想い出」、『世紀』七十二号、昭和三十年十一月号、二四頁。
(22) 前掲『三谷隆正の研究』、二〇九―二一〇頁。また垣花秀武「詩人哲学者、吉満義彦とその時代」（『全集』四巻、解説）を参照。
(23) 遠藤周作「堀辰雄論覚書」、『高原』昭和二十三年三、七、十月（『遠藤周作文学全集10』新潮社、二〇〇〇年）。堀と遠藤の関係および遠藤の伝記的事実は、遠藤『堀辰雄覚書　サド伝』（講談社、二〇〇八年）巻末の山根道公による解説・年譜を、また吉満と遠藤の関係は、右記ほか遠藤「吉満先生のこと」（新潮社版〈遠藤周作文学全集〉6『沈黙・母なる者』月報1、一九七五年二月［『遠藤周作文学全集13』］）を参照。
(24) 遠藤「堀辰雄氏のパイプ」、『落第坊主の履歴書』、日本経済新聞社、一五八頁。
(25) 岡田純一「吉満先生なき空虚さ」、前掲『世紀』、二〇頁。
(26) 吉満「聖アウグスチヌスと新しき精神の世紀――デュモリン師『アウグスチヌス告白録序説』に因んで」、デュモリン著『告白録における聖アウグスチヌス回心への道』の序文、上智学院出版部、昭和二十年八月、九頁。
(27) 前掲「文化倫理における神学的問題」、『全集』一巻、二二三頁。
(28) 同。

(29)同「中世精神史の理念」、『世界精神史講座』四巻『西洋精神』其一、理想社、昭和十五年（『全集』二巻、二三三頁）。
(30)同、二二頁。
(31)同「倫理性への定位」、『読売新聞』昭和九年五月、日付不詳（『全集』五巻、三九四頁）。
(32)同。なお半澤孝麿氏は『近代日本のカトリシズム』（みすず書房、一九九三年）で引用箇所に触れ、「同時代の神学的ナチズム批判として、南原繁『国家と宗教』を想い出させる」（九〇頁）と述べるが、南原の射程が「神学的ナチズム」を超え同時代の「天皇神学」をも捉えていたことを考え合せれば（宮田光雄「南原繁とカール・バルト」、『平和か戦争か――南原繁の学問と思想』、to be 出版、二〇〇八年）、吉満の「ミュトス」批判にも南原同様の意図を読み込むべきと思われる。この点、加藤周一「吉満義彦覚書――『詩と愛と実存』をめぐって」（『全集』五巻、解説）を参照。しかし吉満の文章にも、南原そして内村と同様の、キリスト教と〈日本〉、〈伝統〉、〈ナショナリズム〉等との関係をめぐる、容易ならざる〈問題〉を指摘せざるを得ない。本章では詳述できなかったため他日を期したい。
(33)前掲「中世精神史の理念」（『全集』二巻、二三頁）。なお、引用部における「二十世紀のミュトス」とは、言うまでもなく、ローゼンベルクの著作（Alfred Rosenberg, *Der Mythus des 20. Jahrhunderts*, 1930）を念頭に置いた表現と見てよいであろう。後掲註42も参照のこと。ちなみに本書に関しては、吉満と同時代の思想家・南原繁が、吉満と同時期に徹底的な批判を加えている。南原「ナチス世界観と宗教と宗教の問題」（一）～（三）、『国家学会雑誌』五五巻一二号、五六巻二号、五六巻四号、国家学会事務所、昭和十六年十二月、昭和十七年二月、四月（『国家と宗教――ヨーロッパ精神史の研究』岩波書店、昭和十七年［『南原繁著作集』一巻、岩波書店、昭和四十七年］）を参照。吉満と南原は〈近代〉批判の構えと深みにおいて極めて近いものが感じられる。この論点に関しては、本書八章を参照のこと。
(34)前掲「自然科学と宗教性の形而上学」（『全集』四巻、一五八―一五九頁）。なお執筆時期からして、「矛盾的に同一化される、神」との表現には「京都学派」の神観への批判が込められているように思われる。九章註2も参照のこと。
(35)前掲「倫理性の定位」、『全集』五巻、三九四頁。

(36) 吉満「新スコラ哲学と現代ヒューマニズム」、上智大学哲学会講演、昭和十一年十一月（『全集』五巻、四四五頁）。
(37) 同「リルケにおける詩人の悲劇性」、『創造』昭和十五年五月（『全集』五巻、四一頁）。なお昭和戦前期の精神史におけるリルケ受容の特質について本書七章を参照。
(38) 同。
(39) 同、七八頁。
(40) 同。
(41) 同「カトリシズムと現代人」、『新興基督教』一四六号、日独書院邦文部、昭和十七年十一月号（『全集』一巻、一七三頁）。
(42) 同、一七四頁。ここで言う「二十世紀の神話」も、明らかにローゼンベルクのそれを指していると見るべきであろう。
(43) 同、一七五頁。
(44) 同「マリタン先生への手紙」、『創造』昭和十三年十二月（『全集』五巻、一二七頁）。
(45) 同「道徳の将来」、『日本カトリック新聞』昭和十四年七月十六日号（同、二三六頁）。
(46) 同「ドストエフスキー『悪霊』について」、『創造』昭和十二年十一月（同、九四頁）。
(47) 座談会「近代日本思想史におけるカトリック思想家——吉満義彦をめぐって」（『世紀』一九九号、世紀編集室、一九六六年十一月）では、時代人心に対する吉満の「甘さ」が問題視されている。いわく「人間のみにくさ、脱線とかに対して非常に寛大だな。ぼくなんか中学生正義観で許さないことを、かれ［吉満 引用者注］はそれが人間だというので、いわゆる濁りを呑みましたよ」（小林珍雄、同二四—二五頁）、「私なんか、まだ若造で、よく吉満さんに食ってかかった、戦争中ファシズムのことを悪く言うと、吉満先生は、ドイツはキリスト教だったけれども、日本はまだキリスト教になっていないから、と言うんですよ」（松本正夫、同二五頁）。「ファシズムの時代に結局だまされた、だまされない民衆なら民衆じゃない。……レジスタンスもできなかった、だまされる民衆、しかも、［吉満にとって 引用者注］そこにほんとの民衆がある」（同、同二六頁）と。吉満への如上の「違和感」は、しかし、本文でも触れた吉満の「悪霊」への視座を考慮に入れるとき解きほぐせるように思われる。すなわち吉満は「人間のみにくさ、脱線」、「だまされる民衆」を視る際に、その底に、かようになさしめている「悪霊」のはたらきを凝視していた。換言すれば、「だまされる民衆」を批判することよりも、「民衆」を「だま」し彼らに犠牲を強いる「悪霊」に対峙することを本質視していた。ゆえにこそ「民衆」の為す「悪」への吉満のまなざしは、「非常に寛大」「いわゆる濁りを呑みましたよ」と顧みられるほど、時に「甘い」印象を与えることになったと考えられる。半澤孝麿氏は前掲『近代日本のカトリシズム』において、吉満の「思想の中でもとりわけ分析し難いものの一つ」（同、一〇七頁）としてその「『民衆』の観念」（同）をあげているが、この「分析し難」さも、右記の視点を取り入れることにより、生産的に整理し直せるように思われる。

(48) 前掲「マリタン先生への手紙」、『全集』五巻、一四七頁。

(49) 同、一四六頁。

(50) 吉満「復活よりの世界観——歴史的世界の神学的意味」、『声』七七〇号、カトリック中央出版部、昭和十五年四月号（同、二八七頁）。

(51) 同「現代キリスト者の思想的立場——特に学生に与える言葉」、同七七四号、昭和十五年八月号（同、二七一―二七二頁）。

(52) 前掲「マリタン先生への手紙」、同、一三五―一三六頁。

(53) 吉満「シャルル・ペギーの追憶に因んで」、『創造』昭和十四年五月（同、一二二頁）。

(54) 前掲『近代日本のカトリシズム』、一〇四―一一〇頁。

(55) 座談会「文化綜合会議シンポジウム——近代の超克」における吉満の発言。『文学界』九巻九号、一〇号、文藝春秋社、昭和十七年九、十月号（河上徹太郎、竹内好編『近代の超克』、冨山房、一九七九年、一八五頁）。

(56) 吉満「キリスト教における道徳の問題」、『思想』二〇三号、岩波書店、昭和十四年四月号（『全集』四巻、二五〇頁）。

(57) 吉満は「神愛」の極限をパスカルのいわゆる「イエズスのミステール」に見ていた。吉満における「神愛」の詳細については本章九章参照。また「イエズスのミステール」が問いかける世界に関しては田辺保『ゲッセマネの夜　パスカル「イエスのミステール」を読む』（教文館、二〇〇八年）に示唆を得た。

(58) 前掲「復活よりの世界観」、『全集』五巻、二八三頁。
(59) 前掲「リルケにおける詩人の悲劇性」、同、八〇頁。
(60) 前掲「復活よりの世界観」、同、二八三―二八四頁。
(61) 同、二八五頁。
(62) 同。
(63) 前掲「リルケにおける詩人の悲劇性」、同、七九―八〇頁。
(64) 吉満「現代における神秘主義の問題」、『理想』一三七号、昭和十七年十月号(『全集』四巻、四三頁)。
(65) 同。
(66) 同、四二頁。
(67) 同、四三頁。
(68) 同。
(69) 同、四二頁。
(70) 同「時間の変貌――歴史と詩と行動」、『創造』昭和十年十月(『全集』五巻、三五〇頁)。
(71) 同。
(72) 前掲「新しき秩序」、同、四一五頁。
(73) 前掲「時間の変貌」、同、三四九頁。
(74) 同。
(75) 前掲「現代における神秘主義の問題」、『全集』四巻、四四頁。
(76) 吉満「神秘主義の形而上学――宗教的実存の秘儀」、『カトリック研究』二三巻一号、上智学院出版部、昭和十八年四月号(同、一一三頁)。
(77) こうした〈希望〉に〈共苦〉しつつ生きる群れを吉満は〈教会〉と解していた。示唆に富むのは昭和十七年十一月「世界史と教会史の秘儀――カトリック学生の集いに寄せて」(『声』八〇〇号、昭和十七年十一月号)における次の一節である。

キリスト教的世界観において、世界は人間性のみの営みではなく、悪霊と魂の分割を争う超人間的な交渉の場なのである。「教会」はすべての民族の内面的魂において悪霊との闘争におかれてあるので、世の終わりまで苦悩を負うキリストの十字架の苦に参与せしめられつつパスカルの「イエズスの秘儀」の語にあるごとく、キリストの苦悩のうちにある間眠る能わざる祈りの場なのである。世界史の続くかぎりこのキリストの体なる教会は、その闘いと苦悩の課題と様式とは異なろうとも、いわば夜を歩むごとくに、然り復活の朝を望んでの聖土曜日の「祝福された夜」（beata nox）を行くごとくに「戦闘の教会」としてあるのである（『全集』一巻、一六四頁）。

ここで吉満は〈教会〉を表現するにつき、「その闘いと苦悩の課題と様式とは異なろうとも」と、「教会」としての具体的「様式」を問題にするよりも、「世の終わりまで苦悩を負うキリストの十字架の苦に参与せしめられつつ」「復活の朝を望んでの聖土曜日の『祝福された夜』（beata nox）を行く」点にその本質を認めている点に注意を促したい。

(78) 同、一五九頁。
(79) 吉満における目的論的人間観とその前提となる神観については本書八章、九章を参照のこと。
(80) 前掲『近代日本のカトリシズム』、三七―四四頁。
(81) 前掲「詩人哲学者、吉満義彦とその時代」（『全集』四巻、解説、四八〇―四八四頁）。本文でも触れたとおり、吉満は関東大震災という一大カタストロフに直面し、その惨渦の只中で救援活動にあたっていた。十九歳の一高生吉満がそこで何を感じたか、垣花も引用する『向陵誌』（第一高等学校寄宿寮、大正十四年）中の記事には無いが、示唆に富む文章として、吉満より一年年長である竹山道雄が、大学一年次に経験したこの震災を回顧した、次の記述を紹介しておきたい。

若い大学生は毎日のようにまだ炎のたっている焼跡を歩いて、方々に山積している屍を見、また道行く人に身の上話をきいた。口にするのをはばかるような光景をも見た。これが、私の決定的な宗教体験となった。そして、これから後は、大きな力づよい手があって世界人生を配慮しながらよりよき方に導く、すべての悲惨は何らかの意味で結局はより大きな進歩に貢献する有意義な犠牲である、という考えには思いを断った。……懐疑癖に耽溺した青くさい文学青年の主張で、イワン・カラマゾフの口うつしも大分あった。ただしかしその背後には拭うべからざるあの瞬時の天災による不気味な荒廃の印象があり、実感があった。これはそのころの私にとっては切実な問題で、この抽象的な問題がほとんど肉体的な苦痛をあたえるほどだった（竹山道雄「三谷先生の追憶」、『独立』三号、昭和書院、昭和二十三年三月号〔『樅の木と薔薇　竹山道雄著作集４』、福武書店、昭和五十八年、一六五―一六六頁〕）。

吉満もまた「毎日のようにまだ炎のたっている焼跡を歩いて、方々に山積している屍を見」「口にするのをはばかるような光景をも見た」はずである。それは在籍する一高弁論部にて「正義と理想とを生命とする基督者吉満君」（前掲『向陵誌』、三六一頁）と評された「若き魂」にとっても「肉体的な苦痛をあたえるほど」の「体験」だったに相違ない。その「体験」は〈死〉および〈虚無〉との対峙として、ほかならぬ吉満自身に「生命への渇望」を惹起したであろうし、ことに「眼前」の廃墟は「近代」「文明」の根源的な転換の必要性を自覚せしめる一契機となったことだろう。

この点、付言するならば、明治日本が構想した「近代」の最深の批判者の一人・西郷隆盛の名とその主張は、奄美生まれの吉満にとり、元来、近しいものであったろうし、またその西郷を『代表的日本人』で高く評価していた内村が、吉満の師事した頃、思惟の原理レベルからする「近代（人）」批判を展開していたことも（たとえば「自己意識に就いて」、『聖書之研究』二六一号、大正十一年四月〔『内村鑑三全集』二十七巻、岩波書店、一九八三年、一三七―一三八頁〕）、その精神の原器として無視し得ない。

さらに言えば、吉満は救援活動中、震災下における「民衆」、ことに前掲註47「人間のみにくさ、脱線」にも直面させられたと思われ、それは吉満が「民衆」に向けるまなざしの〈原体験〉になった可能性もある。いずれも仮説の域を出ないが、吉満の思想形成への一視角として特記しておきたい。

（82）この世代の実存を活写したものとして、戦前、文芸評論家として出発しながらもその後筆を折り、カール・バルトの翻訳に生涯を費やした井上良雄（明治四十年〜平成十五年）に迫った連載「ひとつの人格　井上良雄」その1〜その3（『図書新聞』昭和四十年二月十三日、二十日、二十七日号）に注意を促しておきたい。特に「その3」における記事「井上さんを訪ねて」で述懐される若き日の「ニヒリズム（同紙）」、なかんずくマルクス主義運動の中でこそ「空虚感があった（同紙）」との言及は、バルトとの邂逅に至る軌跡と重ねて問い直すとき、昭和十年代の精神史を根源から考察する上で、実に示唆に富む証言として立ち現れてくる。井上より三歳年長の吉満における、その若き日の実存は、おそらく「井上青年」の「生命への渇望」とそう隔たってはいないと思われる。井上については本書七章を参照のこと。

主要参考文献

（対象とした思想家の著作は、原則として記載を省略。各注記を参照のこと）

第一章　前田多門――新公民道の提唱

［書籍］

・赤江達也『「紙上の教会」と日本近代――無教会キリスト教の歴史社会学』、岩波書店、二〇一三年。
・雨宮栄一『総力戦体制と地域自治――既成勢力の自己革新と市町村の政治』、青木書店、一九九九年。
・江尻美穂子『神谷美恵子』、清水書院、一九九五年。
・太田雄三『喪失からの出発』、岩波書店、二〇〇一年。
・神島二郎編『現代日本思想体系10　権力の思想』、筑摩書房、一九六五年。
・河西秀哉『「象徴天皇」の戦後史』、講談社、二〇一〇年。
・岸本英夫『戦後宗教回想録』、新宗教調査室、昭和三十八年。
・黒澤英典『戦後教育の源流を求めて――前田多門の教育理念』、内外出版、昭和五十七年。
・同『戦後教育の源流』、学文社、一九九四年。
・櫻井良樹『帝都東京の近代政治史――市政運営と地域自治』、日本経済評論社、二〇〇三年。
・富坂キリスト教センター編『十五年戦争期の天皇制とキリスト教』、新教出版社、二〇〇七年。
・沼田市史編さん委員会編『沼田市史　通史編3　近現代』、沼田市、平成十四年。
・坂野潤治『昭和史の決定的瞬間』、筑摩書房、二〇〇四年。

・同『日本憲政史』、東京大学出版会、二〇〇八年。
・堀尾輝久『天皇制国家と教育――近代日本教育思想史』、青木書店、一九八七年。
・堀切善次郎編『前田多門――その文・その人』、東京市政調査会、昭和三十八年。
・松井慎一郎『河合栄治郎――戦闘的自由主義者の真実』、中央公論社、二〇〇九年。
・松下圭一『現代政治の条件（増補版）』、中央公論社、一九六九年。
・丸山真男・福田歓一編『回想の南原繁』、東京大学出版会、一九八九年。
・源川真希『東京市政――首都の近現代史』、日本経済評論社、二〇〇七年。
・宮澤邦一郎『日本近代化の精神世界』、雄山閣、一九八八年。
・村松晋『三谷隆正の研究――信仰・国家・歴史』、刀水書房、二〇〇一年。
・山口周三『南原繁の生涯――信仰・思想・生涯』、教文館、二〇一二年。
・山之内靖他編『総力戦と現代化』、柏書房、一九九五年。

［論文等］

・稲永祐介「大正期青年団における公徳心の修養――一木喜徳郎の自治構想を中心に」、『近代日本研究』二二巻、慶応義塾福沢研究センター、二〇〇六年三月。
・上原直人「戦後直後の『公民教育』に関する一考察――前田多門の公民教育論を中心に」、『生涯学習・社会教育学研究』第二六号、東京大学大学院教育学研究科、二〇〇一年十二月。
・貝塚茂樹「占領期における『公民教育構想』に関する一考察――前田多門の『公民教育論』の検討を中心として」、『道徳と教育』二七三号、日本道徳教育学会、一九九一年三月。

・官田光史「選挙粛清運動の再検討――政友会を中心に」、『九州史学』一三九号、九州史学研究会、二〇〇四年六月。
・小原隆治「後藤新平の自治思想」、御厨貴編『時代の先覚者―後藤新平』、藤原書店、二〇〇四年。
・高木鉦作「自治という言葉」、『自治の原点』、自治体学会、一九八九年。
・松井慎一郎「新渡戸・内村門下の社会派官僚について」、『日本史研究』四九五号、日本史研究会、二〇〇三年十一月。
・村松晋「三谷隆正――信仰と学問」、南原繁研究会編『宗教は不必要か――南原繁の信仰と思想』、to be 出版、二〇〇七年。
・山田規雄「前田多門の公民教育思想――敗戦直後の公民教育構想にかかわる一考察」、慶應義塾大学大学院社会学研究科紀要六七号、慶応義塾大学大学院社会学研究科、二〇〇九年七月。

第二章　南原繁と坂口安吾――「堕落論」が問いかける世界

［書籍］

・大原祐治『文学的記憶・一九四〇年前後――昭和期文学と戦争の記憶』、翰林書房、二〇〇六年。
・大濱徹也『鳥居坂教会一〇〇年史』、鳥居坂教会、一九八七年。
・同『天皇と日本近代』、同成社、二〇一〇年。
・加藤節『南原繁』、岩波書店、一九九七年。
・柄谷行人『坂口安吾と中上健次』、講談社、二〇〇六年（初出　太田出版、一九九六年）。

・坂口安吾研究会編『坂口安吾論集Ⅰ　越境する安吾』、ゆまに書房、二〇〇二年。
・同『Ⅱ　安吾からの挑戦状』、同、二〇〇四年。
・同『Ⅲ　新世紀への安吾』、同、二〇〇七年。
・下畠知志『南原繁の共同体論』、論創社、二〇一三年。
・関根英二『〈他者〉の消去――吉行淳之介と近代文学』、勁草書房、一九九三年。
・同編著『うたの響き・ものがたりの欲望――アメリカから読む日本文学』、森話社、一九九六年。
・富坂キリスト教センター編『十五年戦争期の天皇制とキリスト教』、新教出版社、二〇〇七年。
・藤田若雄編著『内村鑑三を継承した人々』上・下、木鐸社、一九七七年。
・宮田光雄『権威と服従――近代日本におけるローマ書十三章』、新教出版社、二〇〇三年。
・山口周三『南原繁の生涯――信仰・思想・生涯』、教文館、二〇一二年。
・林淑美『昭和イデオロギー――思想としての文学』、平凡社、二〇〇五年。
・『関根正雄記念キリスト教講演会Ⅰ』、関根正雄記念キリスト教講演会準備会刊、二〇〇一年。
・ジャック・デリダ『死を与える』、廣瀬浩司、林好雄訳、筑摩書房、二〇〇四年。

［論文等］

・家永三郎「日本思想史上の内村鑑三」、『内村鑑三全集』第十五巻月報、岩波書店、一九八一年十一月。
・岩田靖夫「他者とことば――根源への回帰」、宮本久雄・金泰昌『シリーズ　物語り論Ⅰ　他者との出会い』、東京大学出版会、二〇〇七年。
・鈴木貞美「『堕落論』再考」、『国文学　解釈と鑑賞』71、至文堂、二〇〇六年十一月。

・関根英二「近代日本文学のセクシュアリティ――他者との対面をめぐって」、関根清三編著『講座　現代キリスト教倫理2　性と結婚』、日本基督教団出版局、一九九九年。
・田崎嗣人「南原繁における『戦後』――『敗戦』と『贖罪』」、『政治思想研究』六号、政治思想学会、二〇〇六年。
・中畑邦夫「構築への意志――坂口安吾『文学のふるさと』における倫理の始まり」、『麗澤大学紀要』九一巻、麗澤大学、二〇一〇年十二月。
・中畑邦夫「『堕落』と『救い』の逆説――坂口安吾『堕落論』について」、『麗澤大学紀要』九二巻、麗澤大学、二〇一一年七月。
・中畑邦夫「天皇制と供犠のシステム――坂口安吾の天皇制批判について」、『麗澤学際ジャーナル』一九巻二号、麗澤大学経済学会、二〇一一年九月。
・村松晋「三谷隆正――信仰と学問」、南原繁研究会編『宗教は不必要か　南原繁の信仰と思想』、to be 出版、二〇〇七年。
・柳父圀近「東大法学部におけるバルト受容――南原繁の場合を中心に」、バルト神学受容史研究会編『日本におけるカール・バルト――敗戦までの受容史の諸断面』、新教出版社、二〇〇九年。
・山根龍一「坂口安吾『堕落論』論――歴史と人間の関係をめぐる懐疑の方法について」、『国語と国文学』八六巻二号、東京大学国語国文学会、二〇〇九年二月。

第三章　松田智雄の思想――歴史とプロテスタンティズム

［書籍］

・稲垣良典『問題としての神』、創文社、二〇〇二年。
・井上良雄『戦後教会史と共に――一九五〇―一九八九』、新教出版社、一九九五年。
・大石慎三郎『封建的土地所有の解体過程』、御茶の水書房、一九五八年。
・同『近世村落の構造と家制度』、同、一九六八年。
・大庭治夫『内村・新渡戸精神の銀河系小宇宙――南原繁・矢内原忠雄精神を経由した松田智雄と隅谷三喜男の精神史』、国際学術技術研究所、二〇〇七年。
・小野塚知二、沼尻晃伸編『大塚久雄『共同体の基礎理論』を読み直す』、日本経済評論社、二〇〇七年。
・笠原芳光、佐藤研編『イエスとは何か』、春秋社、二〇〇五年。
・加瀬和俊『集団就職の時代』、青木書店、一九九七年。
・小山源吾他編『高原の記録――松田智雄と信州』、新教出版社、一九九六年。
・北佐久郡志編纂会『北佐久郡志』三巻「社会篇」、四巻「研究調査篇」、昭和三十二年。
・住谷一彦『日本の意識――思想における人間の研究』、岩波書店、一九八二年。
・同『学問の扉を叩く――一戦後学徒の「学問と人生」』、新地書房、一九九一年。
・同『日本を顧みて――私の同時代史』、未來社、二〇〇四年。
・関口江畔『老農詩集』、オフィスエム、二〇〇九年。
・中村勝己『近代市民社会論（改訂版）』、今日の話題社、二〇〇五年。
・日本基督教団宣教研究所編『出会い　日本におけるキリスト教とマルクス主義』、日本基督教団出版局、一九七二年。

・芳賀登『幕末国学の展開』、昭和三十七年、塙書房。
・柳父圀近『政治と宗教――ウェーバー研究者の視座から』、創文社、二〇一〇年。
・六本木健志『江戸時代百姓生業の研究――越後魚沼の村の経済生活』、刀水書房、二〇〇二年。
・『農村青年通信講座』、農村文化協会長野支部、昭和二十三〜三十四年（復刻版、日本図書センター、二〇〇七〜二〇〇八年）。

［論文等］
・飯田泰三「丸山眞男のナショナリズム論――一九四九年度『東洋政治思想史講義録』の世界」、同『戦後精神の光芒――丸山眞男と藤田省三を読むために』、みすず書房、二〇〇六年。
・大野英二「『近代の史的構造論』の構成と展開」、松田智雄『新編「近代」の史的構造論』、ぺりかん社、昭和四十三年。
・笹川孝一「戦後社会教育実践史研究（その1）農村漁村文化協会長野県支部『農村青年通信講座』の成立過程」、『人文学報』一四四号、東京都立大学、一九八〇年三月。
・住谷一彦「人と思想」、松田智雄『新編「近代」の史的構造論』、ぺりかん社、昭和四十三年。
・同「原田敏明『宮座』論の普遍性と特殊性、原田敏明『宗教　神　祭』、岩田書院、二〇〇四年。
・妹尾陽三「発展途上国、貧困再生産の構図」、中村勝己研究会出版刊行会編『オフィスと道標』、一九九八年。
・轟孝夫「戦後の『京都学派』像――あるいは戦後における『哲学』の不在」、大橋良介編『京都学派の思想――種々の像と思想のポテンシャル』人文書院、二〇〇四年。
・平石直昭「理念としての近代西洋――敗戦後二年間の言論を中心に」、中村政則他編『戦後思想と社会意識　新

装版　戦後日本　占領と戦後改革　3』、岩波書店、二〇〇五年。

・道重一郎「大塚久雄と松田智雄――大塚史学の理論構成とその意義」、住谷一彦、和田強編『歴史への視線――大塚史学とその時代』、日本経済評論社、一九九八年。

・宮村治雄「ナショナリズム論における『戦中と戦後の間』」、同『戦後精神の政治学――丸山眞男・藤田省三・萩原延壽』、岩波書店、二〇〇九年。（初出は飯田泰三他編『丸山眞男講義録　第二冊　日本政治思想史　一九四九』解題、東京大学出版会、一九九九年）。

・村松晋「松田智雄と信州――ある戦後農村精神史への試み」、『信濃』六三巻四号、信濃史学会、二〇一一年。

・柳父圀近「発題1　社会科学とキリスト者（シンポジウム主題「社会・文化・福音――二十一世紀のキリスト教神学のために」）」、『日本の神学』四〇号、日本基督教学会、二〇〇一年十月。

・同「『国民主義』・『国家主義』・『超国家主義』――大塚久雄の『ナショナリズム』論をめぐって」、『法学』六六号、東北大学法学会、二〇〇二年六月。

・山下幸夫「ナショナリズム――その歴史的背景と今日的意味について」、中村勝巳編『受容と変容――日本近代の経済と思想』、みすず書房、一九八九年。

・米原謙「戦後思想における『近代』――丸山真男、竹内好、鶴見俊輔」、同『日本的「近代」への問い――思想史としての戦後政治』、新評論、一九九五年。

第四章　昭和戦前期長野県のキリスト教をめぐる一考察――長野市柳町小学校の一教師の日記をとおして

［書籍］

・阿部勇、井川克彦、西川武臣編『蚕都信州上田の近代』、岩田書院、二〇一一年。
・池田元『大正「社会」主義の思想――共同体の自己革新』、論創社、一九九三年。
・伊藤純郎『増補　郷土教育運動の研究』、思文閣出版、二〇〇八年。
・今井信雄『「白樺」の周辺』、信濃教育会出版部、一九七五年。
・小原福治『小原福治遺稿集　上・下』、長野教会、一九六六、一九六七年。
・鹿野政直『大正デモクラシーの底流――〝土俗〟的精神への回帰』、日本放送出版教会、昭和四十八年。
・塩入隆『信州教育とキリスト教』、キリスト新聞社、一九八二年。
・菅谷務『橘孝三郎の農本主義と超国家主義――もう一つの近代』、岩田書院、二〇一三年。
・同志社大学人文科学研究所キリスト教社会問題研究会編、『松本平におけるキリスト教』、同朋舎、一九七九年。
・長野県歴史教育者協議会編『満蒙開拓青少年義勇軍と信濃教育会』、大月書店、二〇〇〇年。
・安田常雄『日本ファシズムと民衆運動――長野県農村における歴史的実態をとおして』、れんが書房新社、一九七九年。

［論文等］
・大島純男「小原福治――教育者として、牧師として」、『金城学院大学論集』人文科学編 三〇号、金城学院大学、一九九七年三月。
・大谷栄一「反戦・反ファシズムの仏教社会運動――妹尾義郎と新興仏教青年同盟」、『近代仏教という視座――戦争・アジア・社会主義』、ぺりかん社、二〇一二年。
・岡田洋司「大正デモクラシー下の〝非大正デモクラシー的〟自己形成――農村青年稲垣稔における〝自我〟の

拡充と相対化」、同『大正デモクラシー下の〝地域振興〟愛知県碧海郡における非政治・社会運動的改革構想の展開』、不二出版、一九九九年。
・金井徹「務台理作の信濃教育会における役割の検討——信濃哲学会を中心とした京都学派との関係に着目して」、『東北大学大学院教育学研究科年報』六一巻二号、東北大学大学院教育学研究科、二〇一三年六月。
・土橋荘司「大正デモクラシーと信州の教育（下）キリスト教、白樺運動について」、『自由』四二巻七号、自由社、二〇〇〇年七月。
・松沢弘陽「近代日本と内村鑑三」、同『日本の名著　内村鑑三』、中央公論社、昭和五十九年。
・宮坂広作「近代日本における農民教育の遺産——和合恒男の生涯と行学」、山梨学院生涯教育センター紀要『大学改革と生涯学習』六号、二〇〇二年三月。
・宮沢正典「手塚縫蔵について」、同志社大学人文科学研究所　キリスト教社会問題研究会編『日本の近代化とキリスト教』、新教出版社、一九七三年。
・安田常雄「『血盟団』事件の発想と論理」、同『暮らしの社会思想——その光と影』、勁草書房、一九八七年。
・和崎光太郎「大正自由教育と『赤化思想』——川井訓導事件とその周辺」、『信濃』五九巻一〇号、信濃史学会、二〇〇七年十月。

第五章　波多野精一と敗戦

［書籍］
・大橋良介編『京都学派の思想——種々の像と思想のポテンシャル』、人文書院、二〇〇四年。

・小熊英二『〈民主〉と〈愛国〉――戦後日本のナショナリズムと公共性』、新曜社、二〇〇二年。
・嘉戸一将『西田幾多郎と国家への問い』、以文社、二〇〇七年。
・苅部直『光の領国――和辻哲郎』、岩波書店、二〇一〇年（初出は創文社、一九九五年）。
・熊野純彦『和辻哲郎――文人哲学者の軌跡』、岩波書店、二〇〇九年。
・久山康編『近代日本とキリスト教』、創文社、昭和三十一年。
・子安宣邦『和辻倫理学を読む――もう一つの「近代の超克」』、青土社、二〇一〇年。
・下畠知志『南原繁の共同体論』、論創社、二〇一三年。
・千本秀樹『新装版　天皇制の侵略責任と戦後責任』、青木書店、二〇〇三年。
・橋川文三編『保守の思想』、『戦後日本思想体系』七巻、筑摩書房、一九六八年。
・藤田正勝『西田幾多郎――生きることと哲学』、岩波書店、二〇〇七年、
・松村克己、小原國芳編『追憶の波多野精一先生』、玉川大学出版部、昭和四十五年。
・宮田光雄『権威と服従　近代日本におけるローマ書十三章』、新教出版社、二〇〇三年。
・吉田裕『昭和天皇の終戦史』、岩波書店、一九九五年。

［論文等］
・芦名定道「思想史研究の諸問題――近代日本のキリスト教思想研究から」、『アジア・キリスト教・多元性』一〇号、現代キリスト教思想研究会、二〇一二年三月。
・同「波多野宗教哲学における死の問い」、『キリスト教学研究室紀要』一号、京都大学キリスト教学研究室、二〇一三年三月。

・鵜沼裕子「日本キリスト教史における『他者』理解をめぐって――波多野精一の場合」、『聖学院大学総合研究所紀要』四一号、聖学院大学総合研究所、二〇〇八年三月。
・大濱徹也「歴史としての戦中・戦後」、『北の丸』、国立公文書館、平成十四年十一月。
・同「矢内原忠雄にみる日本精神」、『無教会研究』七号、無教会研修所、二〇〇四年九月。
・佐藤啓介「波多野精一の存在‐愛‐論――無からの創造論に注目して」、『日本の神学』四六号、日本基督教学会、二〇〇七年九月。
・将棋面貴巳「矢内原忠雄と『平和国家』の理想」、『思想』九三八号、二〇〇二年六月。
・新保祐司「波多野精一論序説――上よりの垂直線」、同『批評の測鉛』、構想社、一九九二年（初出は『アステイオン』一八号、TBSブリタニカ、一九九〇年七月）。
・同「村岡典嗣――学問の永遠の相の下に」、同『日本思想史骨』、構想社、一九九四年。
・田﨑嗣人「南原繁における『戦後』――『敗戦』と『贖罪』」、『政治思想研究』六号、政治思想学会、二〇〇六年五月。
・宮村治雄「自由への垂鉛――戦後天皇制論の遺産」、同『戦後精神の政治学――丸山眞男・藤田省三・萩原延壽』、岩波書店、二〇〇九年（初出は中村政則他編『戦後思想と社会意識』、岩波書店、二〇〇五年）。
・村松晋「大正思想史をめぐるもう一つの視点」、『聖学院大学総合研究所Newsletter』Vol.14 No.3、二〇〇五年一月。
・安酸敏眞「村岡典嗣と波多野精一――響応する二つの『学問的精神』」、北海学園大学人文論集39、北海学園大学人文学会、二〇〇八年三月。

・安丸良夫「戦後思想史のなかの『民衆』と『大衆』」、同『現代日本思想論　歴史意識とイデオロギー』、岩波書店、二〇〇四年（初出は『岩波講座　近代日本の文化史』9、岩波書店、二〇〇二年）。
・吉見義明「占領期日本の民衆意識―戦争責任論をめぐって」、『思想』八一一号、岩波書店、一九九二年一月。
・米谷匡史「『世界史の哲学』の帰結――戦中から戦後へ」、『現代思想』二三号一巻、青土社、一九九五年一月。

第六章　氷上英廣とキリスト教――敗戦直後の論考を中心に

［書籍］

・石川公彌子『〈弱さ〉と〈抵抗〉の近代国学――戦時下の柳田國男、保田與重郎、折口信夫』、講談社、二〇〇九年。
・江尻美穂子『神谷美恵子』、清水書院、一九九五年。
・大橋良介編『京都学派の思想――個々の像と思想のポテンシャル』、人文書院、二〇〇四年。
・同『西田幾多郎――本当の日本はこれからと存じます』、ミネルヴァ書房、二〇一三年。
・大原祐治『文学的記憶・一九四〇年前後――昭和期文学と戦争の記憶』、翰林書房、二〇〇六年。
・小熊英二『〈民主〉と〈愛国〉――戦後日本のナショナリズムと公共性』、新曜社、二〇〇二年。
・白井浩司『サルトルとその時代』、アートデイズ、二〇一二年。
・菅原潤『弁証法とイロニー――戦前の日本哲学』、講談社、二〇一三年。
・鈴木範久『中勘助せんせ』、岩波書店、二〇〇九年。
・関根清三『旧約聖書と哲学――現代の問いのなかの一神教』、岩波書店、二〇〇八年。

・量義治『宗教哲学入門』、講談社、二〇〇八年（初版は同『宗教の哲学』、財団法人放送大学教育振興会、二〇〇〇年）。
・馬場公彦『ビルマの竪琴をめぐる精神史』、法政大学出版局、二〇〇四年。
・平川祐弘『竹山道雄と昭和の時代』、藤原書店、二〇一三年。
・深井智朗『アポロゲティークと終末論――近代におけるキリスト教批判とその諸問題』、北樹出版、一九九九年。
・松村克己他編『追憶の波多野精一先生』、玉川大学出版部、昭和四十五年。
・村松晋『三谷隆正の研究――信仰・国家・歴史』、刀水書房、二〇〇一年。
・山下真史『中島敦とその時代』、双文社出版、二〇〇九年。
・『理想』「特集　西谷啓治」六八二号、理想社、二〇一二年。

［論文等］

・石井素子「日本におけるJ.-P.サルトルの受容についての一考察――翻訳・出版史の視点から」、『京都大学大学院教育研究科紀要』五二号、京都大学大学院教育学研究科、平成十八年三月。
・大橋良介「京都学派と『近代の超克』」、同『西田哲学の世界』、筑摩書房、一九九五年
・木本伸「万物流転から諸行無常へ日本におけるニーチェ受容の一傾向について」、『ドイツ文学論集』三三号、日本独文学会中国四国支部、二〇〇〇年十月。
・新保祐司「中島敦――我が胸中一片の冰心」、同『文藝評論』、構想社、一九九一年。
・曽田長人「ニーチェと内村鑑三――日本におけるニーチェの受容と相対化をめぐる試論」、『思想史研究』六号、日本思想史・思想論研究会、二〇〇六年五月。

・増田靖彦「サルトルは日本でどのように受容されたか――その黎明期を中心として」、『人文』六号、学習院大学人文学研究所、平成二十年三月。
・村松晋「教育者としての三谷隆正」、聖学院大学キリスト教センター、『キリスト教と諸学』二四号、二〇〇九年三月。
・湯浅弘「日本におけるニーチェ受容史瞥見（1）――西谷啓治のニヒリズム論をめぐって」、『川村学園女子大学紀要』一五号、川村学園女子大学、二〇〇四年三月。

第七章　井上良雄の信仰と〈実践〉――戦後日本キリスト教史への一視角

［書籍］

・赤木善光『イエスと洗礼・聖餐の起源』、教文館、二〇一二年。
・雨宮栄一、小川圭治、森岡巌編『井上良雄研究――世のための教会を求めて』、新教出版社、二〇〇六年。
・雨宮栄一『評伝　井上良雄――キリストの証人』、新教出版社、二〇一二年。
・梶木剛編『井上良雄評論集』、国文社、一九七一年
・金井新二『「神の国」思想の現代的展開――社会主義的・実践的キリスト教の根本構造』、教文館、一九八二年。
・小島亮『ハンガリー事件と日本――一九五六年・思想史的考察』、現代思潮社、二〇〇三年（初出は中央公論社、一九八七年）。
・笹倉秀夫『丸山眞男の思想世界』、みすず書房、二〇〇三年。
・新保祐司『内村鑑三』、構想社、一九九〇年。

・橋川文三著、筒井清忠編『昭和ナショナリズムの諸相』、名古屋大学出版会、一九九四年。
・碑文谷創『キリスト教界と東神大闘争』、論創社、二〇一二年。
・三島淑臣監修『滝沢克己を語る』、春秋社、二〇一〇年。
・宮田光雄『キリスト教と笑い』、岩波書店、一九九二年。
・吉本隆明『「反核」異論』、深夜叢書社、一九八三年。
・『現代史資料(5)国家主義運動(二)』、みすず書房、一九六四年。

［論文等］
・笠原芳光「井上良雄の転向」、『キリスト教社会問題研究』二五巻、同志社大学人文科学研究所キリスト教社会問題研究会、一九七六年十二月。
・坂井悠佳「《プロテスタント日本伝道一五〇年》に寄せて」、『史境』五九号、歴史人類学会、二〇〇九年九月。
・新保祐司、富岡幸一郎「対談　昭和文学史の虚点――井上良雄をめぐって」、『三田文学』七六号、三田文学会、二〇〇四年一月。
・松沢弘陽「内村鑑三の歴史意識」(一)～(三)、『北大法学論集』一七巻四号、一八巻一号、一九巻四号、北海道大学大学院法学研究科、一九六七年三、九月、一九六九年三月。
・三谷太一郎「丸山眞男の政治理論――一九五〇年代の状況との関連とその普遍性」、同『学問は現実にいかに関わるか』、東京大学出版会、二〇一三年（初出は『丸山眞男手帳』三八号、二〇〇六年七月）。
・村松晋「書評　賀川豊彦記念松沢資料館編『日本キリスト教史における賀川豊彦』」、『ピューリタニズム研究』六号、日本ピューリタニズム学会、二〇一二年三月。

・安田常雄「『血盟団事件』の発想と論理」、安田『暮らしの社会思想——その光と影』、勁草書房、一九八七年。

第八章　吉満義彦の「近代批判」

［書籍］

・浅見洋『西田幾多郎とキリスト教の対話』、朝文社、二〇〇九年（初版、二〇〇〇年）。
・石塚正英・工藤豊編著『近代の超克——永久革命』、理想社、二〇〇九年。
・稲垣良典『信仰と理性』、第三文明社、一九七九年。
・同『抽象と直観——中世後期認識理論の研究』、創文社、一九九〇年。
・同『神学的言語の研究』、創文社、二〇〇〇年。
・同『問題としての神』、同、二〇〇二年。
・同『人間文化基礎論』、九州大学出版会、二〇〇三年。
・同『トマス・アクィナス『神学大全』』、講談社、二〇〇九年。
・河上徹太郎、竹内好『近代の超克』、冨山房、一九七九年。
・苅部直『光の領国　和辻哲郎』、岩波書店、二〇一〇年。
・熊野純彦『和辻哲郎——文人哲学者の軌跡』、岩波書店、二〇〇九年。
・子安宣邦『「近代の超克」とは何か』、青土社、二〇〇八年。
・酒井直樹・磯前順一編著『「近代の超克」と京都学派——近代性・帝国・普遍性』、以文社、二〇一〇年。
・菅原潤『「近代の超克」再考』、晃洋書房、二〇一一年。

・同『弁証法とイロニー――戦前の日本哲学』、講談社、二〇一三年。
・量義治『緊張――哲学と神学』、理想社、一九九四年。
・バルト神学受容史研究会編『日本におけるカール・バルト――敗戦までの受容史の諸断面』、新教出版社、二〇〇九年。
・半澤孝麿『近代日本のカトリシズム』、みすず書房、一九九三年。
・廣松渉『〈近代の超克〉論――昭和思想史への一視角』、講談社、一九八九年。
・嶺秀樹『ハイデッガーと日本の哲学――和辻哲郎、九鬼周造、田辺元』、ミネルヴァ書房、二〇〇二年。
・同『西田哲学と田辺哲学の対決――場所の論理と弁証法』、ミネルヴァ書房、二〇一二年。
・吉満義彦帰天50周年記念出版の会『永遠の詩人哲学者　吉満義彦　帰天五〇年によせて』、ドン・ボスコ社、一九九七年。

［論文等］
・稲垣良典「中世思想原典集成一八　後期スコラ学　総序」、上智大学中世思想研究所編『中世思想原典集成一八　後期スコラ学』平凡社、一九九八年。
・小林道夫「西田とデカルト――『懐疑』と『我の存在』把握をめぐって」、『日本の哲学』一〇号、昭和堂、二〇〇九年十二月。
・鶴岡賀雄「吉満義彦と『近代日本カトリシズム』」、『季刊日本思想史』七二号、ぺりかん社、二〇〇八年一月。
・中川久定「デカルトと西田――二つの哲学の言語的前提」、『思想』九〇二号、岩波書店、一九九九年八月。
・若松英輔「吉満義彦」、『三田文学』一〇四号、二〇一一年～連載中。

第九章　吉満義彦の人間観――「近代の超克」と〈ヒューマニズム〉

［書籍］

・池田元『丸山思想史学の位相――「日本近代」と民衆心性』、論創社、二〇〇四年。
・石塚正英・工藤豊編著『近代の超克――永久革命』、理想社、二〇〇九年。
・稲垣良典『信仰と理性』、第三文明社、一九七九年。
・同『抽象と直観――中世後期認識理論の研究』、創文社、一九九〇年。
・同『神学的言語の研究』、創文社、二〇〇〇年。
・同『問題としての神』、同、二〇〇二年。
・同『人間文化基礎論』、九州大学出版会、二〇〇三年。
・同『トマス・アクィナス『神学大全』』、講談社、二〇〇九年。
・河上徹太郎、竹内好『近代の超克』、冨山房、一九七九年。
・子安宣邦『「近代の超克」とは何か』、青土社、二〇〇八年。
・酒井直樹・磯前順一編著『「近代の超克」と京都学派――近代性・帝国・普遍性』、以文社、二〇一〇年。
・菅原潤『「近代の超克」再考』、晃洋書房、二〇一一年。
・同『弁証法とイロニー――戦前の日本哲学』、講談社、二〇一三年。
・半澤孝麿『近代日本のカトリシズム』、みすず書房、一九九三年。
・廣松渉『〈近代の超克〉論――昭和思想史への一視角』、講談社、一九八九年。

・嶺秀樹『ハイデッガーと日本の哲学――和辻哲郎、九鬼周造、田辺元』、ミネルヴァ書房、二〇〇二年。
・同『西田哲学と田辺哲学の対決――場所の論理と弁証法』、ミネルヴァ書房、二〇一二年。
・吉満義彦帰天50周年記念出版の会『永遠の詩人哲学者　吉満義彦　帰天五〇年によせて』、ドン・ボスコ社、一九九七年。

［論文等］

・稲垣良典「全きヒューマニズム――J・マリタンの政治思想」、佐々木毅他編著『近代政治思想史（5）』有斐閣、一九七八年。
・鶴岡賀雄「吉満義彦と『近代日本カトリシズム』」、『季刊日本思想史』七二号、ぺりかん社、二〇〇八年一月。
・轟孝夫「戦後の『京都学派』像――あるいは戦後における『哲学』の不在」、大橋良介編『京都学派の思想――種々の像と思想のポテンシャル』人文書院、二〇〇四年。
・若松英輔「吉満義彦」、『三田文学』一〇四号、二〇一一年〜連載中。

第十章　時代の中の吉満義彦

［書籍］

・石塚正英・工藤豊編著『近代の超克――永久革命』、理想社、二〇〇九年。
・伊藤徹編『作ることの日本近代――一九一〇〜四〇年代の精神史』、世界思想社、二〇一〇年。
・稲垣良典『信仰と理性』、第三文明社、一九七九年。
・同『抽象と直観――中世後期認識理論の研究』、創文社、一九九〇年。

・同『神学的言語の研究』、創文社、二〇〇〇年。
・同『問題としての神』、同、二〇〇二年。
・同『人間文化基礎論』、九州大学出版会、二〇〇三年。
・同『トマス・アクィナス『神学大全』』、講談社、二〇〇九年。
・遠藤周作『遠藤周作文学全集10』、新潮社、二〇〇〇年。
・河上徹太郎、竹内好編『近代の超克』、冨山房、一九七九年。
・清眞人他編『遺産としての三木清』、同時代社、二〇〇八年。
・子安宣邦『「近代の超克」とは何か』、青土社、二〇〇八年。
・酒井直樹・磯前順一編著『「近代の超克」と京都学派――近代性・帝国・普遍性』、以文社、二〇一〇年。
・菅原潤『「近代の超克」再考』、晃洋書房、二〇一一年。
・同『弁証法とイロニー――戦前の日本哲学』、講談社、二〇一三年。
・田辺保『ゲッセマネの夜――パスカル「イエスのミステール」を読む』、教文館、二〇〇八年。
・津田雅夫『人為と自然――三木清の思想史的研究』、文理閣、二〇〇七年。
・半澤孝麿『近代日本のカトリシズム』、みすず書房、一九九三年。
・廣松渉『〈近代の超克〉論――昭和思想史への一視角』、講談社、一九八九年。
・嶺秀樹『ハイデッガーと日本の哲学――和辻哲郎、九鬼周造、田辺元』、ミネルヴァ書房、二〇〇二年。
・同『西田哲学と田辺哲学の対決――場所の論理と弁証法』、ミネルヴァ書房、二〇一二年。
・村松晋『三谷隆正の研究――信仰・国家・歴史』、刀水書房、二〇〇一年。

・森岡清美『決死の世代と遺書　補訂版』吉川弘文館、一九九一年。
・吉満義彦帰天50周年記念出版の会『永遠の詩人哲学者　吉満義彦　帰天五〇年によせて』、ドン・ボスコ社、一九九七年。
・『向陵誌』、第一高等学校寄宿寮、大正十四年。

［論文等］

・「ひとつの人格　井上良雄」その1～その3、『図書新聞』昭和四十年二月十三日、二十日、二十七日号。
・遠藤周作「吉満先生のこと」、『遠藤周作文学全集6　沈黙・母なる者』、新潮社、月報1、一九七五年二月（『遠藤周作文学全集』13）。
・遠藤「堀辰雄氏のパイプ」『落第坊主の履歴書』、日本経済新聞社、一九八九年。
・黒田俊太郎「彷徨える〈青年〉的身体とロゴス――三木清〈ヒューマニズム論〉における伝統と近代」、『三田國文』五二号、慶應義塾大学国文学研究室、二〇一〇年。
・竹山道雄「三谷先生の追憶」、『独立』昭和二十三年三月号、『樅の木と薔薇　竹山道雄著作集4』、福武書店、昭和五十八年。
・鶴岡賀雄「吉満義彦と『近代日本カトリシズム』」、『季刊日本思想史』七二号、ぺりかん社、二〇〇八年一月。
・宮田光雄「南原繁とカール・バルト」、『平和か戦争か――南原繁の学問と思想』、to be 出版、二〇〇八年。
・若松英輔「吉満義彦」、『三田文学』一〇四号、二〇一一年～連載中。

初出一覧

第一章　前田多門――新公民道の提唱

「前田多門――新公民道の提唱」、南原繁研究会編『真理の力――南原繁と戦後教育改革』、to be 出版、二〇〇九年。

第二章　南原繁と坂口安吾――「堕落論」が問いかける世界

「坂口安吾――『堕落論』の射程」、南原繁研究会編『南原繁と日本国憲法』、エディテクス、二〇一一年。

第三章　松田智雄の思想――歴史とプロテスタンティズム

「松田智雄の思想――歴史とプロテスタンティズム」、『ピューリタニズム研究』五号、日本ピューリタニズム学会、二〇一一年二月。

第四章　昭和戦前期長野県のキリスト教をめぐる一考察――長野市柳町小学校の一教師の日記をとおして

「昭和戦前期長野県のキリスト教をめぐる一考察――長野市柳町小学校の一教師の日記をとおして」、『信濃』五五巻一二号、信濃史学会、二〇〇三年十二月。

第五章　波多野精一と敗戦

「波多野精一と敗戦」、『聖学院大学論叢』一九巻一号、聖学院大学、二〇〇六年十一月。「波多野精一の時代認識」、『聖学院大学論叢』一九巻二号、聖学院大学、二〇〇七年三月。

第六章　氷上英廣とキリスト教――敗戦直後の論考を中心に

「氷上英廣における近代――その「批判」と「超克」をめぐる思索について」、『聖学院大学論叢』二一巻二号、聖学院大学、二〇〇九年三月。

第七章　井上良雄の信仰と〈実践〉――戦後日本キリスト教史への一視角
新稿。

第八章　吉満義彦の「近代批判」
「吉満義彦の思想――その『近代批判』と『近代超克』をめぐる一考察」、『聖学院大学総合研究所紀要』五五号、聖学院大学総合研究所、二〇一三年三月。

第九章　吉満義彦の人間観――「近代の超克」と〈ヒューマニズム〉
「吉満義彦の人間観――「近代の超克」と〈ヒューマニズム〉」、『聖学院大学論叢』二四巻二号、聖学院大学、二〇一二年三月。

第十章　時代の中の吉満義彦
「吉満義彦の時代認識と〈実践〉――「近代の超克」論への一視角」、『聖学院大学論叢』二五巻二号、聖学院大学、二〇一三年三月。

※一書にまとめるにあたり、現在の筆者の関心に基づいて、いずれも加筆・補訂を行っている。

あとがき

本書は私にとって二冊目の単著となる。前著『三谷隆正の研究』は、博士論文を原型とする作品であり、「学生」としての総決算の意味を持っていた。本書はその後の軌跡の最初の集成であり、いささか大仰に言えば、ここ十余年にわたる思索と経験の、現時点での総括の書にあたる。収録した論考は多岐にわたるが、いずれも同時代への関心に促され、〈絶対者〉や〈超越〉をめぐっての実存的課題と向き合いながら〈実践〉の問題を見究めようとした点で、卒論以来の初心に連なる実りにほかならない。前著第二章「『神の国』と『地の国』」で追究した課題意識の展開とも言える。

「はしがき」にも記したとおり、私は思想家の言葉を論理的に再構成することに飽きたらず、その原器とも称すべき〈精神〉にこそ関心を向けてきた。「精神史」の一語には、一人の人間の「論理」を通底する世界、その〈精神〉の軌跡を読み取ろうとする志が託されている。一方、この意味での「精神史」の群像として近代日本思想史を描くとき、立ち現れてくる世界をして「近代日本精神史」とも位置づけてきた。本書は如上の企図への小さな一歩、それも「キリスト教をめぐる思索と経験」に限った不十分な試論に過ぎないが、類書が少ない現状下、議論の捨石ともなれば幸いである。

研究はとかく「己の」到達と「自負」されがちながら、しかしいかなる考察も、先行研究を起点とする点で、先人の苦闘とその結実を譲り受けるなかで始められている。また、自覚の深化を果たすには、関連する諸文献の読解、何より対論が欠かせない。さらには家族の理解や励まし等、物心両面での支えなく、活動を持続できる人はまれだろう。その意味ではどんな研究も、「独力」での達成ではあり得ずに、多くを〈他者〉に負っている。本書のごとき小著でも、今、ここにこうして在ること自体、幾多の出会いとその恩恵の集積であることを想う。

出会いといえば、私は小さな頃から〈師〉に恵まれた。小学校一・二年次の担任・北島恭子先生、同じく五、六年次の担任・福島シゲ先生（ともに浦和市立岸町小学校：当時）に「書く」ことの基礎を授けられたのを皮切りに、以後もよき先生との出会いによって次なる出会いに導かれ、そこに新たな道が拓かれた。

二冊目の本の上梓を前に、幾多の出会いが想起されるが、ここではまず、鵜沼裕子先生、川崎司先生、清水正之先生に感謝の詞を述べさせていただきたい。私にとって先生方は、日本思想史研究・日本プロテスタント史研究の先達として、学生時代より遠く仰ぎ見るばかりであったが、聖学院大学に働きの場を与えられて以来、日本文化学科の「同僚」として接していただくという僥倖を得た。この間、先生方の身近にあって、その〈存在〉の確かさに、ご研究同様の深い教えを与えられたことは一再ではない。歩みの途上、覚束ない足取りを支えていただいたこともあった。収録した論考の大半は、聖学院大学での足跡でもあるだけに、ここに謹んで、本書における最初の謝辞を捧げる次第である。

筑波大学大学院歴史・人類学研究科において、七年にわたってご指導くださり、今なお北の地より見守ってくださっている大濱徹也先生への感謝も尽きない。実はこの「あとがき」を書く前に、私は先生が十二年前に草された「大江真道先生の世界」（『鷲の翼にのせて――大江真道古希退職記念論集』、日本聖公会京都聖ヨハネ教会、二〇〇一年）を拝読する機会を得た。「神神の微笑」を引かれ、「寒い夜の自画像」で締めくくられたその一文に、私は深い印象を与えられた。先生が託された志にこそ連なる者でありたいと強く思った。同じく筑波でご教示くださった池田元先生にも、依然、初心を鼓舞され続けているが、本書での達成を踏み台に、一層の前進を果たすことで、たまわった学恩に応えたい。

学会、研究会など、数多の研鑽の場において、新たな出会いに恵まれたことも感謝とともに思い起こされる。川西進先生、新井明先生、鈴木範久先生、大山綱夫先生、原島正先生、柳父圀近先生、千葉眞先生、村田充八先生、深井智朗先生、松井慎一郎先生など多くの先生方に、それぞれのお立場から深い知見をご恵与いただき、折々にお励ましをいただいた。その経験の一つ一つが、研究の過程での指針となり、支えとなった。心より感謝申し上げる。

関連して本書には、「南原繁シンポジウム」での研究発表に基づく論考が二編含まれている。南原繁研究会では、尊敬すべき人生の諸先輩をはじめ、関心を同じくする幅広い年代の方々との出会いに恵まれた。自由で創造的な学びの場において、眼を啓かれることは多かった。私のような者をも心にかけてくださり、貴重な勉強の機会を与えてくださった研究会代表の加藤節先生をはじめ、会員の皆様にあらためてお礼を申し上げたい。

なお本書は「聖学院大学研究叢書」の一冊として刊行される。研究叢書委員会委員長の永井理恵子先生、図書委員長の若松昭子先生、また実務的な労をとってくださった聖学院大学出版会の山本俊明先生、木下元様、花岡和加子様には、終始、こまやかなお心遣いをいただいた。聖学院大学総合図書館職員の皆様のご厚情も忘れ難い。本書の査読にあたられた匿名の先生方と併せ、この場を借りて深謝申し上げる。出版を最終的に許諾してくださった聖学院大学学長・阿久戸光晴先生にも、衷心よりお礼を申し上げたい。

想えば私は前著の「あとがき」に、次のようにしたためた。「本書で到達した地点を、いつ、いかように超えいでることができるか。私の真価はこの一点にかかっている」と。私はここを、研究者人生の門出に臨み、密かに自分に言い聴かせて書いた。新著はこの宣言への応答の書たり得ているか。畏れつつ、今、江湖に問う次第である。

最後になるが、私は二〇〇〇年四月より、量義治先生を「魂の配慮者」と仰ぎ、日曜ごとにご指導をたまわった。先生は二〇一一年十一月二十七日に天に帰られたが、その深甚なるご配慮、それゆえの時に厳しきお言葉の数々は、今なお私を戒め、励ます礎である。先生の東洋大学最終講義「二人の師」(『白山哲学』三六号、東洋大学文学部哲学研究室、二〇〇二年三月)、ことにその最後の問いかけは忘れられない。誠に、先生との出会いなくして私の〈生〉はなかった。

赦しと忍耐をもって、この破れ多き存在を心底から導いてくださり、今は天に在る恩師・量義治先生に、心からの感謝を込めて本書を捧げる。

二〇一三年十一月

村松　晋

人 名 索 引

L

ルター（Luther, Martin） 77, 86, 210, 211
レッシング（Lessing, Gotthold Ephraim） 168

M

マッカーサー（MacArthur, Douglas） 134
マリタン，ジャック（Maritain, Jacques） 215, 227, 240, 254, 257, 267, 268, 270, 284, 285
マルクス（Marx, Karl） 73, 75, 85, 102, 177, 192-194, 216, 224, 253, 256, 282, 289

N

ニーチェ（Nietzsche, Friedrich） 65, 147, 149-151, 153-156, 162, 164-172
ニーバー（Niebuhr, Reinhold） 203
ニューマン（Newman, John Henry） 233, 270

P

パウロ（Paulos） 158, 212, 267, 273, 276
パスカル（Pascal, Blaise） 162, 170, 171, 215, 229, 243, 254, 255, 258, 273, 278, 281, 285, 287
プラトン（Platōn） 170, 219
ペギー，シャルル（Péguy, Charles Pierre） 270, 285

R

リルケ（Rilke, Rainer Maria） 150, 157-160, 163, 165, 166, 169-171, 265, 274, 275, 284, 286
ローゼンベルク（Rosenberg, Alfred） 283, 284

S

サルトル（Sartre, Jean-Paul） 151, 167

T

トゥルナイゼン（Thurneysen, Eduard） 189
トマス（Thomas Aquinas） 211, 213, 214, 216, 220, 225, 228, 230, 231, 233, 236, 237, 239, 240, 252-254, 281
トルストイ（Tolstoj, Leo） 90

W

ウェッブ（Webb, Sidney James） 42
ウォーラス，グレアム（Wallas, Graham） 29

《著者紹介》

村松　晋　むらまつ・すすむ

1970年11月生まれ。長野県出身。1993年3月埼玉大学教養学部歴史学コース卒業。2000年3月筑波大学大学院博士課程歴史・人類学研究科史学専攻修了、博士（文学）。

東京都立航空工業高等専門学校、東京家政学院筑波女子大学各非常勤講師を経て、2004年4月聖学院大学人文学部日本文化学科専任講師。2008年4月同准教授。2013年4月より同教授。専攻は近代日本思想史・精神史。

〔著書〕『三谷隆正の研究 —— 信仰・国家・歴史』（刀水書房、2001年）。

〔論文〕「内村鑑三の非戦論をめぐる一考察 —— 精神史の視点から」（千葉眞編著『平和の政治思想史』、おうふう、2009年）、「松田智雄と信州 —— ある戦後農村精神史への試み」（『信濃』63巻4号、信濃史学会、2011年4月）など。

近代《きんだい》日本《にほん》精神史《せいしんし》の位相《いそう》
—— キリスト教《きょう》をめぐる思索《しさく》と経験《けいけん》

2014年3月31日　初版第1刷発行

著　者　村　松　　晋
発行者　阿 久 戸 光 晴

発行所　聖学院大学出版会
〒362-8585　埼玉県上尾市戸崎1番1号
電話048(725)9801／Fax048(725)0324
E-mail: press@seigakuin-univ.ac.jp
印　刷／株式会社堀内印刷所

ISBN978-4-907113-07-0　C3010

（価格は本体価格）

〈聖学院大学研究叢書1〉
「文明日本」と「市民的主体」
福沢諭吉・徳富蘇峰・内村鑑三

梅津順一著

開国と明治維新は、近代日本の為政者と人民に思想的に大きな課題を突きつけた。それは日本の目指す政治体制、為政者の役割、人民の生き方、あるいは国際社会における自国の位置付けを、世界に向かって「理解されるもの」として語る必要からであった。本書では、「文明日本」と「市民的主体」の二構想を論吉・蘇峰・鑑三の思想を通して明らかにする。

A5判　二八八頁　五八〇〇円
978-4-915832-38-3（2001）

〈聖学院大学研究叢書2〉
歴史と探求
レッシング・トレルチ・ニーバー

安酸敏眞著

中間時における真理の多形性をとく「真理の愛好者」レッシング、「徹底的歴史性」の立場でキリスト教的真理の普遍妥当性と格闘したトレルチ、歴史の有意味性を弁証しつづけたニーバーのそれぞれの思想的連関を考察し、著者の神学的・宗教哲学的立場から偶然的な歴史的真理と必然的な規範的真理の関係性を明らかにする。

A5判　二一二頁　五〇〇〇円
978-4-915832-39-0（2001）

〈聖学院大学研究叢書3〉
エラスムスとルター
一六世紀宗教改革の二つの道

金子晴勇著

自由意志の問題は、古代から中世、近代にかけて、アウグスティヌスとペラギウス、エラスムスとルター、ジェズイットとポール・ロワイヤルの思想家たち、さらにピエール・ベールとライプニッツなどの間で激烈な論争が繰り広げられた哲学と神学の重要主題であった。本書では自由意志と奴隷意志論争を焦点にルネサンスと宗教改革という二つの精神上の運動を述べる。

A5判　二七八頁　五八〇〇円
978-4-915832-50-5（2002）

〈聖学院大学研究叢書4〉

医療と福祉における市場の役割と限界

イギリスの経験と日本の課題

郡司篤晃編著

イデオロギーの対立が消滅して、グローバリゼーションが進行し、あらゆる場面で経済競争が激化している。医療・福祉などの社会保障の分野でも例外ではない。そのサービスの質と平等を確保しつつ、いかにそれらのシステムを効率化していけるかが各国で模索されている。本書は、この重要な主題を論じたものである。

A5判　一九九頁　五〇〇〇円

978-4-915832-56-7（2004）

〈聖学院大学研究叢書5〉

地域に求められる人口減少対策

発生する地域問題と迫られる対応

平　修久　著

人口減少は住民という縮んでしまうパイの奪い合いを意味し、自治体の淘汰に繋がりかねない。しかしこの危機感は特に東京都市圏に含まれる自治体の間で芽生えていない。本書は、自治体へのアンケート調査をもとに、「人口減少期に対応する意識と政策」を分析し、人口減少というこれまで自治体が前提としてきた人口増加とはまったく異なるシナリオを提示。

A5判　二〇二頁　四八〇〇円

978-4-915832-60-4（2005）　品切れ

〈聖学院大学研究叢書6〉

アメリカにおける神の国

H・リチャード・ニーバー著

柴田史子訳

本書は、アメリカの社会学者、倫理学者、また神学者として知られる著者が、アメリカにおいて「神の国」という思想がどのように展開したかを歴史的に論じた古典である。一九三七年の出版であるが、アメリカとは何かを神学的に解明しており、現代のアメリカのキリスト教、アメリカ社会を理解するうえで欠くことのできない書物である。

A5判　二一四頁　三〇〇〇円

978-4-915832-71-0（2008）

〈聖学院大学研究叢書7〉

とはずがたりの表現と心

「問ふにつらさ」から「問はず語り」へ

標宮子 著

『とはずがたり』は一九三八年に発見され、埋もれた古典として話題になった文献であるが、それ以降、研究者によって地道な注釈研究がなされてきた。本書は、それらの成果を踏まえながら、作品の背景である宮廷貴族の生活を解明し、主題となっているさまざまな人間関係の中で苦悩する著者の生き方を現代に甦らせている。

A5判　五六八頁　九〇〇〇円　品切れ

978-4-915832-72-7（2008）

〈聖学院大学研究叢書8〉

ニーバーとリベラリズム

ラインホールド・ニーバーの神学的視点の探求

髙橋義文 著

バラク・オバマ米大統領がその影響を受けていることを明言したことによって関心を集めることとなったニーバー。その思想の特質の明確化を試みる。神学的リベラリズムと政治的リベラリズムとの明示的・暗示的な取り組みを背景に、ニーバー特有の歴史との関係における超越的神学的視点を明らかにする。第一章ニーバーと社会福音運動、第二章ニーバーとマルクス主義、第三章ニーバーと「民主的行動を目指すアメリカ人」、第四章ニーバーとアイロニー、第五章ニーバーとピューリタニズム、第六章ニーバーの教会論、第七章ユルゲン・モルトマンのニーバー批判をめぐって、第八章スタンリー・ハワーワスのニーバー批判をめぐって、ほか補遺二稿。

A5判　四三八頁　八〇〇〇円

978-4-907113-06-3（2014）